HEYNE BIOGRAPHIEN

In der Reihe »Heyne Biographien«
sind bereits erschienen:

1	*Friedrich Sieburg*	Napoleon
2	*Wilfried Blunt*	Ludwig II. König von Bayern
3	*Robert Gutman*	Richard Wagner
4	*Antonia Fraser*	Maria – Königin der Schotten
5	*Egon Caesar Conte Corti*	Die Rothschilds
6	*Robert Lekachman*	John Maynard Keynes
7	*Gavin de Beer*	Hannibal
8	*H. F. Peters*	Lou Andreas-Salomé
9	*Erich Eyck*	Bismarck und das Deutsche Reich
10	*Edward Crankshaw*	Maria Theresia
11	*Friedrich Sieburg*	Robespierre
12	*G. P. Gooch*	Friedrich der Große
13	*Zoé Oldenbourg*	Katharina die Große
14	*Theodor Heuss*	Robert Bosch
15	*Werner Maser*	Adolf Hitler
16	*André Castelot*	Maria Antoinette
17	*Kurt Pahlen*	Johann Strauß
18	*Peter Brown*	Der heilige Augustinus
19	*Salvador de Madariaga*	Kolumbus
20	*Marcel Brion*	Die Medici
21	*Alfred Noyes*	Voltaire
22	*H. E. Jacob*	Mozart
23	*David Shub*	Lenin
24	*Friedrich Sieburg*	Chateaubriand
25	*Benoist-Méchin*	Kleopatra
26	*Virginia Cowles*	Wilhelm II.
27	*Fritz Hug*	Schubert
28	*Neville Williams*	Elisabeth I. von England
29	*Paul Guth*	Mazarin
30	*Ronald W. Clark*	Albert Einstein
31	*Bernard Fay*	Ludwig XVI.
32	*André Maurois*	Balzac
33	*Raoul Auernheimer*	Metternich

W. H. Lewis

LUDWIG XIV.

Der Sonnenkönig

Wilhelm Heyne Verlag
München

Titel der englischen Originalausgabe:
LOUIS XIV.
Deutsche Übersetzung von Robert Felix

Die englische Originalausgabe erschien 1959
bei André Deutsch Ltd., London

Genehmigte, erweiterte Taschenbuchausgabe

Printed in Germany 1977
Zeittafel, Stammtafeln und Bibliographie
wurden erarbeitet von Dr. Hubert Fritz
Umschlagfoto: Bildarchiv Preußischer Kulturbesitz, Berlin
Bildnachweis: Interfoto Friedrich Rauch, München
Umschlaggestaltung: Atelier Heinrichs, München
Gesamtherstellung: Presse-Druck Augsburg

ISBN 3-453-55034-X

VORWORT

In seinem ›Pariser Skizzenbuch‹ hat Thackeray mit einer Schwarzweiß-Zeichnung seine Meinung über Ludwig XIV. kurz und bündig ausgedrückt. Zur Linken sieht man auf einer Kleiderpuppe die riesige Perücke, den Königsmantel, die falschen Waden und die Schuhe mit den hohen Absätzen, beschriftet: ›der König‹; in der Mitte einen kleinen kahlköpfigen Mann in dunklem Gewand als ›Ludwig‹ bezeichnet; und zur Rechten ergibt beides zusammen eine Karikatur von Rigaud's berühmtem Bild, mit dem Titel ›Ludwig, der König‹.

Dieses Buch befaßt sich ausschließlich mit dem kleinen Mann in dunklem Gewand. Es ist keine Biographie Ludwigs des Vierzehnten, noch weniger ein Abriß der französischen Geschichte aus der Zeit von 1638–1715. Wir alle haben eine bestimmte Vorstellung von dem ›Grand Monarque‹, aber was lag – sofern etwas da war – hinter dieser großartigen Fassade? Worauf war sein Ehrgeiz gerichtet, was für Hoffnungen und Befürchtungen hegte er? Wie verhielt er sich in der Liebe, beim Essen und Trinken und wie kleidete er sich? Was für persönliche Neigungen hatte er, und welche Vorurteile? Das sind Fragen, die mich beschäftigt haben.

1

AM 4. SEPTEMBER 1638, um Mitternacht, stöhnte die Königin Anna v. Frankreich in den sich hinziehenden Wehen vor der Geburt ihres ersten Kindes; willkommene Laute für Ludwig XIII., der im Nebenzimmer mit zunehmender Lebhaftigkeit seine Aussichten erörterte, vor Sonnenaufgang Witwer zu sein. Aber er sollte enttäuscht werden. Am 5. September um zwei Uhr morgens gebar Anna den Knaben, der als Ludwig XIV. sein Jahrhundert beherrschte; der, bevor der Tag zu Ende ging, der *Dieudonné* genannt wurde, und über den schon nach einer Woche legendäre Gerüchte umgingen, denen zufolge er etwas Übermenschliches an sich haben sollte – so sei er beispielsweise mit sämtlichen Zähnen zur Welt gekommen.

Für die liebeshungrige Königin war ihr kleiner Dauphin ein Schatz, von dem sie sich nicht trennen konnte; ein Wunder, das sie stolz dem Hofe vorstellte, und ihr einziger Gesprächsstoff; mit dem Ergebnis, daß die Höflinge, noch ehe das Kind ein Jahr alt war, einen Kult mit ihm trieben, der nicht ohne Einfluß auf den Charakter des künftigen Königs blieb.

Das erste Portrait zeigt ihn auf dem Schoß seiner mit entblößter Brust dargestellten Amme; Kopf, Arme und das Band des St-Esprit-Ordens sehen aus dem Leinenbündel hervor, in dem er in beschmutzten Windeln seine Tage verbrachte. Unablässig wurden Legenden über den wunderbaren Dauphin verbreitet. Doch zeigten manche Leute sich skeptisch; man tuschelte über Annas dreiundzwanzig kinderlose Ehejahre, über des Königs mangelnde Manneskraft und äußerte Zweifel, ob der *Dieudonné* wirklich sein Sohn sei. Derartige Verdächtigungen hielten sich noch bis zum Jahre 1702, wo ein Pamphlet erschien, demzufolge Cinq-Mars, der Günstling Ludwigs XIII., der Vater Ludwigs XIV. sein sollte. Doch ist nie etwas Stichhaltiges gegen die Legitimität Ludwigs XIV. vorgebracht worden; solche Mären sind nichts als Skandalgeschichten.

Der königliche Astrolog war bei Annas Wochenbett zugegen; da aber das Horoskop verlorengegangen ist, müssen wir versuchen, es selbst zu stellen, indem wir uns Ludwigs Eltern näher betrachten. Es erübrigt sich, auf seinen Vater einzugehen, denn der Knabe erbte von ihm nichts außer der Krone, und Ludwig XIII. starb, ehe er irgendwelchen Einfluß auf den Dauphin während seiner Entwicklungsjahre ausüben konnte. Als Kind von seiner italienischen Mutter und ihrem Günstling Concini tyrannisiert, war Ludwig XIII. ein verschlossener, scheuer Knabe und wurde ein unbeholfener, eifersüchtiger und mißtrauischer Mann von kalter Grausamkeit, der seine eigene Langeweile am Hof verbreitete; seine spanische Gemahlin, die ihn ihrerseits verachtete, haßte er. Als er 1643 starb, freute sich der ganze Hof, allen voran seine Witwe.

Annas Mitgift für ihren Sohn war zuvörderst die gesunde körperliche Veranlagung, die jedem Mißbrauch von seiner Seite und selbst den Bemühungen der Ärzte fast achtzig Jahre standhielt. Seiner Mutter dankte er auch viel von seinem Charakter, besonders die tiefe, aber engherzige spanische Frömmigkeit, die den Grundzug seines Wesens bildete. Denn obwohl Ludwig sich für einen typischen Franzosen hielt, war er nicht eigentlich französisch, sondern eher ein Spanier – feierlich, schweigsam, von großer natürlicher Würde, mit einem ausgeprägten Sinn für die göttliche Sendung seines Herrschertums. Bis 1643 hatte sich Annas Leben zumeist im Schatten abgespielt; mit fünfzehn Jahren verheiratet, fühlte sie sich in ihrem Stolz als schönes Mädchen und Habsburgerin grausam verletzt durch die Kälte ihres Gemahls, der zwar nicht ausgesprochen impotent war, aber auffallend wenig Manneskraft zeigte; und als Anna sich nach spanischer Manier mit ›erlaubter Galanterie‹ tröstete, verwandelte sich Ludwigs Abneigung gegen sie in Haß. Ein Haß, den Richelieu aus politischen Gründen schürte, mit dem Ergebnis, daß Anna nahezu in Ungnade fiel. Bis 1643 war sie eine bloße Ziffer, doch als Regentin Frankreichs heischte sie Achtung; sie war zwar träge, besaß aber den hartnäckigen Stolz und die Ausdauer ihres Hauses, angeborenen gesunden Menschenverstand und eine scharfsinnige Kenntnis der Menschen und der Triebfedern ihres Handelns; wenn es darauf ankam, bewies sie Energie und Entschlußkraft. Sie war manchmal eine unvernünftige, doch stets eine liebevolle Mutter und vergaß nie ihre Pflicht, ihrem Sohn das Königreich mit den unangetasteten Prärogativen der Krone zu übergeben. Ludwig war seiner Mutter nicht nur dankbar, er liebte sie ›auf eine bei Personen seines Standes seltene Weise‹; und bis zu seinem Lebensende beging er den Jahrestag ihres Todes in Trauer. Und vielleicht ist das Beste, was man auch von Annas zweitem, am 21. September 1640 geborenen Sohn Philipp sagen kann, daß er ein liebevoller und dankbarer Sohn war.

Wäre sein Vater am Leben geblieben, so hätte Ludwig wahrscheinlich eine traurige Kindheit gehabt, denn schon 1641 bekundete Ludwig XIII. Eifersucht auf seinen Erben; die diesem erwiesenen Schmeicheleien verdrossen ihn, er beschuldigte Anna, sie lehre den Knaben, seinen Vater zu hassen und drohte, ihr die Obhut über die Kinder zu nehmen. Aber der Hof erkannte schon 1641 erleichtert, daß Ludwig XIII. nicht mehr lange zu leben hatte. Angesichts der späteren Entwicklung Ludwigs XIV. ist es amüsant, daß seine Gouvernante, Mme de Senécé, 1642 berichtete, das Betragen ihres Zöglings sei zufriedenstellend, für seinen Rang aber sei er ›zu bescheiden und unterwürfig‹. Vielleicht geschah es, um seinen Stolz zu wecken, daß die Senécé dem Knaben eines Tages ein Bild Richelieus zeigte mit den Worten: »Das ist er, der Halunke!« – »Geben Sie mir meine Büchse«, sagte der Dauphin, »ich will ihn totschießen«; vielleicht legte dies Erlebnis in Ludwig den Keim zur Abneigung gegen Premierminister, zur Verachtung für müßige Könige, eine für ihn charakteristische Haltung.

War Ludwig bescheiden und unterwürfig, so entwickelte sein Verstand sich doch schnell. Schon mit fünf Jahren begann er sich in der Kunst zu üben, das Richtige zu sagen und zu tun, was ihm später zur zweiten Natur wurde.

»Möchten Sie regieren?«, fragte ihn am 13. Mai 1643 ein Höfling. »Nein«, antwortete Ludwig unter Tränen, »ich möchte nicht, daß mein guter Papa stirbt.« Doch zur allgemeinen Befriedigung starb sein guter Papa am nächsten Tag, und am 18. zeigte sich Ludwig zum erstenmal als König bei einem *Lit de Justice*, wo der Kronanwalt ihm versicherte, er sei ›eine sichtbare Gottheit‹, ja ›das Sinnbild Gottes‹.

Am folgenden Tage gewann Ludwig von Bourbon, Duc d'Enghien, gemeinhin bekannt unter seinem späteren Titel als Prince de Condé, die Schlacht von Rocroi; es war der vollständigste Sieg Frankreichs über Spanien im Dreißigjährigen Krieg. Schmeichler erzählten dem kleinen König, sein Vater sei durch eine Vision des Ruhmes, der ihm, Ludwig XIV., bestimmt wäre, von Gott inspiriert worden, den zweiundzwanzigjährigen Enghien zum »Werkzeug zu machen, seine Wiege mit Lorbeer zu kränzen«.

Solche Absurditäten taten natürlich ihre Wirkung auf die ›sichtbare Gottheit‹; er entwickelte schon bald jene ›achtunggebietende Majestät‹, die sein vorherrschendster Zug werden sollte. Eine Majestät, die schon 1644 dem kritischen Auge eines ausländischen Botschafters auffiel – »Der König«, so berichtete er seinem Hof, »ist eine edle Erscheinung und atmet Größe; er ist kräftig und hat einen strengen Blick, aber die Strenge hat Charme. Er lacht selten bei seinen kindlichen Spielen und steht oft längere Zeit, ohne sich zu regen. Er weiß, daß er König ist, und wünscht auch, daß es jedermann wisse.«

Hinter der Szene jedoch war Ludwig weniger eindrucksvoll; sein Erzieher beklagte sich, daß er ihm nichts beibringen könne, der König verstehe geschickt, bei seiner Mutter Schutz zu suchen, die ihn verwöhne; er deutete an, daß Annas Vertraulichkeit mit ihren Dienstboten dem Kind ein schlechtes Beispiel gäbe. Doch die Warnung des Erziehers kam zu spät, denn Ludwig hatte schon die Gewohnheit angenommen, mit seinen Bedienten Freundschaft zu schließen und behielt sie sein Leben lang bei.

Aber wenn Ludwigs konventionelle Erziehung auch vernachlässigt wurde, so fing er doch an, seine Umwelt zu verstehen; und je besser er sie verstand, desto weniger gefiel sie ihm. Mazarin war nun als Premierminister fest etabliert und vermutlich schon mit der Königin verheiratet, in deren Augen er die Vollkommenheit verkörperte; selbst ein Kind erkannte, daß Mazarin der Herr war, und ohne sie zu verstehen, mißfielen Ludwig die Beziehungen zwischen seiner Mutter und diesem Fremden, der sich so anders betrug als alle übrigen bei Hofe. Es wäre für den König zwecklos gewesen, sich bei Anna über die Vertraulichkeit zu beschweren, mit der der Kardinal ihn behandelte, denn das hätte nur Mazarins Aufmerksamkeit auf Ludwigs Abneigung gelenkt; von Mazarins Spionen umgeben, gewöhnte das Kind sich eine Schweigsamkeit an, die man in der Gesellschaft für Dummheit hielt. Aber die Gesellschaft irrte sich. In Wirklichkeit handelte ein intelligenter kleiner Junge nach dem spanischen Sprichwort, das er von seiner Mutter gelernt hatte – »In einen geschlossenen Mund kommt keine Fliege«. Statt zu reden, hörte er zu und wartete seine Zeit ab.

Aus Erwägungen mancherlei Art reifte in Ludwig der Entschluß, keinesfalls Ludwig XIII., sondern Heinrich IV.

nachzueifern. Von diesem hatte er oft sprechen hören, von jenem nie, denn Anna verabscheute die Erinnerung an Ludwig XIII. so sehr, daß sein Name in ihrer Gegenwart nicht erwähnt werden durfte; wie auf Vereinbarung wurde die vergangene Regierungsepoche mit Schweigen übergangen; so erfuhr der junge Ludwig über seinen Vater nichts weiter, als daß er regiert hatte und nun tot war. Es ist bezeichnend, daß Ludwig XIV. in seinen Memoiren Ludwig XIII. nur einmal erwähnt und Richelieu überhaupt nicht. 1645, als Ludwig acht Jahre alt war, übernahm Mazarin selbst das Amt seines obersten Erziehers, beschränkte seine Tätigkeit jedoch darauf, den König von jenen Kreisen fernzuhalten, die ihm, Mazarin, feindlich gesinnt waren; das Spionagenetz um das Kind wurde enger, Mazarain ließ keinen Zweifel bestehen, daß niemand Gnade zu erwarten habe, der Ludwig darüber aufzuklären wagte, daß der Kardinal nur insoweit Herrscher sei, als er sich selbst diese Würde zuerkenne. Gute Bücher galten in den königlichen Gemächern als ebenso verdächtig wie menschlich wertvolle Besucher, und Ludwig, der nicht blind gegen die Ereignisse war, verabscheute die Herrschaft des Kardinals immer mehr.

Doch in einer Beziehung hatte der kleine König Glück; Mazarin legte keinen Wert auf seine religiöse Erziehung, die in den Händen der Königin blieb; und diese, eine aufrichtig fromme Frau, verstand in Dingen der Religion keinen Spaß; 1646 erhielt Ludwig zum Beispiel achtundvierzig Stunden Stubenarrest, weil er geflucht hatte. Auch war es eine glückliche Fügung, daß zu seinem Kammerdiener der aufrechte und freundliche La Porte bestimmt wurde, der in Ludwigs Entwicklungsjahren nach seiner Mutter den stärksten Einfluß auf ihn ausübte.

Ludwig empfand zunächst Abneigung gegen ihn, als er 1645 aus der Obhut der Frauen genommen wurde und einen ›Gouverneur‹ bekam. Er war entsetzt, als er erfuhr, daß La Porte das Schlafzimmer mit ihm teilen sollte, und bekümmert, daß der Kammerdiener gar keine Märchen kannte, die er ihm abends hätte erzählen können. »Aber bald«, sagt La Porte,

»zeigte er keine Abneigung mehr gegen mich; im Gegenteil, vor dem Einschlafen ließ er mich den Kopf auf sein Kissen legen, und wenn er nachts aufwachte, pflegte er in mein Bett zu kriechen... Ich habe ihn oft schlafend in sein eigenes Bett zurückgetragen. Er war ein folgsames Kind und Vernunftgründen immer zugänglich. Er war klug, sah und verstand, was um ihn her vorging, redete aber wenig. Von Natur gutartig und menschlich, versprach er, ein großer Fürst zu werden. Aber es wurde nicht genug Sorge darauf verwandt, seine guten Eigenschaften zu fördern.«

Kein Wunder. Wir haben gesehen, wie Mazarin seine Verantwortung gegenüber dem jungen König auffaßte, und noch schlimmer als der Erziehungsleiter war der Gouverneur. Dieses Amt hatte 1645 der Maréchal-Duc de Villeroi erhalten, ein Mann von siebenundvierzig Jahren, ein Streber bis in die Fingerspitzen, noch heute bekannt durch seine Formulierung der Pflichten eines Hofmannes: »Halte einem großen Manne den Nachttopf, solange er fest steht, und in dem Augenblick, wo er ins Rutschen kommt, entleere ihn über seinem Kopf.« Villeroi sah das einzige Problem seiner neuen Stellung darin, sich bei dem König beliebt zu machen, ohne bei Mazarin anzustoßen; er löste es, indem er den König und den Kardinal tun ließ, was sie wollten; Mazarin war zufrieden und Ludwig gab nach sechs Monaten mit frühreifem Zynismus sein Urteil über den Gouverneur ab; er taufte ihn »Maréchal Ouisire«.

1646 machte Ludwig seinen Erziehern Sorge, »stumpf und teilnahmslos«, hieß es in seinem Schulzeugnis; mehr denn je hielt er sich in den Gemächern der Königin auf, wo jeder ihn lobte und niemand ihm widersprach; oder er badete in der Seine, ermüdete seine Gefährten beim Reit- und Fechtunterricht, machte Besuche und ritt zum Entzücken seiner Untertanen auf einem weißen Pony in goldbestickter Kleidung frei durch Paris.

Aber wenn Ludwig sich auch vom Unterricht drückte, so nahm er doch eifrig die Lehren seiner Mutter an. Und hätten Annas Unterweisungen sich auf die Religion beschränkt, so wäre alles gut gewesen, denn Ludwig vergaß ihre Ermahnungen nie, nicht einmal bei seinen späteren Ausschweifungen. Leider übernahm er von der Königin jedoch außer der Religion vieles andere: einen tiefen Haß gegen liberale Ideen, den sie ihm einpflanzte durch ständige Mahnungen, daß der geringste Widerstand gegen den königlichen Willen eine Sünde gegen Gott wie auch gegen den König sei; ferner einen fast krankhaften Abscheu vor Ketzerei – »Er sog ihn mit der Muttermilch ein«, sagte sein Beichtvater triumphierend. Derselbe Beichtvater rühmte sich später, den König überzeugt zu haben, daß Jansenist ein Synonym für Ketzer sei.

Mit neun Jahren war Ludwig für sein Alter recht kindlich; noch immer spielte er gerù ›Kammerdiener‹ – mit Vorliebe den Kammerdiener eines kleinen Bauernmädchens. Denn Gespielen seines Ranges hatte er nicht, weil Mazarin, um ihn in Unwissenheit über seine wahre Stellung zu lassen, ihm einen Hofstaat von adeligen Kindern verweigerte.

Eine Reise, die der König in diesem Sommer unternahm, um sein Reich kennenzulernen, begann mit einem Besuch in Dieppe; ein erregendes Abenteuer, in dessen Verlauf eine künstliche Seeschlacht ihm zu Ehren veranstaltet und sogar einige Feuerschiffe verbrannt wurden. Aber Ludwig zeigte nur flüchtiges Interesse für seine Marine, vermutlich war ihm schon damals klar, daß das Meer nicht das Element sei, wo ein König den persönlichen Ruhm ernten konnte, nach dem er dürstete. »Ich empfinde stets«, bekannte er in späteren Jahren, »daß ein französischer Sieg, bei dem ich nicht anwesend bin, den Ruhm meiner Regierung eher mindert als mehrt.«

Von Dieppe begab sich der Hof nach Fontainebleau, wo Ludwig den Prinzen von Wales empfing. Doch, begreiflich genug, glänzte weder er noch der künftige Karl II. bei dieser Begegnung – was konnte ein siebzehnjähriger Jüngling einem neunjährigen Kind zu sagen haben? Besonders einem Kinde, das »vorsichtig genug war, nichts zu sagen, aus Furcht, sich nicht gut auszudrücken«. Aber wenn Ludwig noch nichts von dem vollendeten Gastgeber erkennen ließ, so bewies er bald darauf während einer Krankheit doch schon die Eigenschaften des Mannes, der 1715 so großartig zu sterben wußte. Am 10. November bekam er die Pocken; und auch in der schlimmsten Leidenszeit sprach er freundlich mit denen, die ihn pflegten, und fügte sich den

Anordnungen seiner Ärzte; zu seiner Mutter war er von einer Zärtlichkeit, die trotz der charakteristisch feierlichen Sprache, in die sie gekleidet war, klar zum Ausdruck kam – »er verlangte ständig nach ihr, bat sie, neben ihm zu sitzen, und beteuerte, daß ihre Gegenwart seine Leiden fühlbar lindere«.

Der Ausbruch des Bürgerkriegs am 13. Mai beendete in Wahrheit Ludwigs Erziehung, wenn auch versucht wurde, sie nach Unterdrückung des Aufstandes 1653 fortzuführen. Dieser Krieg, die erste Fronde, war ein Versuch des Parlaments, die von Richelieu zerstörte Verfassung wiederherzustellen, und wurde von den Rentnern unterstützt, die Mazarin durch Manipulation der Staatsanleihen zu seinem eigenen Vorteil betrogen hatte. Uns interessiert dieser Kampf hier nur, soweit er auf Ludwig einwirkte; in erster Linie flößte er ihm für sein ganzes Leben einen Haß gegen die Rentner ein, die er als neue Gattung von Rebellen bezeichnete. Nach der Thronbesteigung sah er sich deshalb verpflichtet, die Staatseinnahmen durch Erhebung direkter Steuern und nicht durch Anleihen zu vermehren; eine Politik, die in künftigen Jahren verhängnisvolle Folgen haben sollte.

Frankreich war jetzt am 30jährigen Krieg beteiligt und hatte im Innern des Landes den Bürgerkrieg; solange die Armee in Flandern gebunden war, konnte an der Heimfront nicht viel unternommen werden. Aber am 20. August schlug Enghien, jetzt Prince de Condé, den Feind bei Lens in die Flucht, und Mazarin konnte ihn und seine Truppen zu Offensivmaßnahmen gegen die Hauptstadt zurückrufen. Ludwig, der sehr schnell einen Sinn für Politik entwickelte, faßte die Folgen des Sieges bei Lens treffend zusammen: »Wie wird sich das Parlament ärgern!« bemerkte er.

1649 war Condé bereit, drastische Maßnahmen gegen Paris zu ergreifen, und sein erster Schritt war, für die Evakuierung der königlichen Familie nach St-Germain zu sorgen und sich dadurch freie Hand für die Blockade der Stadt zu schaffen. Am 6. Januar wurden der König und sein Bruder um drei Uhr morgens geweckt, am Gartentor des Palais Royal in eine einfache Kutsche gepackt und nach St-Germain gefahren. Ein aufregendes Abenteuer für jeden gewöhnlichen zehnjährigen Jungen, Ludwig aber empfand nichts als Zorn, daß er Paris unter Zwang verlassen mußte; als er dann noch erfuhr, daß der Pöbel sein Gepäck nicht hatte passieren lassen, nahm er sich vor, eines Tages mit den Parisern abzurechnen.

In der Hauptstadt verursachte die Nachricht von der königlichen Flucht Bestürzung und Ärger; die Miliz wurde bewaffnet, die Tore bewacht und ernsthafte Vorbereitungen zum Bürgerkrieg eingeleitet. Aber keine Seite war stark genug, um eine Entscheidung herbeizuführen, und nach langem Verhandeln, dem man durch Bestechungen nachhalf, wurde am 1. April zu St-Germain der Friede unterzeichnet.

Am 18. August kehrte der Hof unter stürmischen Beifallskundgebungen nach Paris zurück; während der langsamen Fahrt zum Palast zeigte der König vollendete Selbstbeherrschung. Als der königliche Wagen im Schritt durch die belebten Straßen fuhr, drängten sich Arbeiter heran, die darauf bestanden, dem König die Hand zu schütteln und ihn ihrer Zuneigung zu versichern; auch erklärten sie

– dies war ein Wink –, sie wollten auf sein Wohl trinken; die Frauen hingegen äußerten unverhohlen ihre Bewunderung für die Schönheit des Königs.

Der Hof stellte fest, daß ein verwandelter Ludwig nach Paris zurückkehrte, denn die erste Fronde hatte seine Kindheit beendet; verschwiegener, schweigsamer, fähiger durch Zuhören zu lernen, wurde er ein König. Sein Großkämmerer erhielt wegen Unpünktlichkeit eine scharfe Rüge; seine Kusine, die Duchesse de Montpensier, bei Hofe als ›Mademoiselle‹ bekannt, mußte eine Strafpredigt über den dem König geschuldeten Respekt anhören, weil sie ihm den Zutritt zu ihren Gemächern verweigert hatte; und zu Mazarin sprach er über den Zustand seiner abgenutzten Karosse in einem Ton, daß der Premierminister auf der Stelle fünf neue Wagen für ihn bestellte.

Nur in einer Beziehung ähnelte der neue Ludwig dem alten, nämlich in der Unfähigkeit, seine Abneigung gegen Mazarin zu verbergen; er gab ihm den Spitznamen ›der Großtürke‹; als er eines Abends hörte, der Kardinal warte im Vorraum, um bei dem königlichen *coucher* zugegen zu sein, weigerte er sich, sein Ankleidezimmer zu verlassen, bis Mazarin, des Wartens müde, in seine eigenen Gemächer zurückgekehrt war – ein Vorfall, der Mazarin sehr nachdenklich stimmte.

War Ludwig auch nicht mehr ein Kind, so doch noch ein Junge, sobald er mit La Porte zusammen war; dieser berichtet, wie er um diese Zeit dem König eine Strafpredigt hielt über die den Großen zu bezeigende Willfährigkeit, woran sich die folgende Unterhaltung schloß:

Ludwig: Schelten Sie Ihre eigenen Kinder genauso wie mich?

La Porte: Sire, wenn ich Kinder hätte, die sich so wie Sie betrügen, würde ich sie nicht schelten, sondern ordentlich verprügeln, weil Leute unseres Schlages es sich nicht leisten können, Narren zu sein; wenn sie es sind, verhungern sie; aber ein König, er mag ein noch so großer Narr sein, kann sich darauf verlassen, daß es ihm nie an etwas fehlen wird, und deshalb zeigen so viele kleine Könige weder Fleiß noch den Wunsch etwas zu lernen. Sind Sie ärgerlich über meine Offenheit, Sire?

Ludwig: Nein.

Im Januar 1650 wurde Condé, dessen Anmaßung und Habgier unerträglich geworden waren, verhaftet und in Vincennes eingekerkert; ein Schritt, der zwar vorübergehend das Ansehen Annas und ihres Premierministers hob, aber zum Ausbruch der zweiten Fronde führen sollte und sofortige Bemühungen der Anhänger Condés zur Folge hatte, die Provinzen gegen die Regierung aufzuwiegeln. Um dem zu begegnen, sandte Mazarin Ludwig und die Königin auf eine längere Reise in die unzufriedenen Gebiete, die glänzenden Erfolg hatte. Die »Unschuld und Schönheit« des Königs entzückten die Bürger von Rouen, die ihn mit großem Jubel aufnahmen; im April empfing er bei der Belagerung von Bellegarde die Feuertaufe: seinen unbesoldeten Truppen flößte er Mut ein durch die Ruhe, die er zeigte, als einem Mitglied seines Gefolges von einer Kanonenkugel ein Arm weggerissen wurde. Aber auf Ludwig wirkte das Erlebnis sich ungünstig aus; er kehrte zurück mit der Überzeugung, daß Belagerungen die »königliche« Form der Kriegführung seien, und als er später Armeen befehligte, mußte seinetwegen stets eine Belagerung arrangiert werden, oft zum schweren Schaden für die große Linie der französischen Strategie.

Der Oktober fand Ludwig, seine Mutter und seinen Bruder in Bordeaux, einem Frondeur-Bollwerk, das sich zu Beginn des Monats der Krone ergeben hatte. Aber der Geist des Aufruhrs lag noch in der Luft, und die Bürger zeigten sich durch die Gegenwart des Königs nicht bezaubert wie in Rouen; der Beifall bei seinem Einzug war schwach, die Behörden ließen ihm, ohne sich sonderlich Mühe zu geben, »eine sehr schlechte Mahlzeit verabreichen und veranstalteten ein dürftiges Feuerwerk«.

1651 begann Ludwig, obschon noch nicht dreizehn Jahre alt, undeutlich zu empfinden, daß Mädchen noch zu etwas anderem als Spielgefährten bestimmt seien; auf einem Ball im Januar erwies er Elisabeth Tarneau, der Tochter eines Pariser Anwalts, so auffällig und lebhaft Aufmerksamkeit, daß ihr Vater sie nach Hause bringen mußte, zum heftigen Ärger Ludwigs, der nur mit Mühe davon abgehalten werden konnte, sich seine Büchse geben zu lassen, um auf Tarneaus Fenster zu schießen. Im Sommer unternahm er häufig Ritte mit ›Mademoiselle‹, wobei die Anziehung von einer ihrer Damen, Mme de Frontenac, ausging; auch für sie zeigte er eine so heftige und offenkundige Knabenschwärmerei, daß Anna die Ausritte verbot. »Wenn ich Herr bin«, sagte der König wütend, »werde ich gehen, wohin ich will; und ich werde sehr bald Herr sein.«

Aber solche Ausbrüche waren selten; meistens spielte Ludwig die Rolle des Marionettenkönigs mit Anmut, die indes seinen wachsenden Verdruß nur unvollkommen verbarg; »ein Vogel, der in einem Käfig singt«, so lautet das Urteil über Ludwig zu dieser Zeit; aber schon gab es weitsichtige Höflinge, die prophezeiten, »er werde sich noch lange dessen erinnern, was ihm jetzt angetan werde«.

1651 bedeutet den Tiefpunkt in Ludwigs Schicksal; in Paris triumphierte die wiedererstandene Fronde, die königliche Familie wurde im Palais Royal gefangengehalten und so streng bewacht, daß keine Aussicht bestand, den Coup von 1649 zu wiederholen. Eines Nachts im Februar hatte ›Monsieur‹, des Königs Onkel, die Frechheit, einen Bedienten zum Palast zu senden mit dem Auftrag, sich durch persönlichen Augenschein zu überzeugen, daß der König wirklich im Bett liege. Schlimmer noch, der Pöbel gab sich mit der Versicherung des Mannes nicht zufrieden und stürmte in das königliche Schlafzimmer, um selbst nachzusehen. Zwar zogen sie sich, als Anna ihnen Ludwig gezeigt hatte, auf Zehenspitzen zurück und »wünschten flüsternd allen nur erdenklichen Segen auf sein Haupt herab«, aber dieser Ausgang trug nichts dazu bei, Ludwigs flammenden Zorn zu dämpfen, er sollte sein ganzes Leben lang lodern. Wenn er später den Zwischenfall auch nie erwähnte, so darf man doch annehmen, daß in den folgenden sechzig Jahren kaum eine Woche verging, ohne daß er sich daran erinnerte. Die Lehren jener Nacht sind aus der ganzen künftigen Politik Ludwigs abzulesen; er schloß seine eigene Familie von jeder Teilhabe an der Regierung aus; er erniedrigte die Adligen zu einer Art von Lieblingshaustieren und ersetzte sie in Vertrauensstellungen durch das Bürgertum; er beseitigte das Parlament und verlegte den Hof nach Versailles, um für alle Zeit zu verhindern, daß ein König von Frankreich in Paris wie in einer Falle gefangen werden könne. Als Ludwig 1664 Fouquet mit erbarmungsloser Strenge behandelte, geschah es nicht in erster Linie, weil dieser ihn bestohlen hatte, sondern weil er sein Inselschloß auf Belleisle befestigt und bemannt hatte und der König dort das Hauptquartier einer neuen Fronde sah. Selbst in Kleinigkeiten kamen seine Gedanken nicht vom Bürgerkrieg los; wenn er auf der Höhe seines Glanzes geduldig einen Streit zwischen zwei Edelleuten zu schlichten suchte, so tat er das nicht im Interesse des häuslichen Friedens, sondern weil er wußte, daß ein kleiner Funke ein großes Feuer entfachen kann; er erinnerte sich, wozu es oft geführt hatte, wenn man einen unzufriedenen Edelmann sich vom Hof zurückziehen ließ. Sein Mißtrauen gegen Edelleute, die das Landleben Versailles vorzogen, seine ständige Wachsamkeit, um Cliquenbildungen zu verhindern, die betonte Ungnade gegen diejenigen, die auch nur über Politik zu sprechen versuchten, all das rührt von der Fronde her.

Doch besaß Ludwig schon in frühen Jahren die nützliche Gabe, ein Problem, das noch nicht zur Lösung reif war, einstweilen beiseite zu legen, ohne es zu vergessen; so scheint er einen angenehmen Sommer verbracht zu haben; er erprobte neue Methoden des Angriffs und der Verteidigung an seinem Festungsmodell im Palastgarten, er ging auf dem Lande spazieren, jagte, tanzte und durchschwamm die Marne. »Und schon«, schreibt der Maréchal de Clérembault, »hätten seine Geistesgaben einem Manne von fünfundzwanzig Jahren nicht zur Unehre gereicht.«

Am 7. September erschien Ludwig feierlich vor dem

Parlament, um seine eigene Volljährigkeit zu verkünden; in dieser Sitzung legte Anna in aller Form die Regentschaft nieder, aber in Wahrheit blieb alles wie bisher und Mazarin führte Ludwig zehn weitere Jahre am Zügel. Dennoch waren die politischen Folgen der Formalität von beträchtlicher Bedeutung.

Am 13. Februar 1651 hatte Mazarin, äußerem Zwange folgend, sich in Person nach Le Havre begeben und dort Condé freigelassen; darauf flüchtete er in die Nähe von Köln, weil er in Frankreich für sein Leben fürchtete: das Parlament hatte einen Preis auf seinen Kopf gesetzt. Aber von seinem Exil aus unterhielt er ständige Verbindung mit der Königin und regierte tatsächlich Frankreich so absolut, wie wenn er in Paris lebte. Condé, ein ganz unfähiger Politiker, hatte die Zeit seit seiner Entlassung nutzlos verstreichen lassen und sich Feinde gemacht, indem er die Partei wechselte; am 15. September ging er schließlich zu offener Empörung über und stellte sich unter den Schutz des Königs von Spanien. Doch war der Zeitpunkt für den Aufstand in verhängnisvoller Weise falsch gewählt. Ludwigs Volljährigkeitserklärung hatte ›Monsieur‹ automatisch die Statthalterschaft des Königreichs entzogen, den schwachen Regentschaftsrat aufgelöst und Mazarin im Vollbesitz der königlichen Macht belassen. Schlimmer noch, viele große Edelleute und erfahrene Offiziere, die nichts Tadelnswertes darin gesehen hätten, gegen einen Regenten Krieg zu führen, weigerten sich strikt, gegen den König zu kämpfen; und schließlich, hätte Condé die Rebellion auch nur einen Monat früher angesetzt, so wäre es ihm ein leichtes gewesen, von Anna die Einberufung der Generalstaaten zu erzwingen, die sicher eine der Krone feindliche Haltung eingenommen hätten.

Dennoch hatte Condés erster Schritt Erfolg dank der Kühnheit seiner Gemahlin, die mitsamt ihrem kleinen Sohn von Montrond, wo man sie in Hausarrest hielt, entkam und sich nach Bordeaux begab – achtundvierzig Stunden vor dem Versuch des Königs, das gleiche zu tun – und die Stadt überredete, ihre Tore vor dem König zu schließen. Selten war Ludwig wütender gewesen; unter zornigen Tränen sagte er zu seiner Umgebung: »Ich werde nicht immer ein Kind bleiben; dieses Gesindel von Bordeaux soll mir nicht mehr lange Vorschriften machen.«

1652 war für Ludwig ein Jahr des Wanderns, kreuz und quer durch Frankreich; er zeigte sich, wo immer der aus dem Exil zurückgekehrte Mazarin glaubte, daß Ludwigs Gegenwart von Nutzen sein könne; mit sich führte er eine armselige Hofhaltung, oft unter sehr harten Umständen. Aber Bequemlichkeit war Ludwig sein ganzes Leben gleichgültig, und dies Jahr erwies sich für ihn von unschätzbarem Wert. In der vergleichsweise bescheidenen Rolle, mit der er sich begnügen mußte, lernte der König etwas, das ihm weit nützlicher war als alle Buchgelehrsamkeit; er lernte sein eigenes Volk kennen; bei zufälligen Begegnungen unterhielt er sich mit Gastwirten, Stallknechten, Händlern und Leuten aller Art, die auf den Landstraßen verkehrten. Dem Jahre 1652 verdankte er es, daß er seine Untertanen verstand wie kein anderer europäischer Monarch, mit einziger Ausnahme Karls II. von England. Rasch entwickelte sich seine Persönlichkeit; schon hatte er seine Temperamentsausbrüche überwinden gelernt und wurde jetzt wegen seiner außerordentlichen Selbstbeherrschung bewundert. Schon wußte er Eifer, Intelligenz und Witz zu schätzen und Klatschsucht, Verunglimpfung, Eifersucht und Skepsis zu verabscheuen. »Der lauterste und aufrichtigste Mensch in Frankreich«, berichtet sein Beichtvater, »voll Respekt gegen die Königin, die er innig liebt, wie auch seinen Bruder, den kleinen ›Monsieur‹. Verständig, tapfer, wahrheitsliebend, heiter, angenehm, gescheit und fromm.« Mag der Beichtvater allzu enthusiastisch sein, jedenfalls erfahren wir durch ihn, daß Ludwig schon den Charme des Wesens besaß, dem wenige Männer und keine Frau widerstehen konnten.

Schon erkannten kluge Beurteiler, daß er es weit bringen würde; Fourilles, Generalinspekteur der Kavallerie, schrieb in diesem Jahr einem Freunde:

»Die Leute kennen den König nicht; viele meinen, er tauge zu nichts und wisse nichts. Aber denken Sie in künftigen Jahren an das, was ich Ihnen heute sage; eines Tages wird der König zeigen, daß er in bezug auf Verstand und Mut keinen Vergleich mit seinen königlichen Vorgängern zu scheuen braucht.«

Aber noch immer konnte Ludwig gelegentlich ein Kind sein, und nach unseren Begriffen ein sehr ungezogenes. 1652 war der Hof in Corbeil so erbärmlich untergebracht, daß der König und sein Bruder ein Zimmer teilen mußten, in dem gerade zwei Betten stehen konnten. Beim Aufwachen spuckte Ludwig aus Versehen auf Philipps Bett; Philipp rächte sich, indem er absichtlich auf das Bett des Königs spuckte, worauf Ludwig Philipp ins Gesicht spuckte. Philipp wollte sich das nicht gefallen lassen, sprang auf und urinierte über das königliche Bett, ein Kompliment, das der König erwiderte, und es kam zu einer Prügelei. ›Monsieur‹, so wird uns erzählt, war viel zorniger als der König, aber der König war viel schwerer zu versöhnen. Das ist ein typisches Beispiel für die Paradoxie des Grand Siècle, die erstaunliche Verbindung äußerster Höflichkeit und gewähltester Manieren mit einer Roheit, die man kaum glauben könnte, wäre sie nicht so gut bezeugt. Das besserte sich auch nur langsam. Dreißig Jahre später sehen wir ›Madame‹, des Königs Schwägerin, und ›Monseigneur‹, den Erben der Krone, in aller Öffentlichkeit wetteifern, wer innerhalb einer bestimmten Zeit die meisten unziemlichen Geräusche hervorbrächte; und wiederum zwanzig Jahre später können wir uns an dem Anblick erfreuen, wie die angebetete Herzogin von Burgund ein Klistier bekommt, während sie mit dem König und seinem Hofstaat lacht und schwatzt.

Ludwigs Odyssee ging weiter. Im Februar war er in Saumur, wo die Einwohner glaubten, durch eine niedrige Schmähschrift gegen Condé des Königs Wohlgefallen zu erregen; aber sie hatten nicht mit dem Familienstolz der Bourbonen gerechnet; der König machte der Sache sofort ein Ende, denn Condé trug des Königs Namen. Der Mai fand ihn in Etampes; gewiß nicht ohne Bitterkeit im Herzen mußte er eine neue ihm von Mazarin angetane Demütigung hinunterschlucken: der Schatzmeister hatte Ludwig hundert Pfund gegeben, die er als Gnadengeschenke unter verwundete Soldaten verteilen sollte. Aber Mazarin, dem dies zu Ohren gekommen war, bestand darauf, daß Ludwig das Geld ihm aushändigte, so daß er seiner zerlumpten

Armee nur ein Lächeln und Komplimente bieten konnte. Damals besaß er, wie es heißt, nicht Einfluß genug, um ohne Mazarins Erlaubnis über eine Leutnantsstelle in einem Linienregiment zu verfügen.

Am 2. Juli hatte Turenne unter den Wällen von Paris bei der Porte St - Antoine Condé in der Falle; dieser stellte sich zu einem Kampf auf Tod und Leben; es war wie auf dem Turnierplatz, denn die Stadtwälle waren schwarz von Zuschauern, und der König und sein Hofstaat drängten sich auf der Höhe hinter der königlichen Armee. Es wäre für Condé schlecht ausgegangen, wenn nicht ›Mademoiselle‹ die Wache durch Einschüchterung dazu gebracht hätte, den geschlagenen Frondeurs das Tor zu öffnen und ihren Rückzug durch Feuer auf die Königlichen aus dem Geschütz der Bastille decken ließ. »Sie hat ihren Gatten gemordet«, sagte Mazarin; womit er meinte, er werde dafür sorgen, daß ›Mademoiselles‹ ehrgeiziger Wunsch, Ludwig XIV. zu heiraten, niemals in Erfüllung ginge.

Während des Sommers und Frühherbstes herschte in Paris Anarchie, während der Hof in der Umgebung auf die unvermeidliche Übergabe wartete. Am 14. Oktober schlich sich Condé aus der Stadt, um sich mit der spanischen Armee in den Niederlanden zu vereinigen, und eine Woche später zog der König in seine Hauptstadt ein, wo ihm ein stürmisches Willkommen bereitet wurde; die Reihen seines Gefolges wurden ständig durch erregte Bürger unterbrochen, die sich an den König herandrängten, um seine Schuhe zu küssen. Ludwig benahm sich mit gewohnter feierlicher Anmut, aber er vergaß nicht einen einzigen Augenblick, daß dasselbe Gesindel, das jetzt vor ihm kroch, vor kaum zwei Jahren in sein Schlafzimmer gestürmt war. Zum Louvre kehrte er zurück, nicht zum Palais Royal; denn letzteres war ein unbefestigtes Haus, während der Louvre durch einen Graben und eine Zugbrücke geschützt war.

In Paris verlor Ludwig keine Zeit, um wieder Ordnung herzustellen; die führenden Frondeurs wurden am 21. Oktober verbannt, die kleinen Mitläufer flohen oder ergaben sich, und am 22. richtete der König eine Ansprache an das Parlament, in der er aus seiner Verbitterung kein Hehl machte. »Jedermann weiß«, sagte er, »wie gefährlich Ihre Sitzungen für mein Reich waren. Ich höre, daß Sie die Stirn haben, die Fortsetzung der Sitzungen vorzuschlagen. Und, Herr Präsident« – dabei wies er mit seiner Reitgerte auf ihn –, »ich bin hier, um das zu verbieten«; und bevor der erschrockene Beamte ein Wort stammeln konnte, drehte sich Ludwig auf den Hacken herum und verließ das Gebäude. Das Parlament hatte seine politische und finanzielle Rolle ausgespielt.

1653 entließ Mazarin La Porte, dessen feindliche Einstellung gegen ihn stets unverkennbar gewesen war; vermutlich zog sich der Kammerdiener die Ungnade dadurch zu, daß er die schreckliche, auch in seinen Memoiren niedergelegte Geschichte verbreitete, Mazarin sei homosexuell und habe den jungen König verdorben. La Portes Anschuldigung wird von keinem Zeitgenossen bestätigt, wir können sie als Verleumdung abtun. Mazarin verdarb Ludwig geistig, nicht körperlich, und das ist unvermeidlich, wenn ein älterer Zyniker eng mit einem fünfzehnjährigen Knaben zusammenlebt; so war es zum Beispiel Mazarin, der Ludwig lehrte, die religiösen Orden als Schmarotzer anzusehen und die Frommen für Visionäre zu halten, deren Bestrebungen den Staat gefährdeten. Aber zum Glück hatte der am 12. April verstorbene Pater Paulin so viel Gutes gewirkt, daß Mazarin aus Ludwig XIV. nicht einen Friedrich den Großen machen konnte.

In diesem Winter nahm Mazarin Ludwigs politische Erziehung in die Hand; von nun an saßen der König und der Kardinal im allgemeinen täglich zwei Stunden allein zusammen, Mazarin redete, der König hörte zu. – Lassen Sie Ihre Familie nicht mächtig werden, sagte Mazarin; vermeiden Sie Vertraulichkeiten mit Ihren Höflingen; nehmen Sie gegenüber Bittstellern eine strenge Haltung an; mißtrauen Sie jedem, besonders Ministern, denn sie werden Sie betrügen, wenn sie können; hüllen Sie Ihre Angelegenheiten in ein undurchdringliches Geheimnis; nehmen Sie das Geld Ihrer Untertanen, aber schonen Sie ihr Leben. – Zynische Grundsätze vielleicht, aber nicht ohne Wert.

Im Jahre 1654 begann Ludwig, an den Sitzungen des Staatsrats teilzunehmen, bei denen er auch schon um seine Meinung zu den auf der Tagesordnung stehenden Problemen gefragt wurde. Mazarin ließ sich nicht beirren durch den Bericht des königlichen Erziehers, daß der König träge und allem Lernen abhold sei. »Seien Sie unbesorgt«, sagte der Kardinal, »überlassen Sie ihn mir; er nimmt nie an einer Ratssitzung teil, ohne hundert Fragen zu stellen.« Auch bemühte man sich neuerdings wieder um Ludwigs konventionelle Erziehung; doch sofern er überhaupt arbeitete, geschah es morgens im Bett, und er entwickelte ein beachtliches Geschick, die Arbeitsstunden in Unterhaltungen zu verwandeln; sein Erzieher mußte zugeben, daß Ludwigs Abneigung gegen Bücher nicht mehr auszurotten war. Indes verbrachte Ludwig seine Tage nicht müßig. Das Beten und Ankleiden folgte auf seinen Unterricht im Bett, darauf ein Ritt, dann Fechten und Tanzen, anschließend eine Unterredung mit Mazarin. Als nächstes ein Besuch bei seiner Mutter, mit der er regelmäßig speiste; dann eine Ausfahrt und zurück zum Staatsrat, der seinen offiziellen Tag beschloß. Schon zeigte er die Vorliebe für den Aufenthalt im Freien, die er bis zu seinem Ende beibehielt, eine Eigenschaft, die er von seinem Großvater geerbt hatte. Vermutlich fühlte er sich zu dieser Zeit am glücklichsten beim Frontdienst. – »Ach, könnte ich nur acht Stunden ein gewöhnlicher Bürger sein!« rief er aus, als er den Vorbereitungen für die Schlacht von Arras 1654 beiwohnte. Und schon bekundete er das unermüdliche Interesse für militärisches Detail und die Gleichgültigkeit gegen Unbequemlichkeiten, die während seines ganzen Lebens charakteristisch für ihn sein sollten; er marschierte den ganzen Tag mit den Truppen, ritt dann, sobald er ins Lager kam, aus, um die Vorposten zu inspizieren und kehrte nach fünfzehn Stunden im Sattel unermüdet zurück; und wenn er bei der Rückkehr feststellte, daß die Proviantwagen noch nicht angekommen waren, lachte er nur.

Die letzten Spuren von Ludwigs knabenhaftem Wesen sehen wir bei Veranstaltungen des Hofs. Bei einem Ball 1655 machte er den Fauxpas, zum ersten Tanz Mazarins Nichte, die Duchesse de Mercoeur, aufzufordern, obwohl die Princess Royal von England, seine spätere Schwägerin, anwesend war; Königin Anna mußte das Paar trennen, obwohl die im Exil lebende Königin von England, um die Sache beizulegen, erklärte, ihre Tochter sei müde und wolle nicht tanzen. Doch zeigte er sich von einer vorteilhafteren Seite, als er später im gleichen Jahr zu Chantilly eine andere Exkönigin kennenlernte, die stolze, feingebildete Lesbierin Christine von Schweden, die von seinem Unterhaltungstalent sehr eingenommen war und sich eine hohe Meinung von seinen Fähigkeiten bildete.

Dies Fest in Chantilly war Ludwigs wirkliches Debut in der Gesellschaft; die Damen staunten über die Selbstsicherheit des bisher so scheuen und im Umgang mit Frauen schüchternen Jünglings; es zeigte sich klar, daß Ludwig, wenn auch noch nicht ein König, so doch ein Mann geworden war und als Heiratskandidat zählte. Aber für wen? Zunächst schien er interessiert an der siebzehnjährigen Olympe, der zweiten Nichte Mazarins, der ›Nymphe Mancini‹, wie ihre Schmeichler sie nannten. Nach ihren Portraits zu urteilen, ist es schwer vorstellbar, daß Olympe irgendwelche körperlichen Reize besaß, und was ihre sonstigen Eigenschaften anging, so fand ›Mademoiselle‹ sie linkisch und schlecht erzogen und wunderte sich, daß der König sie lieben sollte. Mme de Lafayette sagte, gut aussehend könne sie niemand nennen, doch habe sie die Gabe zu gefallen; ihr Verstand sei weder bemerkenswert noch glänzend, aber natürlich und angenehm. »Häßlich und boshaft«, lautete ›Madames‹ Urteil, und uns scheint, daß ›Madame‹ recht hatte; denn diese kalte, rachsüchtige und gehässige Intrigantin war durch und durch schlecht – eine schlechte Schwester, eine schlechte Frau, eine schlechte Geliebte, eine schlechte Freundin und höchstwahrscheinlich eine

Giftmischerin. Aber Ludwig liebte ›die Gans‹ – dies war ihr völlig unzutreffender Spitzname –, und dadurch wurde sie Mode. Nicht daß des Königs Liebe über einen bloßen Flirt hinausging, denn Olympe war kalt und hatte den Ehrgeiz, eine gute Partie zu machen, während Ludwig damals noch zu seinen Freunden sagen konnte, er verstehe die Unbekümmertheit eines Menschen nicht, der nachts zu schlafen wage mit einer Todsünde auf dem Gewissen.

2

Sechzehnhundertsechsundfünfzig hatte Mazarin seine Schwester, Mme Mancini, und ihre fünf Töchter nach Frankreich kommen lassen, in der klugen Absicht, die Mädchen auf Ludwigs XIV. Kosten statt auf seine eigenen auszusteuern. Laure, die älteste und einzig tugendhafte des Quintetts, hatte er 1651 mit dem Duc de Mercoeur, einem illegitimen Enkel Heinrichs IV. von Gabrielle d'Estrées, verheiratet; Olympe, der zweiten, sind wir eben begegnet; es blieben Marie, Hortense und Marianne, jetzt sechzehn, zwölf und elf Jahre alt, die alle drei bei ihrer verwitweten Mutter lebten. Marie war das Aschenbrödel der Familie. Während ihren Schwestern jeder Wunsch erfüllt wurde und, wie sie sagte, »sie sich nach Herzenslust amüsierten«, blieb sie zu Haus in der Obhut einer »übellaunigen alten Kammerfrau«, in dem tröstlichen Bewußtsein, bald in ein Kloster gesteckt zu werden.

Als Mme Mancini 1656 erkrankte, mußte Ludwig sie täglich besuchen, und es dauerte nicht lange, bis Marie seine Aufmerksamkeit erregte; er begann, sich auf seine täglichen Besuche bei der Witwe zu freuen, denn in ihrem

Vorzimmer traf er mit Sicherheit Marie, deren »Feuer, Lebhaftigkeit und Mutwillen« (die Schilderung stammt von ihr selbst) er seltsam erregend und entzückend fand.

Aber Maries Stunde war noch nicht gekommen; zu Beginn des Jahres 1657 faßte Ludwig plötzlich eine heftige Neigung zu einer der Ehrendamen seiner Mutter, Mlle de La Motte-Argencourt, einer blauäugigen Blondine; sie war weder auffallend schön noch sehr klug, aber angenehm als Gesprächspartnerin, dazu eine reizende Tänzerin. Mazarin war besorgt und Anna auch; sie schalt Ludwig, was er über sich ergehen ließ, ohne sein Betragen zu ändern; im Gegenteil, er benahm sich gegenüber dem Mädchen wie ein Mann, der jede Selbstbeherrschung verloren hat. Aber die La Motte erwies sich als schwierig, und obwohl ihre Mutter sich alle Mühe gab, ihre Tochter an Ludwig zu verkaufen, wies sie seine Anträge zurück. Dann griff Mazarin ein; er wies Ludwig roh darauf hin, daß die La Motte eine erwachsene Frau sei, die einen Mann wolle, nicht aber einen Knaben, dessen Hände zitterten, sobald er sie berühre; die La Motte und ihre Freunde, versicherte er, fänden das Werben des Königs lächerlich. Nun war Lächerlichkeit das einzige, was Ludwig zeit seines Lebens scheute, und diese Eröffnung kränkte und entsetzte ihn; die La-Motte-Episode endete so plötzlich, wie sie begonnen hatte, und wieder wandte Ludwig sich Marie Mancini zu. Olympe hatte am 20. Februar den Comte de Soissons, am Hof ›M. le Comte‹, geheiratet; am 19. Dezember 1656 war Mme Mancini gestorben, wodurch Marie ihre Freiheit erlangte; und Ludwig, der immer noch einiges Gefühl für Schicklichkeit besaß, hatte seinen Flirt mit Olympe seit ihrer Heirat abgebrochen; alle Vorbedingungen für seine ernsthafteste Liebesaffäre waren gegeben.

Während des Februars traf sich das Paar täglich, und als sich der Hof im Frühjahr nach Fontainebleau begab, war es jedem klar, daß die beiden sich innig liebten. Es berauschte Ludwig, ein Mädchenherz gewonnen zu haben; für ihn war Marie natürlich vollkommen – nicht so für einen leidenschaftslosen Betrachter. Sie war sehr mager, hatte einen bräunlich-gelben Teint, harte Augen, einen gewöhnlichen Mund und in ihrer gesamten Erscheinung nichts von einer vornehmen Dame. Nach Ansicht Mazarins, der seine Nichte viel besser kannte als Ludwig, war sie eine Phantastin, unendlich ehrgeizig, voll Verachtung für jedermann, mit einer Neigung zu überspanntem Benehmen. Im allgemeinen jedoch galt sie als geistreich, heiter und anziehend. Kurz, eins von den Mädchen, die aus allen Gaben das Beste zu machen wissen und mit Klugheit einen Mann dazu bringen, ihnen Reize anzudichten, die nur in seiner Einbildung existieren.

Maries eigentliches Unglück bestand darin, daß sie, wie so viele vernachlässigte Kinder, in einer selbstgeschaffenen Traumwelt aufgewachsen war; sie verschlang Liebesgeschichten und bewog Ludwig, ihren Geschmack zu teilen; Drachen, Ungeheuer, böse Feen wurden durch ihres Liebhabers Zauberschwert besiegt, und ihre eigene Liebesgeschichte sollte wie die ihrer Heldinnen mit dem Läuten der Hochzeitsglocken enden; je mehr Schwierigkeiten auf dem Weg zur Kirche zu überwinden waren, desto romantischer die Liebesgeschichte. Daher ihre heftige Ungeduld, ihre Weigerung, ja vielleicht Unfähigkeit, Tatsachen ins Auge zu sehen, und ihr gänzlicher Mangel an Einsicht. Unter ihrem Einfluß wurde Ludwig so blind und inkonsequent wie sie.

Trotz seiner Verliebtheit fand sich der König nicht leicht in die Rolle eines Liebhabers; mehr als seine jugendliche Schüchternheit hemmte ihn sein Temperament. Marianne, die jüngste Schwester, berichtet uns, daß er zwar sehr freundlich mit ihnen verkehrte, aber etwas Ernstes und Gediegenes, um nicht zu sagen Majestätisches in seiner ganzen Art an sich hatte, womit er, ohne es im geringsten zu beabsichtigen, Respekt einflößte; lediglich Marie fühlte sich durch seine Gegenwart nicht eingeschüchtert. Erfüllt von seiner Liebe, begann Ludwig, seine Pflichten zu vernachlässigen; bei Staatsratssitzungen war er zerstreut und gewöhnte sich an, mitten in der Sitzung aus dem Saal zu schleichen, bis Mazarin ernste Vorstellungen erhob, was nicht dazu beitrug, Ludwig mehr als bisher für ihn einzunehmen; es muß für Lehrer und Schüler eine Erleichterung gewesen sein, als der König sich am 7. Mai an die Front begab, um Montmédy zu belagern. Während der Belagerung suchte er um Maries willen offenkundig zu glänzen, und als die Festung sich ergab, befand Ludwig sich in den vordersten Reihen, so daß er die Übergabe persönlich entgegennehmen konnte.

Kein Wunder, daß Ludwig in glänzender Stimmung wieder nach Paris kam; er hatte sich persönliches Ansehen erworben und glaubte, daß Anna und Mazarin eine freundliche Haltung zu seiner Werbung annähmen. In dieser Vermutung irrte er sich leider; weder der Königin noch dem Kardinal kam es in den Sinn, daß Ludwig es diesmal ernster meinen könnte als bei Olympe oder der La Motte-Argencourt; sie begünstigten diese neue Intimität nur, weil sie glaubten, der König werde daraus den Vorteil ziehen, sich allgemein aufgeschlossener und in weiblicher Gesellschaft unbefangener zu geben.

Es ist interessant zu beobachten, daß Ludwig schon mit neunzehn seine Rolle als »der größte Darsteller der Königswürde, den die Welt je gesehen hat«, beherrschte:

»Ernst, feierlich und liebenswürdig. Seine Majestät flößte allen Respekt ein, die sich ihm nahten. Er sprach wenig und gut; seine Worte hatten eine erstaunliche Macht, den Zuhörern Liebe oder Furcht einzuflößen, je nachdem, ob sie freundlich oder streng waren.«

Im Mai 1658, bei der Belagerung von Dünkirchen, trat bei Ludwig jene Ruhmgier zutage, die ihn zum Schrecken Europas machen sollte; doch bewies er daneben eine lobenswerte Fähigkeit, intensiv zu arbeiten; tagsüber plagte er sich auf den heißen Dünen, nachts fror er im Marschnebel eines Landes, dessen Luft noch verpestet war von den unbeerdigten Toten des letzten Jahres. Infolgedessen bekam er am 29. Juni Typhus und mußte am 1. August nach Calais gebracht werden, wo er so krank wurde, daß man am 7. an seinem Aufkommen zweifelte. Mazarin befiel panischer Schrecken, und das mit gutem Grunde; denn wenn Ludwig starb und ›Monsieur‹ ihm auf den Thron folgte, so wäre das ein Unglück für Frankreich und der gewisse Ruin Mazarins gewesen. Philipp mit seinem Schminktopf und seiner weibischen Kleidung war nicht aus dem Stoff, aus dem Könige gemacht werden; und die habgierigen Homosexuellen seiner Umgebung hätten für die Verbannung des Kardinals gesorgt und seinen enormen Reichtum unter sich verteilt. Aber Mitte des Monats begann Ludwig gegen alle Wahrscheinlichkeit zu genesen, und am 22. konnte er sich in einem notdürftig erstellten Krankenwagen nach Compiègne begeben.

Bei Hof konzentrierte sich die Aufmerksamkeit, soweit sie nicht den Ereignissen von Calais galt, auf den heftigen und unverhohlenen Kummer, den die impulsive Marie während der Krisis in Ludwigs Krankheit gezeigt hatte; und konnte Ludwig bei seiner Rückkehr ein wohltätigeres Mittel zur Genesung finden als diese Nachricht? Dankbarkeit entfachte seine Leidenschaft, und Maries Freundlichkeit überzeugte ihn, daß er in ihr die Frau gefunden hatte, die ihn vor der Einsamkeit bewahren würde, die während seines ganzen Lebens auf ihm lastete.

Von Compiègne begab sich der Hof nach Fontainebleau, dem lieblichsten aller Königsschlösser, und dort begann für Ludwig und Marie eine bezaubernde Zeit; sie glitten in kissenbelegten Barken zum Klang der Geigen dahin, kletterten auf Felsen oder wanderten zusammen im Wald, feierten Feste, liebten sich und tanzten bis zwei Uhr morgens. Eine glückselige Zeit, besonders für Marie, die Ludwig gut genug kannte, um, was sie »sein beredtes Schweigen« nannte, »überzeugender als alle Reden« zu finden. Und als obendrein die Höflinge anfingen, ihr die einer Königin geschuldeten Ehren zu bezeigen, war ihr Glücksbecher voll bis zum Rande. Zu ihrem Glück kannte sie nicht die wahren Gefühle dieser ehrerbietigen Herren, die sie für ein eigensinniges, stolzes und eingebildetes Mädchen hielten, ohne Wärme, ohne Manieren und ohne Höflichkeit.

Im Herbst hatte Anna erkannt, daß die Sache ernst sei, und drängte Mazarin, die Heirat ihres Sohnes zu beschleunigen; diesem Problem hatte der Kardinal bisher nur geringe Aufmerksamkeit geschenkt. Annas Traum war, Ludwig mit ihrer Nichte, Maria Theresia von Spanien, zu verheiraten und dadurch den französisch-spanischen Krieg zu beenden, der seit vierundzwanzig Jahren andauerte. Ludwig war der einzige, der als Heiratskandidat für die Infantin in Betracht kam, überdies mußte Spanien offensichtlich bald um Frieden bitten. Mazarin ging an die Lösung des Problems, indem er sich ostentativ an anderer Stelle nach einer Königin von Frankreich umsah. Ludwigs XIV. Tante, die verwitwete Herzogin von Savoyen, erhielt eine Einladung, ihre Tochter Marguérite zu einem Besuch ihrer französischen Verwandten in Lyon mitzubringen; sie nahm bereitwillig an. Ursprünglich war beabsichtigt, daß nur Ludwig und die Herren seines Gefolges die Savoyarden in Lyon treffen sollten, aber Marie kannte ihren Ludwig zu gut, um ihn allein auf ein so gefährliches Abenteuer ziehen zu lassen. Sie instruierte den König, seiner Mutter zu sagen, er fühle sich zu unerfahren, um sich auf so delikate Verhandlungen ohne ihren Rat einzulassen, und Anna biß auf den Köder an; Mazarin widersprach nicht, er glaubte, Maries Anwesenheit in Lyon würde Ludwig hindern, eine bedenkliche Neigung zu Marguérite zu fassen.

Das Verhalten des Königs auf der Reise verstärkte Annas Besorgnisse; Ludwig weigerte sich wegen angeblicher Kopfschmerzen, in der Kutsche zu reisen, und er und Marie ritten – »wie in einem Ritterroman«, bemerkte ›Mademoiselle‹ bitter – Seite an Seite durch das herbstliche Land. Eine lange, langsame Reise und doch viel zu kurz für die beiden, obwohl sie erst am 28. November Lyon erreichten. Am 2. Dezember trafen die Savoyarden ein, vierundzwanzig Stunden nachdem ein spanischer Diplomat in der Stadt erschienen war, um Ludwig die Hand der Infantin anzubieten. Mazarins List war völlig geglückt, und die Verhandlungen mit Savoyen wurden zur Komödie auf Kosten der armen Marguérite; Ludwig war in das Geheimnis nicht eingeweiht. Am 2. begab er sich im Galopp aus der Stadt zu Marguérite und dann zurück zu seiner Mutter. »Nun, mein Sohn?« sagte Anna. »Ihr Benehmen ist denkbar natürlich, ihre Hautfarbe oliven, aber das steht ihr gut, sie hat schöne Augen; sie gefällt mir und ist ganz nach meinem Geschmack«, erwiderte Ludwig. Die Höflinge wußten, daß sie eine der reizlosesten Prinzessinnen in Europa war, und verhehlten nur mit Mühe ihre Heiterkeit über Ludwigs Eifer, eine Frau zu besitzen.

Als das französische Gefolge mit der savoyischen Kutsche zusammentraf, stieg der König ein »und begann sofort, sich so vertraut mit Marguérite zu unterhalten, als hätte er sie sein Leben lang gekannt, zur großen Überraschung aller, denn er war in der Regel kalt und ungesellig«.

Marie, über das Benehmen ihres Liebhabers empört, verstand nicht, daß Ludwig sich wirklich von diesem Geschöpf angezogen fühlte. Abends packte sie ihn geschickt bei seiner schwachen Seite, seiner Eitelkeit und Furcht vor Lächerlichkeit: »Schämen Sie sich nicht, sich eine so scheußliche Braut aufzwingen zu lassen?« sagte sie und manches ähnliche mehr.

Das machte Eindruck. Am nächsten Tag nahm man wahr, daß Ludwigs Haltung gegenüber Marguérite erheblich kühler geworden war als bei ihrer ersten Begegnung. Mazarin wählte diesen Augenblick, um Ludwig das spanische Heiratsangebot zu unterbreiten. Der König, der vorübergehend Marguérite begehrt hatte, nur weil der Gedanke, ein Weib zu besitzen, ihn erregte, war erfreut, und nun mußte man nur noch das savoyische Heiratsprojekt aufgeben, ohne daß es zu einem diplomatischen Bruch kam. Auch dies wurde irgendwie bewerkstelligt, aber die beiden Höfe schieden sehr kalt voneinander.

Wenn man zwanzig ist, geht die Zeit langsam voran. Nachdem Ludwig Marguérite losgeworden war, dachte er nicht weiter an die spanische Heirat; sie lag noch zu fern, um schon jetzt erwogen zu werden. Er zog den Aufenthalt in Lyon hin, war ständig mit Marie zusammen und trennte sich erst spät in der Nacht von ihr, wenn er sie zu ihrer Wohnung an der Place Bellecour gefahren hatte.

Im Januar 1659 verließ der Hof Lyon. Die Rückreise war eine Wiederholung der Hinfahrt, Ludwig und Marie ritten Hand in Hand, das Mädchen sonnte sich in der heißen Liebe des Jünglings und glaubte zuversichtlich, die Herzen der Königin und Mazarins erobert zu haben. Aber die arme Marie irrte; in Wahrheit hatte sie sich durch ihre Arroganz und ein Auftreten, als ob der König ihr gehöre, Anna zur Feindin gemacht – »sie lief dem König überall nach und flüsterte ihm ständig ins Ohr, selbst in Gegenwart der Königin, ohne Rücksicht auf Respekt und gute Manieren«. Was Mazarin betrifft, so war er entschlossen, einer Komödie ein Ende zu bereiten, die seit Marguérites

Abreise aus Lyon keinen Sinn mehr hatte. Einen Augenblick lang hatte der Kardinal vielleicht mit dem Gedanken gespielt, seine Nichte zur Königin von Frankreich zu machen, doch als er dies Anna gegenüber andeutete, nahm sie es mit solchem Widerwillen auf, daß er die Absicht fallen ließ und nun ernstlich bedacht war, die Liebenden zu trennen. Als Ludwig seinem Premierminister seine Aufwartung machte mit der förmlichen Bitte um Maries Hand, fand Mazarin, die Zeit zu drastischem Handeln sei gekommen. Er schickte Marie mit ihren Schwestern Hortense und Marianne unter der Obhut von Mme Venel nach Rochelle. Ludwig geriet über diese Nachricht so maßlos in Wut, daß seine Mutter drei volle Tage nicht wagte ihn zu sehen und sogar Mazarin bat, seine Anordnung zu widerrufen. Aber er war unbeugsam. Ludwig mußte sich damit begnügen, Marie zu schwören, daß sie, komme was wolle, seine Frau werden sollte. »Sie sind der Herr, Sie weinen, aber ich muß gehen«, antwortete Marie bitter.

Ludwigs Ärger gegen seine Mutter dauerte nur kurz, denn er liebte sie und ertrug die Entfremdung nicht; im übrigen behandelte Anna die Sache geschickt, sie redete ihrem Sohn ein, nicht sie seien Gegner, aber Ludwigs Liebe zu Marie sei ein Unglück, welches sie zu Ehren Frankreichs gemeinsam tragen müßten – »und der König fing an zu jammern, jedoch nicht über seine Mutter, sondern mit ihr zusammen«.

Am 22. Juni reisten die Mancini-Töchter nach Rochelle ab; auf dem ersten Teil der Reise begleitete sie Mazarin, der sich zur Grenze begab, um Frankreich in den Friedensverhandlungen mit Spanien zu vertreten. Seine Lage war nicht beneidenswert; er ließ einen König zurück, der nichts sehnlicher wünschte, als die Verhandlungen scheitern zu sehen; und Anna konnte vielleicht, seiner Führung beraubt, in bezug auf Maries Verbannung schwach werden. Die Lage verschlechterte sich, als die jungen Mädchen ihren Verbannungsort erreichten; Mazarin war wider Willen bewogen worden, einen Briefwechsel zwischen Ludwig und seiner Nichte zu erlauben, um den König zu hindern, plötzlich nach Rochelle zu eilen. Aber er hatte angenommen, daß der Briefwechsel sich auf wöchentlich einen, durch die Post übersandten, Brief beschränken würde, den er, je nach Inhalt, weiterbefördern oder vernichten könnte. Doch Ludwig ging nicht in diese offenkundige Falle; er richtete seinen eigenen Kurierdienst mit Leibgardisten ein, die, wie Mazarin klagte, »ganze Bände statt Briefen« beförderten. Der Premierminister stellte seinen Herrn zur Rede:

> »Ich beschwöre Sie bei Ihrem Ruhm und Ihrer Ehre, bei Ihrer Pflicht gegen Gott, bei dem Wohl Ihres Reichs, bei allem, was Sie bewegen kann, sich zu einer Geistesverfassung zu zwingen, in der Ihre Reise nach Bayonne (zu Ihrer Eheschließung) nicht mit Unwillen unternommen wird.«

Als einzige Antwort erhielt er eine kurze Empfangsbestätigung mit der Bemerkung, wenn Seine Majestät des Rats des Kardinals bedürfe, werde er nicht verfehlen, darum zu bitten.

Als die Mancinis am 11. Juli Rochelle erreichten, setzte dort ein wahrer Kampf zwischen Marie und ihrer Gouvernante ein; Mme Venel tat ihr Äußerstes, um die Briefe des jungen Mädchens zu sehen, während Marie mit Ludwigs

Hilfe, der ihr Mazarins Briefe an ihn schickte, Gegenspionage bei der Gouvernante betrieb. So entschuldigt sich zum Beispiel am 12. Juli die Venel bei Mazarin, daß sie einen Brief Maries an Ludwig nicht gesehen habe, weil, erklärte sie vorwurfsvoll, ihre Pflegebefohlene die Briefe versiegele, sobald sie geschrieben seien, und zwar so gründlich, daß ihr schlechterdings keine Methode einfalle, das Paket zu öffnen, ohne daß es der König entdecke. Den ärgsten Verdruß bereitete Mazarin ein entschuldigendes Schreiben Annas, sie habe sich aus Besorgnis um die Gesundheit des Königs bereit erklärt, Marie einzuladen, nach St-Jean d'Angély zum Hof zu kommen. Gleich darauf folgte ein verzweifelter Brief der Venel, der Marie von der Einladung erzählt hatte – »um Gottes willen, sagen Sie mir, Eminenz, was ich tun soll«. Kein Wunder, daß Mazarin seine Verärgerung nicht länger verbergen konnte; er schrieb an den König:

»Sie erweisen mir die Ehre zu sagen, Sie seien mehr denn je entschlossen, meinem Rat zu folgen, und zugleich tun Sie das genaue Gegenteil ... ich muß daraus wirklich schließen, daß Sie die Güte haben werden, meinem Rat zu folgen, sofern er Ihren Neigungen entspricht ... Sie sind der Herr, aber Sie können mich nicht zwingen, ein Verhalten zu billigen, das Ihrem Ansehen schadet, und wenn ich kein Zeichen von Selbstbeherrschung bei Ihnen bemerke, so bleibt mir nichts übrig, als um Entlassung aus Ihren Diensten zu bitten und die Person mit mir zu nehmen, die Ursache all dieses Unglücks ist.«

Am 13. August kamen die Venel und ihre Pflegebefohlenen in St-Jean d'Angély an und wurden vom König allein begrüßt. Er war seinem Hof vorausgeritten, zweifellos nach vorheriger Verabredung mit Marie, und begab sich nach der ersten Begrüßung in den Salon, wo er und Marie im Tête-à-tête blieben, bis die Königin kam. Natürlich erneuerten sie ihre Schwüre, und Ludwig gab Marie viele kluge Ratschläge, welche Methoden sie befolgen solle, um Mazarin zu beschwichtigen; dann ging Ludwig zum Souper, kam aber unmittelbar danach wieder zu einem weiteren Privatgespräch mit Marie, das bis zwei Uhr morgens dauerte. Es muß eine aufregende Nacht für die Gouvernante Venel gewesen sein; wahrscheinlich war es ihr Bericht, der Mazarin veranlaßte, wiederum an den König zu schreiben:

»Seit jener letzten Zusammenkunft, von der ich voraussah, daß sie verhängnisvoll sein würde, haben Sie wieder angefangen täglich zu schreiben . . . Sie erzählen ihr alles und ziehen sie völlig in Ihr Vertrauen . . . und unverständlicherweise benutzen Sie jede Möglichkeit, Ihre Leidenschaft anzufachen, wo Sie doch im Begriff stehen zu heiraten. Sie machen sich wirklich zum unglücklichsten der Menschen . . . und welche Rolle gedenkt dies junge Mädchen nach Ihrer Verheiratung zu spielen? Glaubt sie, ich sei so schamlos und könne mich damit einverstanden erklären, daß sie sich in eine entehrende Lage begibt?«

Aber schließlich sah der König der Wirklichkeit ins Auge; in einem verzweifelten Brief setzte er Marie auseinander, das Schicksal sei zu stark für sie gewesen und es sei sein Los, die Infantin zu heiraten. Das war für Marie ein vernichtender Schlag, aber ihr beleidigter Stolz half ihr; in ihrer Antwort verbot sie Ludwig, ihr wieder zu schreiben;

dann teilte sie Mazarin mit, sie stelle sich ihm zur Verfügung und bäte nur, daß sie sich vor dem König verheirate. Der Sturm war vorüber, aber er hinterließ eine beunruhigende Atmosphäre; der König machte einen kranken und teilnahmslosen Eindruck, weigerte sich, an Festlichkeiten teilzunehmen, und als sein gerade von Madrid zurückgekehrter Gesandter ihm die Reize der Infantin in glühenden Farben schilderte, starrte ihn Ludwig mit glanzlosen Augen an und entließ ihn ohne eine einzige Frage.

Aber die spanische Langsamkeit brachte Ludwig einen Aufschub; die Diplomaten kamen überein, daß die Hochzeit nicht vor dem Frühling stattfinden sollte; der französische Hof beschloß, den Winter in der Provence zu verbringen; am 7. Oktober begab man sich nach Toulouse, wo Ludwig Gelegenheit zur Jagd hatte, was in Bayonne unmöglich war. Die Apathie des Königs ist an seinem Verhalten auf der Reise zu ermessen; er verbrachte die ganze Zeit in seinem Wagen, wo ein Tisch angebracht worden war, an dem die Gesellschaft Tag und Nacht Karten spielen konnte. Nicht einmal zu den Mahlzeiten stieg Ludwig aus.

Mazarin hatte einen Sieg über den König errungen, aber nun mußte etwas für Marie geschehen. Im November wurde der Bischof von Fréjus entsandt, um dem jungen Mädchen klarzumachen, daß eine glänzende Zukunft seiner warte, wenn es den General Colonna, den Vizekönig von Aragon, heirate. Diesen Vorschlag lehnte Marie energisch ab, und zwar aus demselben Grunde, aus dem Mazarin ihn mit Leidenschaft befürwortete, weil sie nämlich dadurch aus Frankreich verbannt worden wäre. Wenn sie heiraten müsse, erklärte seine Nichte, warum nicht den Prinzen Karl von Lothringen?

Ludwig schleppte seinen Gram von Stadt zu Stadt, beobachtete teilnahmslos die Vorbereitungen zu seiner eigenen Hochzeit und bemühte sich, Gleichmut vorzutäuschen. Für ihn war der Winter ebenso traurig wie für Marie. Zudem empfand er es demütigend, vor den Toren Spaniens warten zu müssen, bis es Philipp IV. beliebte, ihm seine Braut zuzuführen.

Im Dezember kamen die Mancinis nach Paris zurück. Bei der Heimkehr war Maries erster Gedanke, ihre Garderobe zu überprüfen, und dabei brach das arme Mädchen völlig zusammen – »als ich dies Kleid zum letztenmal trug«, schluchzte sie, »sagte der König, ›es steht Ihnen vortrefflich, meine Königin‹«. Nur geringen Trost boten ihr Aufmerksamkeiten des Prinzen Karl und der Besuch eines Astrologen, der, von Anna bestochen, ihr eine glänzende Zukunft als Gattin Colonnas weissagte.

Am 4. Juni 1660 sah Ludwig seine Braut inkognito; er wurde in Gegenwart Annas und der Infantin Philipp IV. als ein französischer Edelmann vorgestellt, der um die Ehre bitte, Seiner Katholischen Majestät die Hand zu küssen. Am 6. schworen sich die beiden Könige Frieden, am 7. überschritt Maria Theresia die Grenze, um die Nacht bei der Königinmutter von Frankreich zu verbringen. Abends speisten Anna und das Brautpaar allein; »sie fühlten sich so zu Hause, als ob sie ihr ganzes Leben zusammen verbracht hätten«. Die Hochzeit wurde am 9. Juni mit allem erdenklichen Prunk im Glanz köstlicher Gewänder und unzähliger funkelnder Edelsteine gefeiert. Die kleine Braut war unter der Last des Geschmeides und Brokats einer Ohnmacht nahe. Doch der König mit seinem vollendeten Sinn für theatralische Wirkungen lenkte alle Blicke auf sich: er war von Kopf bis zu Fuß schwarz gekleidet, ohne jeden Schmuck. Abends wurde Maria Theresia aus Annas Gemächern in die des Königs geleitet, wo die königliche Familie zusammen speiste. Kaum war das Mahl zu Ende, als Ludwig erklärte, er gehe zu Bett. »Es ist zu früh«, flüsterte Maria Theresia ihrer Schwiegermutter zu. Als aber gemeldet wurde, der König sei im Bett, setzte sie sich auf ein paar Kissen, entkleidete sich ohne weiteres und sagte: »Schnell, schnell, der König wartet auf mich!« Dann wurden die beiden zusammengebettet »mit dem Segen der Königin, ihrer beider Mutter«. Am folgenden Morgen bemerkte der lebhaft interessierte Hof »die große Zärtlichkeit, die der König der Königin und sie ihm erwies«. Maria Theresia zeigte wirklich unverhohlen, daß sie leidenschaftlich in ihren Gatten verliebt war; und das sollte so bleiben trotz der Demütigungen, die Ludwig ihr durch häufige Untreue zufügte. Er war zwar nicht gerade in seine Frau verliebt, aber von ihrer Leidenschaft gerührt, und behandelte sie besser, als seine Mutter und der Kardinal erwartet hatten. Ihre Ehe war so glücklich wie die Durchschnittsehe der damaligen Zeit; Maria Theresia spielte ihre schwierige Rolle ohne Tadel, gab Ludwig keinen Anlaß zur Klage, wohl aber manchen Grund zu Gewissensbissen.

Anna hatte die Flitterwochen vielversprechend gefunden, ihr Schreck und ihre Enttäuschung waren um so größer, als Ludwig am 28. Juni sich vom Hof fort nach Brouage begab, wo Marie Mancini die letzten Tage ihres

Exils verbracht hatte. Mazarin war entsetzt. Marie befand sich wieder in Paris, dort mußte Ludwig ihr begegnen, und in welcher Verfassung würde der König nach seiner Reise sein? Mazarin beschloß, daß seine Nichte sofort außerhalb Frankreichs verheiratet werden müsse; er organisierte skrupellos einen Verleumdungsfeldzug gegen Marie. In sarkastischen Briefen erklärte er Ludwig, wie lächerlich seine Untertanen das Schauspiel fänden, daß ihr König an der Küste über ein Mädchen weine, deren Beziehungen zum Prinzen Karl von Lothringen das Tagesgespräch von Paris bildeten. Anna schrieb in ähnlichem Sinne, desgleichen käufliche Höflinge und auch Olympe, deren schwesterliche Animosität ihre Briefe am überzeugendsten machte. Das Ergebnis war, daß Ludwig am 13. Juli wütend vor verletzter Eitelkeit in Fontainebleau eintraf; und als Marie zehn Tage später kam, um ihren Respekt zu erweisen, begrüßte der König sie mit eisiger Höflichkeit, die sie wie einen Schlag ins Gesicht empfand. Marie kehrte unvermittelt nach Paris zurück und wurde dort am 26. August mit ihrem Einverständnis mit Colonna verlobt.

Erst nach Mazarins Tod entdeckte Ludwig, daß er und Marie einer List zum Opfer gefallen waren; es gab eine zärtliche Versöhnung, viele Tränen, und Ludwig bestürmte Marie leidenschaftlich, sie solle noch jetzt mit Colonna brechen. Aber sie blieb fest, hielt sich in ihrer Ehre an den General gebunden und wurde ihm am 11. April 1661 mittels Stellvertretung angetraut. Kurz darauf reiste sie nach Italien; Ludwig war bis zuletzt bei ihr. Als er ihr in den Wagen half, seufzte er tief, ohne ein Wort zu sprechen. Dann beugte er sich zur Wagentür herab, Marie brach in Tränen aus, und der Wagen fuhr ab. Es war ihre letzte Begegnung, aber die Erinnerung an Marie bewahrte Ludwig wie an kaum eine andere Frau; als sie 1672 Frankreich besuchte, traute er sich nicht genug Selbstbeherrschung zu, um sie wiederzusehen. Nie sollte er wieder so lieben. Seine anderen Lieben waren vielleicht besser oder schlechter, edler oder niedriger, aber in jedem Fall wohl weniger menschlich.

1660 gab Mazarin Ludwigs politischer Erziehung den letzten Schliff; die zwei Stunden täglich, die anfangs hierfür vorgesehen waren, dehnten sich unmerklich aus, bis Mazarins freie Zeit fast ausschließlich geheimen Gesprächen mit Ludwig gewidmet war. Der venezianische Gesandte berichtete damals seiner Regierung, es müsse eine tiefe geheime Sympathie zwischen König und Kardinal bestehen, um die Unterordnung des Verstandes und Willens eines großen Fürsten unter einen Privatmann zu erklären. Dann schilderte er seine Eindrücke von Ludwig, der, wie er sagte, ein sehr religiöser Mann sei, von großer Reinheit der Sitten und ehrenhafter Gesinnung, verschwiegen wie das Grab und geschickt zur Verstellung. Niemand, fuhr er fort, habe ihn je schlecht von anderen sprechen hören oder könne sich rühmen, daß der König ihm seine Zuneigung oder sein Vertrauen geschenkt habe.

Im Januar 1661 wußte jeder, außer Mazarin selbst, daß er ein Todeskandidat war; am 22. Februar hatte er es erkannt. Sparsam bis zum letzten, tat ihm das gute Geld leid, das er seinen Ärzten für Abführmittel, Aderlässe, Eselsmilch und Rebhuhnsuppen hatte zahlen müssen, wobei er sich äußerst unbeliebt machte durch seine Bemerkungen über Leute, die Honorare annähmen, ohne etwas dafür zu tun.

Fast bis zum Ende wurden die langen Unterredungen mit Ludwig fortgesetzt. Mazarin empfahl zweifellos Colbert, der der größte Minister des Königs werden sollte, und sicher warnte er Ludwig in diesen letzten Tagen vor der Unehrlichkeit und dem maßlosen Ehrgeiz des Schatzmeisters Fouquet.

Am 7. März sagte Mazarin dem König, der Königinmutter, ›Monsieur‹ und der königlichen Familie Lebewohl. Das Ende kam am 9. Er wurde im Palast nicht sehr betrauert, denn mit zunehmenden Jahren war er so habgierig, übellaunig und herrisch geworden, daß selbst für Anna sein Tod eine Erlösung bedeutete, und sicher erst recht für Ludwig, obwohl er mit einer an Heuchelei grenzenden Selbstverleugnung Mazarin einen feierlichen Abgang von der Bühne gewährte. Von seinen Besuchen bei dem sterbenden Minister kam er stets in Tränen heraus und gebärdete sich vor seinen Höflingen, als sei er überwältigt von dem Gedanken an die Last, die sich so bald auf seine eigenen Schultern senken würde. Wer aber konnte glauben, daß damals Ludwigs Pläne für die Zeit nach dem Tode des Kardinals nicht schon fix und fertig bereit lagen oder daß er gar wünschte, der Kardinal möge länger am Leben bleiben? Mme de Motteville, Annas intimste Freundin, gibt einen Bericht über das Verhalten der königlichen Familie bei der Nachricht von Mazarins Tod, der glaubwürdiger klingt als Ludwigs vorgespiegelte Hilflosigkeit. Der König, die Königin und ›Monsieur‹, berichtet sie, atmeten auf, sobald sie allein waren; die Annehmlichkeiten der Freiheit trösteten sie in ihrem Kummer; die Königinmutter erklärte als erste denen, die immer wieder Lobreden auf den Toten hielten, man möge dies Thema jetzt fallenlassen, sie könnten ihre Zeit besser verwenden, als Reden anzuhören, die sinnlos geworden seien.

Am 10. März verkündete Ludwig seine Absicht, sein eigener Premierminister zu sein; damit begann das persönliche Regime.

Er brachte für diese gewaltige Aufgabe vieles mit: unbändige Tatkraft und Selbstvertrauen ohne irgendwelche Skrupel. Was für Befürchtungen sollte der älteste Sohn der Kirche, Gottes Statthalter auf Erden, auch hegen? Frankreich teilte freudig Ludwigs Auffassung von seinem Amt. Alle Volksklassen waren angewidert von den Leiden, die die Fronde mit sich gebracht hatte, und von den langen Regierungszeiten Richelieus und Mazarins. Alle verlangten einmütig, von einem jungen Herrscher absolutistisch regiert zu werden. Um Voltaires Ausspruch zu paraphrasieren, wenn Ludwig XIV. nicht existiert hätte, hätte man ihn erfinden müssen. Infolgedessen ging der junge König beinahe unter in der Flutwelle von Schmeichelei, die über ihn hereinbrach; es wurde allgemein versichert, wenn er nicht selbst Gott wäre, sei er zum mindesten übermenschlich. Die Kirche führte den Chor an; als Maria Theresia am 1. November einen Erben gebar, beteuerte Pater Sénault, der berühmte Prediger, in seiner an Ludwig gerichteten Glückwunschpredigt, er habe kein Bedenken, Seiner Majestät seinen einzigen Sohn ebenso darzubringen, wie er täglich am Altar den Sohn dem Vater darbringe.

Kein Wunder, daß Ludwig anfing sich im Ernst zu fragen, ob er nicht der Verantwortung ausgewichen sei, als er nach erlangter gesetzlicher Mündigkeit im Alter von vierzehn Jahren die königlichen Pflichten nicht sofort übernahm. Aber sein gesunder Menschenverstand gab ihm die Antwort auf diese Frage. Er erinnerte sich, wie unerfahren er 1652 war, wie schwierig es gewesen wäre, sich von Mazarin zu befreien, und kam zu dem Schluß, richtig gehandelt zu haben. Denn an gesundem Menschenverstand mangelte es Ludwig nie, auch wußte er ihn selbst zu schätzen: »Die Hauptaufgabe eines Königs«, erklärte er, »ist es, seinen gesunden Menschenverstand frei walten zu lassen.« Wie Sainte-Beuve bemerkt, finden wir bei Ludwig nicht viel mehr als gesunden Menschenverstand, jedoch einen höchstentwickelten. Ludwig ließ sich durch die Schmeicheleien nicht irremachen, mit denen man ihn überschüttete. »Könige«, sagte er, »sind nur Menschen, die andere Menschen lenken sollen; den Grad der Vollendung zu erreichen, nach dem sie ihr Leben lang streben, ist eine unmögliche Aufgabe für die schwache menschliche Natur.«

Die Hauptschwierigkeiten seines Amtes erkannte er schnell, besonders die schreckliche Einsamkeit auf dem Thron; »die harte und strenge Lage der Könige«, nannte er es, »die für jede Handlung der gesamten Mitwelt und der Nachwelt eine öffentliche Erklärung schulden und sie doch keinem einzigen Zeitgenossen geben können, ohne die geheimen Beweggründe für ihre Handlungen zu verraten und dadurch den wichtigsten Entscheidungen ihre Wirkung zu nehmen«.

Am ersten Tage seiner Regierung zeichnete Ludwig Mazarins Ratschläge auf, soweit er sich ihrer erinnerte, insbesondere seine Mahnung, die Geistlichkeit, das Militär und den Adel vom Staatsrat auszuschließen; Geistliche, weil sie mit einem Auge auf ihren Souverän und mit dem andern auf den Papst sähen; Offiziere, weil ihre Lösung für jedes diplomatische Problem eine Kriegserklärung sei und Edelleute, weil der König mit Ministern aus dem Adel ein *primus inter pares* werde, während er mit bürgerlichen Ratgebern öffentlich als der für die nationale Politik allein Verantwortliche anerkannt werde.

Ludwig traf gleich in den ersten Wochen seines Regiments eine Reihe gescheiter Maßnahmen und zeigte sich entschlossen, diejenigen zu enttäuschen, die seine Absicht, allein zu herrschen, für eine vorübergehende Laune hielten. Denn, meinte er, ein König, der nicht regieren könne, sei unfähig zu herrschen. Es war ihm klar, daß er, nachdem er einmal begonnen hatte zu regieren, nicht nachlassen durfte: »Kein König ist gefährlicher als einer, der im allgemeinen schläft, von Zeit zu Zeit plötzlich aufwacht und dann andern Leuten Vorwürfe wegen Mißerfolgen macht, die er nur sich selbst zuzuschreiben hat.« Wenn aber die endgültige Entscheidung auch stets beim König liegen müsse, so sei es absurd anzunehmen, daß er ohne Hilfe regieren könne; wenn er die Staatsgeschäfte mit anderen bespreche, sagte er, so lerne er nicht nur von ihnen, sondern werde selbst zu neuen Gedanken angeregt. Und weil seine Würde ihm unmittelbare Verbindung mit seinen Untertanen nicht gestatte, so müsse er mit denen sprechen, die ihnen näher stünden und deshalb tausend Dinge wahrnähmen, die dem König entgingen.

Es ist viel geschrieben worden über Ludwigs Gleichgültigkeit gegen das Wohlergehen seines Volks; doch äußerte er selbst hierüber, daß Gehorsam und Respekt der

Untertanen vor dem König nicht Geschenke seien, sondern im Austausch gegen die Gerechtigkeit und den Schutz geboten werden, die sie von ihm empfangen. Sie müßten den König ehren, er müsse sie schützen und verteidigen, und die Verpflichtungen eines Königs gegen sein Volk seien größer als dessen Pflichten gegen ihn. Ludwigs Bestreben, das Los seiner Untertanen zu verbessern, läßt sich in der Tat durch seine ganze Regierungszeit wahrnehmen; wenn er damit keinen Erfolg hatte, so lag es daran, weil er, als ein Mensch seiner Zeit, nicht erfaßte, daß weder seine eigene Lage noch die seiner Untertanen unter einem von Grund aus schlechten Wirtschaftssystem verbessert werden konnte.

Auch meinte er es aufrichtig, wenn er sagte, Krieg sei nicht zu rechtfertigen, sofern das Kriegsziel auf dem Verhandlungswege erreicht werden könne; er beging nur den Fehler, guten Glaubens anzunehmen, die friedlichen Mittel seien erschöpft, während er mit etwas mehr Geduld sein Ziel oft ohne Krieg hätte erreichen können; wobei ihn vielleicht im Unterbewußtsein seine Ruhmsucht verleitete, ein Zögern des Gegners für eine Herausforderung zu halten. Denn Krieg faszinierte ihn, und schon brannte er auf persönlichen militärischen Ruhm. Ein Ausspruch in diesem Jahr gewährt uns einen aufschlußreichen Blick in sein Inneres:

Ludwig: Wenn ich je Krieg führen sollte, möchte ich selbst ins Feld ziehen.

Ein Höfling: Für einen König ist es falsch, sein Leben in der Schlacht aufs Spiel zu setzen; wie sehr hat nicht Frankreich unter dem leichtsinnigen Wagemut König Franz I. gelitten?

Ludwig: Leichtsinnig mag er gewesen sein, aber seine Kühnheit machte ihn zu einem großen König.

Brachte Ludwig seine Minister schon durch seinen Tatendrang aus der Fassung, so nicht weniger durch die Art, wie er sich über hergebrachte Formen hinwegsetzte; unerwartet erschien er zu jeder beliebigen Zeit in einem Ministerium und verlangte Einblick in jedes Detail. »Meine Kenntnis dieser Kleinigkeiten«, sagte er, »offenbarte mir tausend Dinge, die nicht ohne Wert waren, wenn ich große Entschlüsse zu fassen hatte.« In Colberts Ministerium wurde er von einer neuen Begeisterung gepackt: Frankreich sollte nicht nur die größte militärische Macht sein, sondern auch wirtschaftlich an der Spitze stehen. Neue Werkstätten wurden errichtet, neue Gewerbe unterstützt, und bevor das Jahr zu Ende ging, merkten die Höflinge, daß nichts geeigneter war, Ludwigs Gunst zu gewinnen, als wenn man einen ausländischen Handwerker zur Niederlassung in Frankreich bewegte.

Außer der Wirtschaftspolitik befaßte er sich mit Erlassen, die Fluchen, Gotteslästerung und Zweikampf unter Strafe stellten. Und da es ihm um Lustbarkeiten nicht weniger zu tun war als um Reformen, wandte er sich von den Edikten dem Zustand seines Theaters zu. Hier ist ein Brief aus dem Jahre 1661 an den Herzog von Parma:

»Teurer Vetter, ich möchte meine italienische Truppe vervollständigen. Ich habe keinen Harlekin und bitte Sie, mir unverzüglich einen zu senden; ich versichere, daß er ebensogut behandelt wird wie jedes andere Mitglied der Truppe.«

Ja, er fand sogar Zeit, dem damals hoch in Gunst stehenden Molière nahezulegen, den wohlbekannten langweiligen Erzähler von Jagdgeschichten, Soyecourt, auf der Bühne zu verspotten.

Schon offenbarte sich Ludwigs berühmte Höflichkeit; im Juli antwortete er einer Dame, die ihn um Hilfe in einem Rechtsstreit gebeten hatte:

»Wenn man es versteht, vernünftige Wünsche mit so viel Anmut vorzubringen wie Sie, kann man nie lästig werden. Vergessen Sie nie, daß Ihr Respekt mich kränken würde, wenn Sie bei sich bietender Gelegenheit sich nicht mit dem Vertrauen an mich wendeten, das Ihre Hochschätzung verdient.«

Offenkundig wurde auch die gewinnende Großmut, deretwegen man ihn nachmals so bewunderte. Er erfuhr, daß ein Edelmann den Posten eines Chevaliers d'Honneur bei der Königin gekauft, aber Schwierigkeiten hatte, den Kaufpreis aufzubringen. Darauf sandte ihm Ludwig 5000 Pfund mit einer Note, er habe gehört, daß der Herr die Geldbeutel seiner Freunde in Anspruch nehme, und sei gekränkt, daß der König nicht unter die Freunde gerechnet werde.

3

Am 31. März 1661 heiratete Ludwigs Bruder, ›Monsieur‹, seine Kusine Henriette von England, die Tochter weiland König Karls I. Anna scheint als einzige diese Verbindung wirklich gewünscht zu haben, die Mazarin vor seinem Tode empfohlen hatte; doch sollte Annas Zufriedenheit von kurzer Dauer sein, während Ludwig von Anfang an mit merklicher Zurückhaltung zustimmte. ›Monsieur‹ hingegen war für den Augenblick begeistert; Ludwig hatte ihm als Hochzeitsgeschenk die Einkünfte von Orléans übermacht, die früher ihrem verstorbenen Onkel zugestanden hatten; obendrein genoß er die ganze Aufregung, die mit der Beschaffung seines *trousseau* verbunden war. ›Monsieur‹, jetzt einundzwanzig Jahre alt, glich Ludwig in nichts. Von je der Liebling seiner Mutter, ihr und ihrer Damen Spielzeug, hatte er ein weibisches Wesen angenommen, das zur Homosexualität entartete; anders als die meisten perversen Männer schätzte er weibliche Gesellschaft, liebte es, jungen Mädchen beim Ankleiden als Kammerzofe zu dienen, und war nie glücklicher, als wenn er mit einem halben Dutzend gleichaltriger Mädchen schwatzen konnte. Das war seine Erholung. Aber die Hauptaufgabe dieses unglücklichen Geschöpfes, das, wie seine Zeitgenossen sagten, eine entzückende Prinzessin abgegeben hätte, bestand darin, mit seiner ausgezeichneten Figur, seinem makellosen Teint schmachtend die Männer anzulocken. Im übrigen war Philipp ein gehässiger, eifersüchtiger junger Mann, übertrieben elegant und stark geschminkt; bei oberflächlicher Bekanntschaft reizend, beging er jedoch dauernd die gröbsten Verstöße gegen die Etikette; es fehlte ihm keineswegs an Verstand, aber er war unfähig, von seinen Gaben Gebrauch zu machen, und nicht in der Lage, ein Geheimnis für sich zu behalten. Zugunsten von ›Monsieur‹ läßt sich nur sagen, daß seine Mutter und sein Bruder ihn liebten, was bei Ludwig einigermaßen überrascht, da er von allen Lastern keines so verabscheute wie eben das Philipps. Aber er behandelte ›Monsieur‹ nicht nur mit Duldsamkeit, sondern brachte ihm echte Freundschaft entgegen. Waren sie unter sich, durfte Philipp auf einem Armstuhl sitzen, jeder Standesunterschied war aufgehoben, und die Brüder blieben sich immer zugeneigt. ›Madame‹ schrieb noch Jahre später, man könne sich nichts Ungezwungeneres oder Amüsanteres denken als die gegenseitigen Neckereien der beiden Brüder. Indes schenkte Ludwig Philipp nie sein Vertrauen, und ›Monsieur‹ war oft der letzte am Hofe, der eine wichtige Nachricht erfuhr.

Die Braut war so anders als ihr Gemahl aufgewachsen, daß sie fast einer anderen Gesellschaftsklasse angehörte, nämlich dem verarmten Adel. Während der Fronde, als der französische Hof für arme Verwandte nichts erübrigte, hatten sie und ihre Mutter geradezu Not gelitten. Henriette wußte, was es heißt, hungrig vom Tisch aufzustehen, sie hatte erfahren, daß Strümpfe sich nicht von selber stopfen, und hatte, wie es nur Mädchen vermögen, unter dem Bewußtsein gelitten, daß nicht einmal ihre besten Kleider einer Kammerzofe in einem guten Haus gut genug sein würden. Man konnte es ihr nicht verdenken, daß sie darauf brannte zu heiraten, und sei es ›Monsieur‹. Natürlich liebte sie ihn nicht, das war keiner Frau möglich, aber dieser Nachteil wurde mehr als aufgewogen durch die Aussicht auf Reichtum und die Gewißheit, daß sie nicht mehr an eine Rückkehr nach England zu denken brauchte.

In sechs Jahren hatte sich das junge Mädchen, das Ludwig nicht der Ehre für würdig gehalten hatte mit ihm zu tanzen, in eine strahlende Frau verwandelt, die seit ihrer Ankunft bei Hofe von allen Männern umschwärmt wurde. Offenbar war sie groß, durchaus keine Schönheit, aber liebenswert durch ihren Charme – »sie hatte etwas an sich, was Liebe hervorruft; es fiel ihr nicht schwer, sie zu erwecken, und sie tat es gern«. Das Hübscheste an ihr war der Teint wie Milch und Blut, schöne Zähne, leuchtende Augen und rote Lippen. Im übrigen frisierte sie ihr kastanienbraunes Haar wundervoll, kleidete sich mit Geschmack und brachte es fertig, jedem außer Ludwig XIV. zu verheimlichen, daß sie fast ebensoviel Verstand besaß wie ihr Bruder Karl II. Kurz, keine große Schönheit, aber ein begabtes, kluges und lebhaftes junges Mädchen mit viel weiblicher Anziehungskraft, die sie bis zum äußersten zu nützen gewillt war, um sich zum Abgott des Hofes zu machen. Es kann kaum überraschen, daß ihre Ehe unglücklich wurde. Philipp bekannte schon nach vierzehn Tagen, daß es ihn langweile, den Gatten zu spielen; und bald mußte er zu seinem Entsetzen feststellen, daß Henriette für ihn eine Rivalin, nicht seine Verehrerin war und die jungen Männer des Hofes ihre Schönheit höher priesen als seine eigene.

›Madames‹ Debut bei Hofe war glänzend, und als dann noch der König sich nicht unempfindlich gegen ihre Reize zeigte, stand ihr Triumph fest. Nicht daß Ludwig sich bewußt in die Gemahlin seines Bruders verliebte; er fand sie nur die entzückendste Dame seines Hofes und vermißte es, wenn er nicht täglich mehrere Stunden mit ihr zubringen konnte. Schließlich war er ja nicht nur das Haupt der Familie, sondern auch ›Madames‹ Wirt, und die Höflichkeit verlangte, daß er seinem Gast das Leben angenehm mache; er gebrauchte seinen ganzen Charme, um ›Madames‹ Zuneigung zu gewinnen.

Als der Hof nach Fontainebleau hinauszog, war es selbst dem harmlosesten Beobachter klar, daß ›Madame‹ Ludwig erobert hatte und er sich willig von ihr in Fesseln schlagen ließ. Zum erstenmal in seinem Leben verfügte er über viel Geld, er war auf der Höhe seiner jungen Manneskraft, und das lustige, formlose Picknickleben von Fontainebleau bot Gelegenheiten zum Lieben, die es in dem überfüllten Louvre nicht gab. Ludwig ließ alle Besonnenheit fahren und schickte sich an, Henriette zu erobern, was er mit beträchtlichem Geschick betrieb; »sie veranstaltete alle Unterhaltungen, und dem König gefielen nur solche, an denen sie Freude hatte«. Täglich gingen sie und Ludwig zusammen zum Baden und kamen zurück, um ein Ballett einzustudieren oder in den Wäldern spazierenzugehen; dann

Anna von Österreich, Königin von Frankreich
(1601–1666)

Ludwig XIII. (1601–1643)

folgte das Abendessen auf dem Kanal, während am Ufer ein Orchester aufreizende Weisen von Lully spielte; danach ein Ball im Freien und schließlich eine Fahrt durch die dämmerigen Wege des Forstes im unerleuchteten Wagen, von der die beiden oft nicht vor drei Uhr morgens zurückkehrten.

Ludwig benahm sich mit solcher Sorglosigkeit, daß alle von seinem Verhalten wußten, und freundliche Gemüter beeilten sich, Maria Theresia und ›Monsieur‹ ihr Mitgefühl über die Unbesonnenheit des Königs auszudrücken. Die kleine Königin war wütend. Sie hatte von den Habsburgern eine Mischung von Frömmigkeit und Leidenschaft geerbt, verabscheute die französische Lebensführung und war außer sich über die Schamlosigkeit der französischen Frauen. Von Anfang an unsinnig eifersüchtig, hatte sie das törichterweise gezeigt. Liebe und Galanterie waren der Lebensatem dieses jugendlichen Hofs, aber bisher hatte sich alles sehr harmlos abgespielt; doch brauchte Ludwig nur einer Dame ein Kompliment zu machen, um ihr den Haß der Königin zuzuziehen. Dann war auch noch ›Monsieur‹ da; gelangweilt, eifersüchtig, nicht am Ballett teilnehmend, weil Ludwig mehr Applaus erntete als er, machte er jetzt Anstalten, unbequem zu werden. Er fing an, den gekränkten Ehemann zu spielen, zunächst, weil das etwas Neues war, aber auch, um seinem Bruder zu zeigen, daß Philipp ein Gatte sei, der seine eigenen Rechte geltend zu machen wisse. Schließlich Anna. Sie hätte gern eine Situation ignoriert, deren Existenz sie nicht zugeben wollte. Das wurde ihr indes unmöglich gemacht, da ihre Nichte den ganzen Tag von nichts anderem sprach als von der Untreue des

Königs; und wenn es Anna einen Augenblick gelang, Maria Theresia aus dem Wege zu gehen, so stieß sie dafür auf Philipp, dessen einziger Gesprächsgegenstand das empörende Verhalten seines Bruders war. Die größere Plage von beiden war die junge Königin; törichter als Philipp, drohte sie, eine Szene zu machen, obwohl Anna ihr eindringlich zu bedenken gab, daß sie sich dadurch mit Sicherheit Ludwig entfremden würde, der wie alle Egoisten Szenen verabscheute und denen, die sie veranlaßten, nie verzieh.

Im Juli war Anna so erbittert, daß sie sich entschloß zu handeln. Sie machte Ludwig ernste Vorhaltungen über die Folgen, die sein schlechtes Benehmen für die Königin haben könne: ihr Kummer werde vielleicht zu einer Fehlgeburt führen. Sie schrieb aus Colombes an die Königin von England, sie möge herüberkommen und Henriette den Kopf zurechtsetzen. Die beiden Schuldigen scheinen durch sehr deutliche Vorhaltungen ernüchtert worden zu sein; »sie nahmen sich vor, diesen Gerüchten, koste es was es wolle, ein Ende zu machen«. Sie hatten eine Unterredung, wie sie bei solchen Anlässen üblich ist: beide beteuerten die Reinheit ihrer Freundschaft und beklagten die Torheit der Familie; aber was war zu tun? Da hatte Henriette einen Einfall. Warum sollte Ludwig sich nicht stellen, als sei er in eine ihrer Ehrendamen verliebt? Hinfort würde niemand über Ludwigs häufige Besuche in ›Madames‹ Gemächern erstaunt sein; sobald er kam, hatte die vorgeschobene Geliebte sich zurückzuziehen. Ludwig fand den Plan vortrefflich, und es blieb nur noch übrig, die Scheingeliebte auszuwählen. Henriette schlug die kleine La Vallière vor, die sie von ihrem Hofstaat am wenigsten anziehend fand. Es sei, sagte Ludwig; und von da an begann er ihr den Hof zu machen.

La Vallière – Louise Le Blanc La Baume, Demoiselle de la Vallière, um ihr ihren vollständigen Titel zu geben – stand jetzt im siebzehnten Lebensjahr; sie war die typische Vertreterin einer Klasse, die Ludwig nicht kannte, des armen Provinzadels. Ihr Vater, ein früherer Kavallerist, war gestorben, ohne einen Pfennig zu hinterlassen, als sie sieben war; ihre Mutter hatte wieder geheiratet, und zwar unter ihrem Stande, einen gewissen St-Rémi, Haushofmeister des alten ›Monsieur‹, des Onkels Ludwigs XIV., bei dessen Herzogin Louise Ehrendame gewesen war. Als ›Monsieur‹ 1660 starb, zogen Louise und ihre Mutter nach Paris, wo sich Mme de Choisy, eine geschäftige Person, des jungen Mädchens annahm und ihr in dem Hofstaat der neuen ›Madame‹ dieselbe Stellung verschaffte, die sie zuvor innegehabt hatte.

Louise war das genaue Gegenteil von Henriette; eine reizende Platinblonde mit wundervollem Teint, einer leisen und ungewöhnlich sanften Stimme, deren Zauber niemand, der sie einmal gehört hatte, wieder vergaß. Sie hinkte etwas, tanzte aber gut, und ihr Hinken entstellte sie nicht. Nicht so klug wie Henriette, besaß sie doch ein gut Teil gesunden Menschenverstand, war zudem gebildeter als ihre Rivalin, und im Gegensatz zu ihrer Herrin offen, treu und ohne jede Koketterie.

Ludwig besuchte ›Madame‹ jetzt täglich in ihren Gemächern; dabei sah er regelmäßig die La Vallière im Vorzimmer, und sie zog ihn mehr und mehr an. Der Reiz der

Neuheit und der Charme der La Vallière nahmen Ludwig gefangen. Marie Mancini und auf wohlerzogenere Weise ›Madame‹ waren kühn und herausfordernd und sahen einem Mann selbst in seinen verliebtesten Augenblicken gerade in die Augen, während die schüchterne, sanfte Louise kaum bewogen werden konnte, ihre Augen vom Boden zu erheben, wenn sie sich an diesen Apoll wandte, der vom Olymp herabgestiegen war, um ihr die höchste Ehre zu erweisen.

›Madame‹ hatte das Vertrauen zu ihren eigenen Reizen, das nur eine erfolgreiche Rivalin ins Wanken bringen kann; damit verband sie eine überdurchschnittliche Blindheit gegen eine Schönheit, in der sie selbst nichts Anziehendes erblicken konnte. Erst nach einiger Zeit wurde ihr klar, daß Louise nicht der Vorwand für die Besuche des Königs bei ihr war, sondern sie selbst die Rechtfertigung für seine Besuche bei Louise. Henriette wurde rasend, als sie schließlich ihre Demütigung erkennen mußte. Aber als Frau goß sie den Kelch ihres Zorns auf die unglückliche La Vallière aus und nicht auf den treulosen Ludwig.

Die Geschichte ist mit der La Vallière milder umgegangen als mit fast jeder andern königlichen Geliebten. Mit gutem Grunde. Denn einmal war sie von echter Leidenschaft ergriffen, sodann weigerte sie sich, auch als sie auf dem Höhepunkt ihrer Gunst stand, Ludwig für sich selbst oder andere um etwas zu bitten, und wies mit Abscheu jedes Ansinnen von sich, ihren Einfluß zu benutzen, um irgend jemandem die Gnade des Königs zu entziehen. Aber sie als das widerstrebende Opfer der Lust des Königs darzustellen, heißt das Bild verzeichnen. Nach allen Berichten liebte sie Ludwig, ehe er sich in sie verliebte, gab seinem Drängen alsbald nach und ging freudig in das kleine Gemach, das ein gefälliger Höfling seinem Herrn zur Verfügung gestellt hatte. Im Juli war sie Ludwigs Geliebte geworden, und das Fest, das er am 20. für Louise gab, machte dieses Faktum stillschweigend publik.

Jetzt, wie stets, verfügte Ludwig über die beneidenswerte Gabe, alle Gedanken aus seinem Kopf zu verbannen, die sich nicht auf das bezogen, was er gerade zu tun hatte. Sobald er sich an seinen Schreibtisch setzte, hörte die La Vallière auf für ihn zu existieren; und wenn er zu seiner Geliebten zurückkehrte, schwanden die Dinge, die ihn eben noch beschäftigt hatten, aus seinem Bewußtsein, sobald er ihre Schwelle überschritt. Ja, er arbeitete während dieser Liebesaffäre eifriger als je in seinem *métier du roi*.

Das Finanzdepartement nahm jetzt seine Aufmerksamkeit in Anspruch. Er hatte schon durchgesetzt, daß ihm eine ins einzelne gehende Wochenübersicht der staatlichen Einkünfte und Ausgaben vorgelegt würde; je mehr er sich darein vertiefte, desto deutlicher wurde ihm, daß es auch nach Mazarins Tod noch zwei Könige Frankreichs gab und daß er der weniger mächtige war.

Der mächtigere war Nicolas Fouquet, der glatte, liebenswürdige, glänzende Don Juan, der den Posten des Finanzministers innehatte. Der König konnte kaum ein Schriftstück zur Hand nehmen, das nicht deutlich zeigte, wie vollkommen Fouquet die staatliche Wirtschaft beherrschte; es fiel schwer, herauszufinden, welche Unternehmen er nicht kontrollierte. Fouquet war das typische Produkt einer korrupten Zeit, und Dumas' »Zauber«-Kunst darf uns nicht gegen seine Unredlichkeit blind machen. Klug wie er war, gelang es ihm zunächst, seinen bedenklich gewordenen König zu überlisten; wenn Ludwig Erklärungen verlangte, gab sie ihm Fouquet bereitwillig; bei nachträglichem Zusehen schien er indes nicht allzuviel erklärt zu haben. Als erste Maßnahme, um seinen genialen Finanzmann matt zu setzen, gab Ludwig ihm Colbert als Mitarbeiter. Dieser brachte bald unangreifbare Beweise für Fouquets Unredlichkeit bei, doch wollte Ludwig seinem Schatzmeister noch eine Chance gewähren. Er ließ ihn kommen, zeigte ihm die Beweise seiner Schuld und versprach, das Vergangene zu vergessen, wenn Fouquet in Zukunft sich ihm gegenüber ehrlich verhielte. Aber, wie Ludwig uns selbst berichtet, »der Finanzmann, weit davon entfernt sich zu bessern, versuchte nur, bei seinen Betrügereien geschickter vorzugehen«. Jeden Abend offenbarte Colbert Ludwig neue Schurkereien. Am 17. August bewirtete Fouquet Ludwig in Vaux, seinem Landsitz, mit einem Prunk, der die Gastereien des Königs als Dorffestlichkeiten erscheinen ließ. Er hätte nichts Ungeschickteres tun können; Ludwig fühlte sich gedemütigt und war empört über die Verschwendung von Millionen für eine einzige Nacht. »Hiernach«, sagte er mit einer Ironie, die seinem Gastgeber entging, »werde ich nicht mehr wagen, Sie zu einem Besuch bei mir einzuladen.« Die verbreitete Lesart, daß er in diesem Augenblick beschloß, Fouquet zu verhaften, ist unrichtig; Ludwig hatte diesen Entschluß schon gefaßt, ehe er nach Vaux ging, und die Verhaftung nur noch verschoben, weil Fouquet erst seine Kontrakte mit den Steuerpächtern für 1662 fertigstellen mußte.

Die Versammlung der Stände der Bretagne gab Ludwig Gelegenheit, Fouquet zu isolieren. Der König ließ verkünden, daß er persönlich zu der Versammlung nach Nantes gehen wolle, und befahl das Erscheinen des Schatzmeisters wegen seines großen Einflusses in der Provinz; vielleicht lag auch darin eine Ironie Ludwigs, denn mehr als die Betrügereien ärgerte ihn, daß Fouquet die Insel Belleisle vor der bretonischen Küste gekauft und befestigt hatte. Am 29. August reiste Ludwig von Paris ab nach Nantes. Vorher hatte er herzlichen Abschied von seiner Gemahlin genommen, an der er trotz allem zärtlich hing. »Seine neue Leidenschaft«, wird berichtet, »hatte nicht die legitime für die Königin ausgelöscht.« Es war offenkundig, daß die Trennung ihn aufrichtig schmerzte, und seine Tränen, die er zu verbergen suchte, trugen dazu bei, Maria Theresia über ihre vielen Kümmernisse hinwegzutrösten. Man braucht Ludwig nicht zu unterstellen, eine Rolle gespielt zu haben; er lebte nach wie vor mit der Königin, und das blieb so für den Rest ihres Lebens. Aber er lehnte die konventionelle Ansicht ab, daß ein Mann nur eine Frau auf einmal lieben könne.

Am 5. September wurde Fouquet in Nantes verhaftet; sein Sturz gab das Signal zu einer finanziellen Hexenjagd. »Anfangs freute sich jeder über die Maßregelung der Steuerpächter, aber sie wurden so streng behandelt, daß man sie schließlich bedauerte.« 1664 wurde Fouquet zur Verbannung verurteilt, doch änderte der König das Urteil in lebenslängliches Gefängnis ab. Man hat ihn deswegen schwer getadelt, aber er fürchtete Fouquet wirklich und mit gewissem Recht; denn wenn der Schatzmeister nicht die Möglichkeit ins Auge gefaßt hatte, einen Bürgerkrieg zu entfachen, warum ließ er dann Belleisle in eine private Festung verwandeln? Ferner wußte Ludwig, daß es in Frankreich zahllose Leute gab, die in Fouquets Sold gestanden hatten, und er hielt mit Recht oder Unrecht dafür, dem gefallenen Mann die Freiheit zu lassen, hieße, ihm die Möglichkeit geben, eine Umsturzpartei in Frankreich von jenseits der Grenze am Leben zu erhalten.

Aber Größeres als eine finanzielle Umwälzung war vonnöten, daß Ludwig mit Genugtuung auf seine eigenen Taten blicken konnte. Alle seine bisherigen Triumphe beschränkten sich auf die Innenpolitik, und er brannte darauf, sich auf der europäischen Bühne auszuzeichnen. Wie er sagte, wünschte er leidenschaftlich, der Welt zu zeigen, daß es noch einen König der Christenheit gebe. Bezeichnenderweise fiel es dem Hof nach Ludwigs Rückkehr aus der Bretagne auf, daß es ihm zuwider war, wenn man ihn wegen der zu Lebzeiten Mazarins errungenen Siege rühmte. »Das verwundete ihn im tiefsten Herzen«, wie er selbst offen zugab. Dann ereignete sich im Oktober der Vatteville-Vorfall, der der Welt den ersten Einblick in Ludwigs XIV. diplomatischen Stil gewährte.

Vatteville, der aus der Franche-Comté stammte, war Ludwig während der Fronde ein Dorn im Auge gewesen. 1661 wurde er zum spanischen Gesandten in Whitehall bestellt; im September desselben Jahres wechselte Schweden seinen englischen Gesandten; einem Brauch entsprechend hatten die Wagen aller anderen Gesandten dem des ankommenden Schweden entgegenzufahren und ihm in der traditionellen Rangordnung ihrer Souveräne nach

Whitehall zu folgen. Vatteville beschloß diese Gelegenheit zu benützen, um den Vorrang des Königs von Spanien vor dem König von Frankreich durchzusetzen, notfalls mit Gewalt. Um dem zu begegnen, brachte d'Estrades, der Vertreter Frankreichs, eine ausgesuchte Abteilung seines eigenen Regiments von Dünkirchen herüber und bereitete sich zum Gefecht, doch nicht ohne Besorgnis, denn Frankreich war im Augenblick in England sehr unbeliebt: es stand zu erwarten, daß der Pöbel für Spanien Partei ergreifen würde. D'Estrades' Befürchtungen erwiesen sich als gerechtfertigt, der Pöbel schloß sich den Spaniern an, es kam zu einer richtigen Straßenschlacht, bei der die Franzosen unterlagen und sechs Tote und dreiunddreißig Verwundete zu beklagen hatten.

Die Nachricht erreichte Ludwig, als er sich gerade zum Abendessen setzen wollte; er stieß seinen Stuhl heftig zurück und verließ das Zimmer trotz der Beschwörungen beider Königinnen, nichts Übereiltes zu tun. Der spanische außerordentliche Gesandte hatte Frankreich unverzüglich zu verlassen, der neue residierende Gesandte wurde an der Grenze zurückgewiesen und Ludwigs eigener Gesandter von Madrid abberufen. Die Sache wurde schließlich beigelegt durch eine schriftliche Entschuldigung Philipps IV. und sein Einverständnis, Frankreichs Gesandten unter allen Umständen und bei jedem Hof den Vorrang vor denen Spaniens zu lassen.

Es war ein Sturm im Wasserglas; Ludwigs eigener Bericht indes erweckt einen anderen Eindruck – »Ich weiß nicht«, schrieb er, »ob seit der Gründung der Monarchie sich etwas ereignet hat, wodurch sie mehr Ruhm erntete.«

Eine phantastischere Behauptung ist kaum vorstellbar, aber sie half Ludwig darüber hinweg, daß das schwächliche spanische Nachgeben ihn um einen Krieg gebracht hatte; soviel gibt er selbst zu:

»Aus diesen Kundgebungen konnte jedermann unschwer schließen, was in mir vorging. Denn ich hätte allerdings aus einer so berechtigten Empörung die äußersten Konsequenzen gezogen; und hätte das Böse als etwas Gutes angesehen, wenn es zu einem gerechten Krieg geführt hätte, in welchem ich mich an die Spitze meiner Armeen gestellt und Ehre eingelegt hätte.«

Im folgenden Jahr kam der Papst an die Reihe. Ludwig und Alexander VII. lagen seit Alexanders Wahl im Jahre 1655 unablässig im Streit. 1662 sandte Ludwig den arroganten Duc de Créqui nach Rom mit dem geheimen Auftrag, sich unleidlich zu machen; das gelang Créqui, einem ungehobelten, überheblichen Manne, alsbald, wie er es ja auch ohne jeden Auftrag getan hätte. Der unvermeidliche Zusammenstoß ereignete sich am 20. August; die korsische Leibwache des Papstes feuerte auf Créquis Wagen, tötete einen Pagen und verwundete mehrere Bediente. Créqui verließ sofort das päpstliche Gebiet und berichtete Ludwig, der sogleich Truppen für eine Strafexpedition gegen Rom mobilisierte. Aber wieder kam der König um seinen Krieg; Alexander ergab sich bedingungslos und erlangte Verzeihung; er mußte Avignon abtreten, die korsische Leibwache auflösen und in Rom eine Säule errichten lassen, auf der die Geschichte des Frevels und der Sühne eingemeißelt werden sollte. Schließlich mußte Kardinal Chigi, der Neffe des Papstes, in Fontainebleau erscheinen und dort vor dem versammelten Hof eine Entschuldigung für das Verbrechen des Papstes verlesen. Das eröffnete allen europäischen Kabinetten einen düsteren Ausblick auf die Zukunft.

Der frühe Morgen des 1. November 1661 fand Ludwig am Bett der Königin, die seit Mitternacht in den Wehen lag; die ganze Nacht hatte Ludwig ihre Hand gehalten, »er litt mit ihr und erwies ihr jeden Augenblick seine Zärtlichkeit«, während die arme Frau von Zeit zu Zeit aufschrie, »ich will kein Kind, ich will sterben!« Aber alles ging gut, und um 11.53 Uhr wurde die Königin entbunden. Ludwig öffnete das Fenster und rief zu der Menge hinab: »Die Königin hat mir soeben einen Sohn geschenkt!« Ende des Monats unternahm er eine Pilgerfahrt nach Chartres, um für die Genesung seiner Gemahlin zu danken. Doch als er am 10. Dezember nach Paris zurückkam, eilte er zu der La Vallière und nicht zur Königin, denn er hatte Louise seit zwei Wochen nicht gesehen.

Im Januar 1662 stand Ludwig mit Karl II. auf gespanntem Fuß. Ludwig war noch verärgert über Karls Weigerung, diejenigen seiner Untertanen zu bestrafen, die Vatteville in der Londoner Schlacht des vorigen Jahres unterstützt hatten; diese Verärgerung wurde in keiner Weise behoben durch Karls freundliche Erklärung, das Hängen von rund 6000 Londoner Bürgern, die bei d'Estrades' Schlappe zugegen gewesen seien, stieße auf verwaltungstechnische Schwierigkeiten. Und neuerdings hatte Karl es kurzerhand abgelehnt, auf den Salut zu verzichten, den französische Schiffe den englischen im Kanal schuldeten; denn wenn Karl auch bereit war, fast alles zu verkaufen, so doch nicht die Ehre der englischen Marine:

»Meine Schiffe müssen ihre Pflicht tun, komme was da wolle, und ich würde höchst unwürdig handeln, wenn ich ein Recht aufgäbe und mich mit einem niedrigeren Range zufrieden gäbe als irgendeiner meiner Vorfahren. Das ist alles, was ich zu sagen habe.«

Darauf schrieb der empörte Ludwig an d'Estrades:

»Wie ich bemerkt habe, nimmt der König, mein Bruder, eine Haltung ein, die an Drohung grenzt. Ich kenne keine Macht unter der Sonne, die mich auf diese Weise zu einem Entgegenkommen veranlassen könnte. Ich glaubte, die Welt hätte eine etwas bessere Meinung von mir. Ich wünsche, daß er als einzige Antwort auf seine hochmütige Erklärung von Ihnen erfährt, daß ich eine Beilegung dieser Angelegenheit weder verlange noch erbitte, da ich sehr wohl meine Rechte zu wahren weiß.«

Keiner der beiden Könige gab nach, keiner wünschte Krieg; das Problem wurde gelöst, indem jeder insgeheim seinen Schiffen den Befehl gab, der Rivalenflotte auszuweichen.

Zur Zeit dieser Auseinandersetzung mit Karl hatte Ludwig einen heftigen Streit mit der La Vallière. Als Louise Ehrendame bei ›Madame‹ geworden war, hatte eine frühere Kollegin aus Blois eine ähnliche Anstellung erhalten, ein intrigantes, schlaues junges Mädchen namens Montalais, die bei Hof herumlief und die Vermittlerin in anderer Leute Liebessachen spielte. Ludwig konnte sie nicht leiden und hatte der La Vallière den Umgang mit ihr verboten, die sich indes nicht danach richtete – »sie gehorchte in der Öffentlichkeit, aber die Montalais verbrachte manchmal ganze Nächte mit ihr«. Ludwig, scharfsinnig und mißtrauisch wie er war, entdeckte bald, daß Louise ihm etwas verschwieg, und machte ihr deshalb Vorwürfe. Louise gab törichterweise zu, daß man ihr gewisse Dinge über ein Mitglied der königlichen Familie erzählt habe, die sie dem König nicht mitteilen könne. Ludwig redete auf sie ein, raste und drohte, aber vergebens; schließlich verließ er wütend das Zimmer. Die beiden hatten in der ersten Zeit ihrer Liebschaft einander geschworen, wenn sie sich je streiten sollten, würden sie sich nicht zur Ruhe begeben, ohne sich versöhnt zu haben; in dieser Nacht aber wartete Louise vergeblich auf die Verzeihung ihres Liebhabers. Als der Morgen graute, ohne daß die ersehnte Nachricht gekommen war, dachte sie, es sei alles zu Ende. In ihrer Angst und Verzweiflung floh sie zu Fuß nach Chaillot, wo sie um Aufnahme in das Kloster bat. Aber die Nonnen waren nicht so weltfremd, die Geliebte des Königs ohne sein Einverständnis aufzunehmen. Es war der 24. Februar, Ludwig hatte gerade dem spanischen Botschafter eine Abschiedsaudienz gewährt, als ein Höfling eintrat und ihm etwas ins Ohr flüsterte. Man bemerkte, daß der König sehr erregt war; er verließ sofort das Gemach, und wenige Minuten später sah man ihn aus den Toren des Palastes galoppieren, das Gesicht in einen weiten Mantel gehüllt. Er ritt natürlich nach Chaillot, wo er Louise in Tränen auf dem Fußboden des Sprechzimmers fand; nach einer Szene, die wir uns vorstellen können, kehrten die beiden nach den Tuilerien, ›Monsieurs‹ offizieller Residenz, zurück. Hier ergab sich eine neue Schwierigkeit. Jeder kannte die Stellung der La Vallière bei Hof; aber in dem Verzeichnis des Hofstaates wurde sie nur als eine von ›Madames‹ Ehrendamen geführt, und ›Madame‹ hatte noch mit Ludwig abzurechnen. Sie spielte die tugendhafte Hausfrau; nein, unmöglich könne sie eine Dame wieder zum Dienst zulassen, die sich so schlecht benommen habe; sie wisse nicht und wolle auch nicht wissen, was diese schamlose Flucht veranlaßt hätte ... in dieser Tonart ging es fort. Erst als sie Ludwig so weit gebracht hatte, daß er den Tränen nahe war, erlaubte sie der armen La Vallière, sich in ihre Dachstube zurückzuschleichen.

Aber Ludwig stand erst am Anfang seiner Nöte, die ihm zeigen sollten, daß Polygamie, wie alle anderen Vergnügen, dem Menschen teuer zu stehen kommt. Am 26. Februar predigte Bossuet, und der König mußte in seiner eigenen Kapelle eine unmittelbar an ihn gerichtete Predigt über sich ergehen lassen, in der er ermahnt wurde, seinem Gewissen zu folgen und auf »jene zarten Freuden, die man bei gewöhnlichen Leuten Laster nennen würde«, zu verzichten.

Etwa eine Woche danach spielte sich die Intrige mit den spanischen Briefen ab.

Die Anstifterin war ›Madame la Comtesse‹; Ludwigs Geliebte war sie nie gewesen, hatte sich aber als seine gesellschaftliche Beraterin in den fünfziger Jahren einer hervorragenden Stellung erfreut und verwand es immer noch nicht, in den Hintergrund gedrängt zu sein. Sie verabscheute die La Vallière und fürchtete ihre Redlichkeit, hielt es aber für unwahrscheinlich, daß die Favoritin nicht schlau und habgierig genug sei, um Ludwig auszubeuten. Wenn man Louise durch ein Werkzeug der Soissons-Clique ersetzte, erwog sie, so ließe sich über die neue Geliebte der Reichtum Frankreichs in das Hôtel de Soissons lenken.

Darauf wurde ein Brief fabriziert, der den Anschein erweckte, vom König von Spanien an seine Tochter Maria Theresia gerichtet zu sein; er klärte die Königin darüber auf, daß die La Vallière die Geliebte ihres Gemahls sei. Durch diesen Brief, der in den Palast geschmuggelt wurde, hofften die Verschwörer einen solchen Skandal zu erregen, daß Ludwig gezwungen sein würde, sich von Louise zu trennen; worauf sie ihn dann für eine Geliebte aus ihrer Clique einzufangen gedachten. Zum Unglück wurde der Brief Ludwig und nicht Maria Theresia ausgehändigt; er verhütete natürlich sorgfältig, daß seiner Gemahlin auch nur eine Andeutung vom Vorhandensein dieses Briefs zu Ohren käme. Das Komplott führte lediglich dazu, daß Ludwig beschloß, die Kandidatin der Verschwörer dem königlichen Harem hinzuzufügen. Dies war Mlle de La Motte-Houdancourt, ein hübsches junges Mädchen, dem Charakter nach aber eine Kurtisane. Sie machte sich nichts aus dem König, war kalt und habgierig und lehnte es ab, sich Ludwig zu verkaufen, wenn sie ihn mit der La Vallière teilen müsse; nicht aus Widerwillen, sondern weil sie die vermeintlichen Einkünfte der La Vallière ganz für sich haben wollte.

Ob sie schließlich doch nachgegeben hätte, können wir nicht sagen. Denn fast sofort stieß Ludwig – wörtlich und im übertragenen Sinne – gegen eine Wand. Die La Motte-Houdancourt gehörte zu den Ehrendamen der Königin, und Mme de Navailles, die für diese jungen Mädchen verantwortlich war, hegte die sonderbare Ansicht, daß Ehrenjungfern nicht nur so heißen, sondern es auch wirklich sein sollten. Mit seltenem Freimut erklärte sie Ludwig, es gehe sie nichts an, wie er sich amüsiere, solange er nicht die Jungfern der Königin zu verführen trachte. Versuche er dies, so würde sie die Tugend der Mädchen mit allen ihr zu Gebote stehenden Mitteln verteidigen. Ludwig machte Mme de Navailles Komplimente über ihre Gesinnung und faßte ihre Warnung als einen Appell an seine Erfindungsgabe auf. Er ließ eine Geheimtür zu einem der Schlafzimmer der Jungfern machen, die am Tage von den Bettvorhängen verdeckt war. Aber Mme de Navailles' Augen waren so scharf wie ihre Gesinnung redlich; sie entdeckte die Tür und ließ sie während Ludwigs nächster Abwesenheit vom Hofe zumauern. Dieser ging nun dazu über, am Dach entlang zu den Fenstern der jungen Mädchen zu klettern; als er aber wieder einmal Paris verlassen mußte, fand er bei seiner Rückkehr alle Fenster mit eisernen Gittern versperrt.

In diesem Stadium mischte sich Anna ein. Sie entdeckte rasch, daß die Houdancourt das Werkzeug von ›Madame la Comtesse‹ sei und daß die zärtlichen Billette an den König ihr im Hôtel de Soissons diktiert wurden. Anna war so gut informiert, daß sie Ludwig den Inhalt des nächsten Briefes der Houdancourt mitteilen konnte, bevor er ihn empfing. Annas Version stimmte wörtlich, Ludwig war wütend; beinahe wäre es dem Mädchen gelungen, ihn lächerlich zu machen – von dem Augenblick an hörte sie auf, für ihn zu existieren.

Und die La Vallière? Sie wußte genau, was sich zugetragen hatte, und als Ludwig zu ihr zurückkehrte, sprach sie mit ihm, wie noch keine Frau es je getan hatte. Ludwig war wie vom Donner gerührt, aber das »schüchterne kleine

Veilchen« meinte es ernst; erst als der König sich wiederholt demütig entschuldigt hatte, vergab sie ihm.

Hält man sich gegenwärtig, daß Ludwig, der sich um seine Gemahlin und um Louise zu kümmern hatte und selten vor zwei Uhr morgens ins Bett kam, zugleich der Mann war, der Frankreich regierte, so überrascht es nicht, daß seine Gesundheit in diesem Jahr Anlaß zu Besorgnis gab. Er litt bereits an Magenbeschwerden, die von übermäßigem Essen und schlechten Zähnen herrührten. Die Intensität, mit der er lebte, führte zu Kopfschmerzen, Schwindel, Herzklopfen und Depressionen. Wie Doktor Vallot sich mit höfischem Takt ausdrückte, schlief Seine Majestät nicht genug.

Aber trotzdem setzte Ludwig seine Tagesarbeit unentwegt fort – Finanzrat von zehn bis halb ein Uhr, Mittagessen, dann eine Nachmittagssitzung des Staatsrats; danach trieb er zwei Stunden Lateinisch: »Ich bin beschämt über meine Ignoranz in Dingen, die alle andern beherrschen.« Staatsrat um zehn Uhr abends, dann Abendessen und wieder Louise.

Daneben gewann Ludwig immer neue Einsichten:

»Wie kann ein König herrschen statt beherrscht zu werden, wenn er seine eigene Finanzlage nicht kennt? Er ist völlig auf den Schatzmeister oder gar auf einen unteren Beamten angewiesen, den er befragen muß, als ob er ein Orakel wäre; er kann nichts unternehmen, ohne es diesen Leuten zu erklären, und kann nur mit ihrer Erlaubnis handeln.«

Er wurde sich klar, daß es unmöglich ist, Arbeit ohne die gleichzeitige Übertragung von Befugnissen abzugeben: »Überlasse nie jemand anderem etwas, was du selbst tun kannst.« Eine gefährliche Maxime, und in dem Maß, in dem Ludwig sie befolgte, offenbarte er seine Grenzen; denn die enorme Menge von Arbeit, die er sich aufbürdete, brachte es mit sich, daß seine Entscheidungen oft auf oberflächlicher Kenntnis der Materie beruhten. Hätte er es nicht so eifersüchtig vermieden, Befugnisse zu übertragen, so hätte die Regierungsmaschine erfolgreicher gearbeitet. Er hatte schon festgestellt, daß jeder, der sich an einen König wandte, eine Gunst erbitten wollte, und hatte sich Regeln für sein eigenes Verhalten zurechtgelegt:

»Man darf die Berechtigung einer Forderung nicht nach dem Eifer beurteilen, mit dem sie geltend gemacht wird; im Gegenteil, die unvernünftigsten Ansprüche werden am hitzigsten vertreten; denn Leidenschaft und der eigene Vorteil sind natürlich stürmischer als die Vernunft. Ein weiser König wird immer erwägen, welche Folgen die Bewilligung eines Antrags nach sich zieht, und nicht nach den Verdiensten des Antragstellers gehen.«

Bei diesen Erwägungen verfiel Ludwig auf eine geniale Methode, lästigen Bittstellern eine Gunst zu erweisen, die den Staat nichts kostete. Er schuf die Einrichtung des *habit-à-brevet*. Das war einfach ein goldbestickter Mantel aus Moiréseide, den nur Höflinge tragen durften, denen der König ein *brevet* oder Privileg erteilte. Von Ludwigs Standpunkt aus hatte die Neuerung einen glänzenden Erfolg; die Verleihungsurkunde kostete nur ein paar Sous, die Empfänger mußten den Mantel selbst kaufen und Ludwig wurde mit Anträgen auf Verleihung überschwemmt.

1662 war ein schweres Jahr für Frankreich; Getreideknappheit verursachte weitverbreitete Not. Ludwig packte das Problem mannhaft an; er ließ ausländisches Korn in großen Mengen kaufen, mit Verlust an diejenigen verkaufen, die in der Lage waren, es zu bezahlen, und umsonst an die Armen verteilen. Hier haben wir eine Widerlegung der üblichen Darstellung, daß Ludwig XIV. gegen das Wohl seiner Untertanen gleichgültig gewesen wäre. »Nie habe ich Geld für einen besseren Zweck ausgegeben«, schrieb er, »denn meine Untertanen sind mein wahrer Reichtum und der einzige Schatz, der wert ist, erhalten zu werden; alle andern sind überhaupt nichts wert, wenn man sie nicht zu nutzen weiß.«

Aber daß er in demselben Jahr »die Schultern seiner Untertanen von einer Last von vier Millionen befreite«, war ein sehr viel weniger populärer Schritt. In Wahrheit kürzte er die Staatsanleihen um diesen Betrag. Damals hatte man für solche Manipulationen nicht so viel Verständnis wie heutzutage; die Anleihegläubiger betrachteten als Diebstahl ihrer Ersparnisse, was wir heute als Abwertung zu akzeptieren bereit sind.

Wenn ein voller Staatssäckel, eine starke Armee, eine liebende Mätresse und die Anbetung von zwanzig Millionen Menschen vereint glücklich machen könnten, so hätte Ludwig im Jahre 1663 ein glücklicher Mensch sein müssen. Und doch war er es nicht, weil er in den Grenzen seiner Einsicht Christ war; wenn er moralisch schlechter gewesen wäre, hätte er glücklicher gelebt, doch sein Gewissen verwehrte ihm stets den vollen Genuß seines unsittlichen Lebens. Während der folgenden zwanzig Jahre quälte ihn unablässig das Bewußtsein, daß er in Todsünde lebe. Es ist bezeichnend für seine Gemütsverfassung, daß er an

Pfingsten 1664 sich weigerte, zu Beichte und Abendmahl zu gehen; er wurde dafür getadelt, aber machte die Unterlassung ihm nicht eher Ehre?

Obwohl das spanische Brief-Komplott fehlgeschlagen war, kann Ludwig kaum so optimistisch gewesen sein anzunehmen, daß seine Liaison mit der La Vallière seiner Gemahlin auf die Dauer unbekannt bliebe. Während des Jahres 1663 drang die Nachricht zu ihr.

Maria Theresia war töricht, aber selbst eine dumme Frau sieht schärfer, wenn sie an ihres Gatten Treue zweifelt. Und Mißtrauen hatte die Königin schon vor Ende des Jahres 1662 gehegt. »Das Mädchen mit den Diamantohrringen«, sagte sie eines Abends und wies dabei auf die La Vallière, »ist es, die der König liebt.« Ein peinlicher Augenblick für Mme de Motteville, an die die Bemerkung gerichtet war; sie geriet in Verwirrung und stammelte schließlich, untreu seien alle Ehemänner, ohne deshalb ihre Frauen weniger zu lieben, vielmehr gäben sie sich der Mode zuliebe den Anschein.

Dann aber hinterbrachte ›Madame la Comtesse‹ Maria Theresia alles, was sie von der La Vallière wußte; in ihrer Falschheit erbat sie darauf eine Privataudienz bei Ludwig und berichtete ihm, er sei von Mme de Navailles verraten worden. Der König, noch empfindlich gekränkt durch seine Niederlage in Sachen der Ehrenjungfern, scheint die Information des Soissons-Weibes kritiklos geglaubt zu haben. Als Mme de Navailles diesen unglücklichen Augenblick wählte, um Ludwig zu bitten, er möge doch mehr Rücksicht auf die Königin nehmen, glaubte er, nachdem sie ihn verraten habe, heuchle sie nun obendrein, und sein

Zorn kochte über. Die Navailles quälte sich noch in halber Ungnade hin bis 1664, dann befahl der König den beiden Eheleuten, ihre Stellungen zu verkaufen und den Hof zu verlassen. Es war eine der niedrigsten Handlungen in Ludwigs Leben, und selbst die herrschende Verehrung für den König hinderte keine anständige Person bei Hofe, die wärmste Sympathie für die Opfer auszudrücken.

Alles Heucheln Maria Theresia gegenüber hörte nun auf, der König gab unumwunden zu, daß die La Vallière seine Geliebte sei, und kehrte jene Brutalität heraus, die des Mannes einzige Verteidigung ist, wenn er sich ganz und gar im Unrecht weiß. Ein kleiner bitterer Auftritt aus diesem Jahr wirft ein Licht auf die damaligen Beziehungen zwischen den Ehegatten. Ludwig kam um vier Uhr morgens von der La Vallière zurück und fand die Königin mit Mme de Chevreuse am Kamin sitzend:

Ludwig (kalt): Madame, warum sind Sie nicht im Bett?

Königin: Ich warte auf Sie.

Ludwig: Sie scheinen andeuten zu wollen, daß Sie oft auf mich warten.

Königin: In der Tat. Denn Sie machen sich nichts mehr aus mir. Sie kümmern sich mehr um meine Feindinnen.

Ludwig (spottend): Schade, Madame, daß Sie so viel erfahren haben. Gehen Sie zu Bett und streiten Sie nicht.

Königin: Ich möchte Ihnen sagen, daß ich Sie stets liebe, was Sie mir auch antun.

Ludwig: Und ich werde dafür sorgen, daß Sie nicht mehr behelligt werden; aber wenn Sie mir zu Gefallen sein wollen, so brechen Sie alle Beziehungen zu Mme de Navailles ab.

Ganz anders verhielt sich Ludwig gegen seine Mutter, als sie im April mit schwerem Fieber darniederlag; er saß mehrere Nächte bei ihr und hatte eine Matratze an das Ende ihres Bettes schaffen lassen, auf der er gelegentlich voll angezogen schlummerte; er pflegte sie mit rührender Sorgfalt und bediente sie tatsächlich geschickter und zartfühlender als irgendeine ihrer Frauen.

Kaum war Anna wiederhergestellt, als Maria Theresia sich mit Masern legte, und nun erwies Ludwig seiner Gemahlin eine mitfühlende Aufmerksamkeit, die in erfreulichem Widerspruch zu seiner jüngsten Grausamkeit stand – »er wich nicht von ihrem Bett, sondern war ständig um sie«. Die Folge war, daß er selbst die Krankheit bekam, und zwar so schwer, daß er vierundzwanzig Stunden in Lebensgefahr schwebte; während dieser Zeit flehte er bald, die La Vallière möge kommen, bald verbot er ihr, sich ihm zu nähern wegen der Ansteckungsgefahr.

Vielleicht waren es die Erzählungen der La Vallière vom Landleben, die Ludwig in diesem Jahr veranlaßten, Erkundigungen nach den Verhältnissen des Provinzadels einzuziehen; das machte er mit seiner gewohnten Gründlichkeit: er sandte einen langen Fragebogen an alle höheren Verwaltungsbeamten. Sie sollten über die Eheschließungen und Verbindungen in allen Familien ihres Bezirks berichten, auch über ihre Moral und ihren Besitz. Wie behandelten sie ihre Bauern? Bewirtschafteten sie ihr Land selbst? Waren sie kriegstüchtig? Zogen sie das Leben in der Provinz dem Hofleben vor?

Als nächstes wandte er sich dem Problem der Rentierklasse zu, deren Auflösung er ernstlich ins Auge faßte; in einem Schreiben vom 24. Oktober sagte Condé, der König habe die Hoffnung geäußert, die gesamten Pariser Kommunalanleihen aufkaufen zu können. Condé fügte hinzu, das sei ein gewaltiges Unternehmen, wenn es sich überhaupt durchführen ließe, und der König werde voraussichtlich auf ernste Schwierigkeiten stoßen. In der Tat erwiesen sie sich als unüberwindlich, und der König mußte sich mit halben Maßnahmen begnügen. Am 10. Dezember kaufte er acht Millionen Livres der neuen Anleihe zu einem niedrigen und willkürlichen Preis auf; die Inhaber der alten Anleihe wurden vor die Wahl gestellt: entweder würden ihre Obligationen um zwanzig Prozent abgewertet oder vollständig aufgekauft werden – und zwar zu Ludwigs Preis. Ludwig und seine Berater übersahen offenbar vollständig, daß die Existenz einer Rentierklasse eine Bürgschaft für die Stabilität des Throns darstellte und ihn gegen eine neue Fronde sicherte. Denn die Majorität der Anleihen war im Besitz von Parisern, und zwar jener Schicht, die einen Volksaufstand veranlassen wie verhindern konnte.

Gleichzeitig mit diesem Eingriff in den Obligationenmarkt versuchte Ludwig auf jede Weise, Kapital in Colberts verstaatlichte Betriebe zu leiten und Maßnahmen zur Enteignung der kolonialen Grundbesitzer zu ergreifen. Denn Colbert, dessen wirtschaftspolitische Ansichten fast so naiv waren wie Ludwigs eigene, hatte ihm eingeredet, daß das staatliche Eigentum an den Produktionsmitteln erhöhte Leistungen bei geringeren Produktionskosten erbringen würde. Diese Versuche führten zu erheblicher Unzufriedenheit in den Pariser kapitalistischen Kreisen.

Im August brachte Ludwig es endlich fertig, einen Krieg

herbeizuführen; so jedenfalls bezeichneten seine Schmeichler den Einfall in Lothringen, bei dem er die Feste Marsal nahm. Dies ist nur insoweit interessant, als sich dabei überraschenderweise herausstellte, daß Colbert jetzt Ludwigs Vertrauter in seiner Liaison mit der La Vallière war. Sooft der König ihr aus Lothringen schrieb, bediente er sich Colberts Hilfe: »Die Briefe in unadressierten Umschlägen wollen Sie an die Person befördern, die ich Ihnen beim Abschied nannte. Sie verstehen.«

Der »Krieg« war zu Ende, Ludwig kehrte im Triumph nach Paris zurück, und am 19. Oktober wurde die Wintersaison mit der Premiere von Molières *Impromptu de Versailles* eröffnet, das der König selbst für diese Gelegenheit in Auftrag gegeben hatte. Am 19. Dezember gebar die La Vallière dem König ihr erstes Kind. »Ein sehr kräftiger Knabe«, schrieb der Geburtshelfer an Ludwig, »kam heute früh um drei Uhr dreißig zur Welt. Mutter und Kind geht es, Gott sei Dank, gut.« Dies begab sich heimlich im Palais Brion, wo Ludwig bei seiner Rückkehr aus Lothringen Louise untergebracht hatte; und der König war so übervorsichtig, daß er seine eigenen Absichten vereitelte. Romantische Geschichten waren und blieben über diese Geburt in Umlauf, zum Beispiel hieß es, Louise habe während der Wehen eine Maske getragen. Daran scheint kein Wort wahr zu sein, aber wahr und überraschend ist die Enthüllung, daß Colbert, der große Staatsminister, alles Erforderliche in die Wege leitete, sogar die Babywäsche beschaffte und eine zuverlässige Dienerin besorgte; und es war Mme Colbert, der man das Kind anvertraute.

4

Zu beginn des Jahres 1664 trat, ernster denn je, eine Entfremdung zwischen Anna und Ludwig zutage; dafür gab es eine Reihe von Gründen, aber die Wurzel allen Übels lag darin, daß Ludwig ein Mann von fünfundzwanzig Jahren war und Anna dem nicht Rechnung trug. Es kam häufig zu Szenen zwischen den beiden. Als der Zwist am heftigsten war, erschien der König eines Tages in Annas Privatgemach, wo sie mit ›Monsieur‹ und ›Mademoiselle‹ plauderte. Beide verließen das Zimmer in der Hoffnung, daß Mutter und Sohn, wenn sie allein seien, sich versöhnen würden. Aber Ludwig blieb eine Weile gegen das Fenster gelehnt stehen, dann verbeugte er sich tief vor der Königinmutter und ging ohne ein Wort. Doch liebte er seine Mutter zu sehr, um es zu einem dauernden Bruch kommen zu lassen; am nächsten Tage suchte er sie in ihrer Privatkapelle auf, fiel weinend auf die Knie und bat sie um Verzeihung, wobei er versicherte, er habe die ganze Nacht nicht geschlafen, weil sein Verhalten ihm keine Ruhe gelassen habe. Anna kam ihm auf halbem Wege entgegen, war aber so wenig großzügig, daß sie sein Nachgeben zum Anlaß nahm, ihm ernste Vorhaltungen über sein Benehmen im allgemeinen zu machen. Er sei, sagte sie, berauscht von seiner eigenen Größe, lege sich in der Befriedigung seiner Wünsche keinerlei Schranken auf und bringe täglich sein Seelenheil in Gefahr. Ludwig entgegnete, noch unter Tränen, er wisse es; er habe Zeiten der Reue und Beschämung, aber seine Leidenschaften seien zu stark für seine Vernunft, er könne nicht ehrlich behaupten, daß er ihnen auch nur zu widerstehen wünsche. Darauf erwiderte Anna traurig, die Erkenntnis seiner Sünden zeige, daß er noch nicht ganz von Gott verlassen sei. Ludwig war von der Unterredung so ergriffen, daß er seiner Gemahlin versprach, mit dreißig werde er die Rolle des Liebhabers aufgeben und ein guter Ehemann werden. Man muß ihm die Gerechtigkeit widerfahren lassen zu erwähnen, daß er, als Maria Theresia im Winter ein Kind gebar, das nur einen Monat lebte, »in schrecklicher Angst schwebte«, mehrere Nächte bei ihr blieb und sehr häufig weinte. Innerhalb weniger Monate mußte er wieder Tränen vergießen, und zwar bei einer ähnlichen Gelegenheit, als nämlich sein zweites Kind von der La Vallière geboren wurde.

Für Ludwig war es ein Jahr intensiver Tätigkeit. Der Kaiser kämpfte gegen die Türken, und Ludwig, der jetzt als Kreuzfahrer posierte, drängte ihm im April ein französisches Kontingent von 6000 Mann auf, das, zwar widerwillig angenommen, am 1. August den Sieg bei St-Gotthard a. d. Raab errang. Karl II. hatte Tanger erworben, also mußte Frankreich auch eine afrikanische Kolonie haben; deshalb wurde im Juli Beaufort, der frühere Frondeur, der seit 1658 Admiral von Frankreich war, nach Algerien gesandt, wo er und Vivonne, ein Bruder der Mme de Montespan, bei Gigeri einen Brückenkopf errichteten.

Am 5. Mai gab Ludwig eines seiner großartigen Feste, *Les Plaisirs de l'Isle Enchantée*, aber das war nur eine Oase in der Öde ununterbrochener Arbeit, womit Ludwig die Höflinge verdroß. So beklagte sich einer von ihnen, als der Hof in Fontainebleau war, in einem Brief vom 27. Juni bei einem Freund über Langeweile; der König, schrieb er, arbeite tatsächlich vom Diner an hinter verschlossenen Türen, die Königinnen spielten Karten und der Hofstaat wisse nicht, wie er die Zeit totschlagen solle.

Die La Vallière befand sich um diese Zeit in einer seltsamen Lage; ihre Stellung in ›Madames‹ Hofstaat hatte sie aufgegeben, alle Welt wußte, was sie jetzt war, und doch lebte sie vom Hof so getrennt, als ob ihre Liaison mit dem König noch ein Geheimnis sei. Dieser Zustand wurde dem König unbequem, weil er nicht mehr die Zeit für Besuche im Hôtel de Brion erübrigen konnte; daher beschloß er, Louise als seine Mätresse anzuerkennen und sie seiner Gemahlin und seiner Mutter aufzuzwingen. Ohne vorherige Ankündigung nahm er sie eines Abends mit in Annas Zimmer und setzte sie als vierte zu ›Madame‹, ›Monsieur‹ und sich selbst an den Kartentisch. Anna war wütend und Maria Theresia noch mehr. Aber dagegen ließ sich nichts tun. Der König hatte sie mitgebracht, das galt als Vorstellung, und ihre Herkunft berechtigte sie, bei Hof zu erscheinen.

Man hört oft, daß sich in späteren Jahren unter dem Glanz des Hoflebens eine beträchtliche Langeweile verbarg; seltener wird beachtet, daß sie sich auch schon in den

»herrlichen Jahren« zwischen 1661 und 1678 fühlbar machte. So beklagte sich der Duc d'Enghien, Condés ältester Sohn, zu Beginn des Jahres 1665 bitter über das Los der Höflinge; während des ganzen Monats gab es an drei Abenden in der Woche ein Ballett, in dem stets dieselben Tänzer, unter anderen Enghien, aufzutreten hatten, und an den andern Abenden fanden Bälle statt – »sie können sich vorstellen, wie sehr wir das Ganze satt haben«.

Nicht so Ludwig, der, wie ›Mademoiselle‹ klagt, seinen Hof bis zur Erschöpfung überanstrengte. Je höherer Gunst man sich erfreute, desto zermürbender war der Tageslauf; am 28. Mai zum Beispiel jagten Ludwig und seine Freunde vor dem Diner, spielten den ganzen Nachmittag Tennis und besuchten natürlich abends den üblichen Ball. Eine erstaunliche Leistung für einen Mann, der außerdem sechs Stunden oder mehr am Schreibtisch arbeitete. Für die Frauen waren die ›Vergnügungen‹ des Hofes kaum weniger aufreibend als für die Männer. Am 14. Juni etwa, als Ludwig ein Fest in Versailles gab, bedeutete das für die Damen, daß sie um sechs Uhr abends in voller Hoftoilette von Paris wegfahren mußten. Bei ihrer Ankunft stand ein Imbiß für sie bereit; dann folgte eine Komödie, ein Ballett, der unvermeidliche Ball und ein lang ausgedehntes Souper; und die ersten Festteilnehmer kamen am nächsten Morgen gegen acht Uhr nach Paris zurück.

Während diese Tretmühle von Vergnügungen weiterging, hatte Ludwig im August seine tägliche Arbeitszeit von sechs auf acht Stunden gesteigert; kein Wunder, daß er sich elend fühlte und unter Schwindelanfällen litt.

In dieser Zeit sollte ihn einer der schwersten Schläge

seines Lebens treffen. Schon im Februar begannen die Sorgen. Anna litt unter heftigen Schmerzen in der Brust; als sie untersucht wurde, stellten die Ärzte einen vernachlässigten Krebs fest, der nicht mehr operabel war. Abgesehen von der Operation kannte man nur ein Mittel, nämlich die infizierte Stelle in Schierlingwasser zu baden; kein Wunder, daß es Anna im November nicht besser, sondern schlechter ging. Im Sommer 1665 hatte man alle Hoffnung aufgegeben, setzte aber zum Schein die Behandlung fort, auf Anordnung Vallots statt des Schierlings mit Kohlwasser. Immerhin ist es tröstlich zu erfahren, daß die Patientin beim Zunehmen der Schmerzen unter starke Opiumwirkung gesetzt wurde. Alle Berichte stimmen darin überein, daß Ludwig von Gram überwältigt war, bis zum Ende ständig bei seiner Mutter blieb und ihr all die kleinen Aufmerksamkeiten erwies, auf die er sich so gut verstand.

Aber selbst unter der Last dieses Kummers »mußte das Spiel seinen Lauf nehmen«, und Ludwig fuhr fort, sich zu verhalten, wie seine Umwelt es von ihm erwartete; er verführte Mme de Monaco, die launenhafte und vergnügungssüchtige Tochter des Duc de Gramont, ließ Lauzun, ihren Liebhaber, hinter Schloß und Riegel setzen, weil er versuchte einzugreifen, und jagte mit Louise, die er mehr denn je bewunderte, seit er entdeckt hatte, daß sie bei der Jagd eine gute Reiterin war. Im September setzte er nach der Premiere von *L'Amour Médecin* Molière eine Pension aus und versprach, bei seinem ersten Kind Pate zu stehen. Am 24. Dezember senkte er zur Feier des Weihnachtsfestes den Zinsfuß der Regierungsanleihe von sechs auf fünf Prozent.

Während des Januars 1666 waren Annas Leiden schrecklich; »sie wurden noch verschlimmert durch den üblen Geruch der Krebskrankheit«. Aber sie beklagte sich nicht. »Gott«, sagte sie, »bringt mich in diesen widerwärtigen Zustand, um mich dafür zu strafen, daß ich zu stolz war auf die Schönheit meines Körpers.« Am Vorabend ihres Todes gab sie Ludwig, der neben ihrem Bett weinte, die letzten Ermahnungen; sie sah ihn streng an mit der Majestät einer Königin und der Autorität einer Mutter und sprach: »Tu, wie ich dir gesagt habe, ich wiederhole es mit Gott auf den Lippen« (sie hatte soeben das Sakrament empfangen). Ludwig verneigte sich und sagte, er werde nicht verfehlen, ihren Anweisungen zu folgen – »und bis zum heutigen Tage weiß niemand, wozu sie ihn ermahnt hat«.

Sie starb am Morgen des 20. Januar, und nach dem Zeugnis seines Kammerdieners verbrachte Ludwig die ganze folgende Nacht unter Schluchzen und Stöhnen. Er vergaß seine Mutter nie, noch was er ihr für ihren Beistand während seiner Minderjährigkeit schuldete. Nach mehr als zehn Jahren schrieb er über ihren Tod:

»Nach diesem Schlag konnte ich den Anblick der Stätte, wo er gefallen war, nicht länger ertragen und verließ daher sofort Paris . . . Die Pflicht, allen Fürsten Europas meinen Verlust anzuzeigen, kostete mich mehr, als Sie sich vielleicht vorstellen; besonders die Briefe an den Kaiser, den König von Spanien und den König von England, die die Etikette mich zwang eigenhändig zu schreiben . . . es ist schwer, solange der Kummer noch frisch ist, anderen darüber zu berichten, ohne ihn durch die Erinnerung an bisher unbemerkte Begleitumstände zu vergrößern.«

An der Tiefe und Aufrichtigkeit von Ludwigs Gram ist nicht zu zweifeln; Mutter und Sohn hatten einander geliebt und so vertraut miteinander gelebt, wie es damals weder in königlichen noch in andern Familien üblich war. Und doch muß Annas Tod für Ludwig eine Erleichterung bedeutet haben, ein Gefühl, das er zweifellos mit Schrecken zurückzudrängen suchte und das dennoch an Stärke zunahm. Solange Anna lebte, gab es jemanden, dessen Kritik Ludwig fürchtete und in dessen Gegenwart er aufhörte, der König zu sein; mit ihrem Tode entfiel die letzte Hemmung für sein Verhalten. Am 21. Januar 1666 wurde der ›Grand Monarque‹ geboren.

Mit Anna schwand etwas Unwiederbringliches dahin; Maria Theresia fehlte der Charme ihrer Tante und ihr Talent, hofzuhalten. Der Rang büßte die Bedeutung ein, die ihm die Königinmutter beigelegt hatte, und zwar aus zwei Gründen: erstens fürchtete Ludwig eine abermalige Fronde und zweitens wies sein Charakter einen sonderbar orientalischen Zug auf; aus Furcht vor dem Bürgerkrieg und aus der Sucht, den wohlwollenden asiatischen Despoten zu spielen, beseitigte er alle Rangunterschiede soweit wie möglich. Er war von vollendeter Höflichkeit, machte aber wenig Unterschied zwischen einem Herzog und einem Bürgerlichen; beide waren nur Untertanen in dem neuen Frankreich, wo sich nur Marschälle und bürgerliche Minister gegen die Kolossalfigur des Großen Königs abhoben. Aus den gleichen Gründen änderte sich die Stellung der Frauen; es sollte keine weiblichen Politiker mehr geben, die die Männer flüsternd berieten, denn Ludwig hatte erfahren, was daraus entstand; in sittlicher Beziehung durften sie ihr Privatleben einrichten, wie sie wollten, wenn sie nur in der Öffentlichkeit das strengste Dekorum wahrten.

Nach Annas Tod überkam Ludwig wieder jene überschäumende Lebenskraft, die seiner Befreiung von Mazarins Herrschaft gefolgt war; allerhand Pläne, Theorien über die Regierung und Reformen flossen ihm aus der Feder. Die beste Reform war wohl die Abschaffung des absurden Systems, wonach die Provinzen, in denen Truppen einquartiert waren, die gesamten Kosten ihres Unterhalts zu tragen hatten. Diese Last wurde jetzt von der Zentralregierung übernommen, außerdem zogen den Truppen, wenn sie die Garnison wechseln sollten, Proviantbeamte voraus, die in den Städten und Dörfern zu Marktpreisen für sie einkauften. Das war eine große Verbesserung gegenüber dem System, unter welchem die Obersten bei den verarmten Bauern gegen Requisitionsscheine requirieren durften, die zu guter Letzt vielleicht vom Armeeintendanten eingelöst wurden, vielleicht aber auch nicht.

Dies war nur ein Teil eines ernstlichen Versuchs, der Armee etwas Disziplin beizubringen; wie Ludwig selbst sagte, werden mehr Schlachten durch Disziplin gewonnen als durch Degen und Flinte – »das Vorrücken gut geschulter Truppen zeigt ein Selbstvertrauen, das den Feind erschreckt; und im allgemeinen genügt es, daß Truppen den Eindruck der Tapferkeit machen, weil der Feind seine Überzeugung, daß sie wirklich tapfer sind, nicht erst auf die Probe stellen wird«.

Es ist aufschlußreich, zu sehen, welchen Rang Ludwig damals seinen einzelnen Herrscherpflichten einräumte: es galt in erster Linie, seinen eigenen Ruhm zu mehren, zweitens, die Grenzen zu erweitern, und drittens, das Los seiner Untertanen zu verbessern. Es wäre eine Politik krasser Selbstsucht gewesen, hätte Ludwig in der Praxis nach seiner Theorie gehandelt, doch wußte er sehr wohl, daß kein König, er regiere noch so absolut, es sich leisten kann, die öffentliche Meinung zu mißachten. Und in der Praxis vermied er *ex cathreda* Entscheidungen so sorgfältig wie die Päpste:

»Ich mußte diese Angelegenheit durch autoritäre Entscheidung regeln, was nur selten vorkommt; denn wenn meine Entscheidungen auch nicht der Billigung irgendeines anderen bedürfen, bin ich doch stets froh, wenn ich meine Pläne durch Mehrheitsbeschluß (des Staatsrats) ausführen kann.«

Die ihm durch die Stellung als König auferlegte Selbstbeherrschung war Ludwig noch nicht zur zweiten Natur geworden; in seinen Memoiren klagt er mehr als einmal darüber, wie lästig er die Disziplin empfinde, die er von sich selbst verlangte; besonders daß er ständig seine Zunge im Zaum halten müsse, nicht nur bei Staatsgeschäften, sondern auch in vertrauter Unterhaltung. »Wie seltsam ist es doch«, schrieb er, »daß einem Souverän, der sonst tun kann, was er will, das Recht der freien Rede versagt und er auf zuhören beschränkt ist, statt selbst sprechen zu können. Aber zweifellos ist Geschwätzigkeit eine der gefährlichsten Angewohnheiten für einen Fürsten.«

1662 hatte Ludwig ein Defensivbündnis mit Holland geschlossen, um den begründeten holländischen Verdacht zu beschwichtigen, daß er in nächster Zeit einen Angriff auf die Republik vorhabe. Zu seinem größten Verdruß geriet er 1666 als Bundesgenosse Hollands wider seinen Willen in einen Krieg mit England; eine höchst unerwünschte Unterbrechung seiner Pläne in bezug auf die spanischen Niederlande und gefährlich für sein Vorhaben, England zu einem Vasallenstaat Frankreichs zu machen. Aber Ludwig meisterte die Situation mit erstaunlichem Geschick. Er verhielt sich gegen Karl II. als ein freundlich gesinnter Feind und gegen Holland als ein wenig hilfreicher Bundesgenosse, ohne daß ein unheilbarer Bruch mit einem der beiden Staaten entstand. Ein kleines Kontingent wurde zur Unterstützung der Holländer entsandt, und Ludwig, der nicht an dessen Spitze im Felde hätte erscheinen können, ohne sich lächerlich zu machen, entschädigte sich für die erzwungene Untätigkeit durch einen Lobeshymnus auf das ritterliche Verhalten der Könige von Gottes Gnaden im Gegensatz zu der niedrigen und verräterischen Haltung der Republiken; außerdem massierte er an seiner nordöstlichen Grenze Truppen, scheinbar um den Holländern zu helfen, in Wahrheit für einen überraschenden Angriff auf die spanischen Niederlande im Jahre 1667.

Es war eine arbeitsreiche Zeit für Ludwig. Die Vormittagsstunden, so berichtet er uns, waren für Angelegenheiten der Justiz, des Handels, der Finanzen und der Abfassung von Depeschen bestimmt, die Nachmittage für laufende Geschäfte. Abends zog er sich wieder in sein Arbeitszimmer zurück zur Beratung mit seinem Kriegsminister Louvois, einem genialen Mann, der das Werkzeug schmiedete, mit dem Ludwig fast ganz Europa erobern sollte; der Mann wird beschrieben als »der größte Staatsdiener und das größte Scheusal, das je gelebt hat«. »Und wenn ich danach«, so schließt der König, »noch etwas Zeit hatte, arbeitete ich an diesen Memoiren, die Sie jetzt lesen.« Doch hatte er damit keineswegs alle seine Betätigungen aufgezählt, denn von seiner kargen Muße verwandte er noch Zeit, um seine vernachlässigte Bildung zu verbessern. Nicht zu vergessen, daß viele der sogenannten Mußestunden in Wahrheit darauf verwendet wurden, die gesellschaftliche Maschinerie eines der empfindlichsten und zänkischsten Höfe, von denen die Geschichte weiß, in Gang zu halten. In erster Linie durch die Wirkung seiner eigenen Persönlichkeit. Voltaire, der Ludwig XIV. in dessen letzten Jahren kannte, versichert, daß der König durch seine würdige und gewinnende Stimme wie auch durch seine bekannte Abneigung, irgend jemandes Gefühle zu verletzen, die Herzen der Menschen gewann, die er ohne diese Eigenschaften durch seine Gegenwart eingeschüchtert hätte; und wenn Ludwigs Art sich zu geben bei jedem andern lächerlich gewesen wäre, so habe sie dem Manne und seinem Rang wohl angestanden.

1666 war für Ludwig ein unerfreuliches Jahr. Nach Annas Tod hatte er großzügig versprochen, liebevoll für ›Monsieur‹ zu sorgen, und hatte sein Wort auch gehalten. Aber Philipp fand die rein dekorative Rolle eines ›Sohnes Frankreichs‹ langweilig. Er betrachtete mit Neid die zunehmende Machtstellung seines Bruders, und im März kam es zu einer Entladung seiner Gefühle; ›Monsieur‹ verlangte für ›Madame‹, wenn sie die Königin besuchte, einen Armsessel statt eines gewöhnlichen Stuhls, auf den sie nach der Etikette nur Anspruch hatte. Das bedeutete einen Angriff auf Ludwigs empfindlichste Stelle, aber er antwortete freundlich, er könne einer Bitte nicht stattgeben, die ›Monsieur‹ und ›Madame‹ auf gleichen Fuß mit ihm selbst stellen würde. Dieses eine Mal wandte Ludwig seine ganze Liebenswürdigkeit umsonst auf. ›Monsieur‹ ging wie ein verwöhntes Kind von Bitten zu Beschwerden, von Beschwerden zu Tränen und von Tränen zu Wutausbrüchen über. Aber Ludwig blieb fest, obwohl er später, wenn er sich an den Vorfall erinnerte, ihn als eine Lappalie bezeichnete. Allerdings, fuhr er fort, für einen König, der sein Prestige wahren wolle, seien die kleinsten Sonderrechte seiner Stellung »unendlich wertvoll«.

Ebensowenig Erfolg hatte ›Monsieur‹ bei dem Versuch, sich den freigewordenen Posten des Gouverneurs von Languedoc zu sichern. »Eine Provinz einem ›Sohn Frankreichs‹ zu geben«, erklärte Ludwig barsch, »würde einen gänzlichen Mangel an Voraussicht und gesundem Menschenverstand beweisen.« Und als Philipp mit seiner üblichen Taktlosigkeit sich darauf berief, daß ihr Onkel Gaston Gouverneur einer Provinz gewesen sei, antwortete der König trocken, gerade die Erinnerung hieran habe ihn zu seiner Bemerkung veranlaßt.

1666 war die La Vallière nicht mehr das schüchterne Veilchen, das Ludwigs Herz gewonnen hatte; nach ihrer völligen Hingabe bot sie ihm kein Geheimnis und keinen Anreiz mehr. Ihr wunderschöner Teint war dahin, ihr Gesicht zeigte Spuren von Traurigkeit und Sorge. Aber es war nicht nur, jedenfalls nicht in erster Linie, das Welken ihrer Schönheit, das Louise ihres einzigen Liebhabers beraubte. Sie gehörte zu jenen Frauen, die geschaffen sind, für sich zu leben und im geheimen geliebt zu werden, und eben die gemeinsamen Heimlichkeiten, die gefährlichen Freuden einer Liebesaffäre, die er unter den Augen seiner nichtsahnenden Gemahlin und Mutter unterhielt, hatten Ludwigs Leidenschaft angefacht und wachgehalten. Jetzt aber war Louise, die heimliche Geliebte, eine verblühende Schönheit, in der Position der offiziellen Mätresse des Königs von Frankreich, jetzt endlich sah Ludwig sie im vollen Sonnenlicht des Hofs und seine Leidenschaft erkaltete schnell.

Obwohl in der Stunde ihres Triumphes von vielen beneidet, erfreute Louise sich keines wirklichen Glückes; sie war sehr einsam, war die Sterbliche, die der angebetete Gott nur bei Dunkelheit besuchte und bei Tagesanbruch verließ. Dann blieb ihr nichts, als die langen Stunden mit Träumen von seiner Rückkehr zu füllen. Selbst wenn sie von Natur gesellig gewesen wäre, hätte sie ihrem Geschmack nicht folgen dürfen, denn Ludwig mißbilligte Freundschaften zwischen den Mitgliedern seines intimen Kreises und dem großen Haufen; er hatte das Louise angedeutet, und eine Andeutung des Königs war für sie ein Befehl. Eine geschickte Frau hatte es jedoch verstanden, sich Zugang zu Louises Gemächern zu verschaffen und, nachdem sie einmal dort war, rasch die Vertraute und innigste Freundin Louises zu werden. Sie hieß Athénaïs de Rochechouart-Mortemart, ehemals Mlle de Tonnay-Charente und seit 1662 Marquise de Montespan. Athénaïs war schön, geistreich und, wenn sie es darauf anlegte, ganz unwiderstehlich; die arme La Vallière, das junge Mädchen aus einem Gutshaus auf dem Lande, war zuerst verwirrt und dann entzückt von den Aufmerksamkeiten und der feinen

Schmeichelei, womit diese schöne Tochter eines der größten Häuser Frankreichs sie überschüttete – ohne entfernt zu ahnen, daß Athénaïs sie grenzenlos verachtete und nur benützte, um Ludwig für sich zu erobern.

Das Leben hatte Athénaïs, wenn auch auf andere Art, ebenso hart behandelt wie Louise. Trotz ihrer Schönheit und obwohl sie, eines Herzogs Tochter, sich eines sechshundertjährigen Stammbaums rühmen durfte, wurde sie von Schulden erdrückt, war unglücklich verheiratet, und wenn es ihr nicht gelang, den König zu umgarnen, und zwar bald, dann sah sie den Tag kommen, wo ihr nichts übrigblieb, als vor ihren Gläubigern in ein ödes Schloß in der Provinz zu fliehen. Aber sie war kühn, skrupellos und entschlossen, Himmel und Erde in Bewegung zu setzen, um die La Vallière zu verdrängen. Sie wußte, wenn sie nur des Königs Aufmerksamkeit erregen konnte, würde es ihr gelingen, ihn zu amüsieren – was Louise nicht konnte –, und war sie einmal so weit gediehen, dann verließ sie sich auf »den schönsten Körper in ganz Frankreich« und die Hilfe des Teufels, um Ludwig für sich zu vereinnahmen. Mußte nicht, da sie regelmäßig die Schwarze Messe besuchte, ihre Hingabe an die Mächte der Finsternis ihr früher oder später deren Beistand gewinnen?

Vielleicht hatte sie damit wirklich Erfolg. Als Ludwig zum erstenmal Athénaïs in den Gemächern seiner Geliebten überraschte, geriet der Eindringling in Verlegenheit und verließ wortlos das Zimmer; bei der zweiten Begegnung bemerkte Ludwig, daß sie eine ungewöhnlich hübsche Frau war, und bei der dritten brachte sie den König mehr als einmal durch ihre originelle und pikante Unterhaltung zum Lachen, was bei ihm selten war. Dann vermied sie mehrere Tage sorgfältig, Ludwig zu begegnen. Ihre Taktik führte zu einem vollen Erfolg, und man kann sich ihre Genugtuung vorstellen, als die arme, naive Louise ihrer Freundin Vorwürfe wegen ihres Ausbleibens machte und nicht verschwieg, wie enttäuscht der König darüber gewesen sei. Die gemütlichen kleinen Unterhaltungen *à trois* wurden wieder aufgenommen, und es dauerte nicht lange, bis selbst der La Vallière aufging, was Ludwigs unverhohlener Kummer bedeutete, wenn er zufällig Mme de Montespan nicht in ihren Gemächern antraf. Es konnte nur noch eine Frage der Zeit sein, daß Louise ihren Abschied erhielt.

Ludwig, der feurige Liebhaber, blieb, was man nicht vergessen sollte, dennoch der Gatte Maria Theresias; er war viel zu korrekt, um seine Pflichten ihr gegenüber zu vernachlässigen; am 2. Januar 1667 schenkte sie ihm eine Tochter. Lassen wir den König dies mit seinen eigenen Worten erzählen:

»Das Jahr begann mit dem Wochenbett der Königin ... was mir manche Sorge bereitete; denn ich darf sagen, daß sie die Aufmerksamkeit verdiente, die ich ihr erwies; der Himmel hat selten einer Frau mehr Tugend, Schönheit, edle Abstammung, Liebe zu ihren Kindern und Achtung vor ihrem Gatten beschert.«

So konnte nur Ludwig schreiben, doch darf man es nicht als leeres Gerede abtun; er war, wie schon erwähnt, polygam und empfand für die Königin echte Zuneigung. Aufschlußreich sind in seiner Lobeshymne vor allem die Worte: »Liebe zu ihren Kindern«; denn Ludwigs gewinnendster

Charakterzug war seine Liebe und stets gleichbleibende Freundlichkeit zu Kindern. Auch jetzt zögerte er noch, seiner Neigung für die Montespan nachzugeben, sobald er an die Kinder dachte, die ihm die La Vallière geboren hatte.

Im Jahre 1667 war Ludwig fieberhaft tätig, um die Vorbereitungen für den ersten der Angriffskriege zu beenden, die ihn zum bestgehaßten Mann Europas machen sollten. Man bemühte sich, das, was in Wahrheit ein *Blitzkrieg* war, als einen Ferienausflug erscheinen zu lassen. Paris, so berichtet man, überstrahlte am 15. Mai die Herrlichkeit Salomos und verdunkelte den Glanz des Kaisers von China. In jeder Straße wogte es von Federn, goldbetreßten Uniformen, Karossen, prächtig aufgezäumten Mauleseln, Paradepferden, goldbestickten Sätteln und aufgeregten Offizieren, die sich gegenseitig in den Weg rannten, wenn sie hin und her eilten, um in letzter Minute noch ihre Ausstattung zu verschönern. Neun Tage danach brach Ludwig in die Niederlande ein unter dem Vorwand, er habe Anspruch auf territoriale Entschädigung wegen der nicht ausgezahlten Mitgift seiner Gemahlin, aber in Wahrheit, um seine Ostgrenze weiter von Paris vorzuschieben; der Verfall des spanischen Reichs bot ihm die Möglichkeit, dies ohne jede Gefahr und mit geringem Kostenaufwand zu wagen. Ludwig setzte Europa auseinander, er befinde sich nicht im Krieg mit Spanien, sondern überschreite nur mit seinem Gefolge – 35 000 Mann – die Grenze, um das Eigentum der Königin aus den Händen der spanischen Verwalter in Empfang zu nehmen. Um diese dreiste Behauptung zu stützen, erhielten Maria Theresia und ihre Damen einschließlich der Montespan Befehl, die Armee zu begleiten.

Der Krieg war eine Farce; außer bei Lille wurde nirgends ernstlicher Widerstand geleistet, und in weniger als zwei Monaten hatte Ludwig die spanischen Niederlande erobert. Dieser sogenannte »Devolutionskrieg« ist insofern interessant, als Ludwig zum erstenmal den Oberbefehl hatte und weil der leichte Sieg seine geheimen Charakterfehler noch förderte. Als bloßer Soldat benahm er sich untadelig; er setzte sich oft dem Feuer aus, um sich selbst zu beweisen, daß er das ohne zu zittern tun könne; seine Gegenwart flößte den Truppen Mut ein; sie sahen mit Genugtuung, daß ihr König auf Stroh schlief wie sie selbst, den größten Teil des Tages im Sattel war und die Nächte in den Schützengräben zubrachte. »Er sieht hochmütig aus«, sagte der Gesandte Savoyens, der sich in Ludwigs Hauptquartier aufhielt, »aber er erteilt seine Befehle in freundlichem Ton. Er hat noch nicht einmal unter einem Dach geschlafen, obwohl er seit zwei Wochen an Zahnschmerzen leidet.«

Auffallenderweise schweigen alle Beobachter über Ludwigs Fähigkeiten als General, und zwar aus gutem Grunde, denn ein General war er nur in seiner Einbildung. Wie er sich im Jahre 1667 zeigte, sollte er während seiner ganzen militärischen Laufbahn bleiben – mutig, energisch, tüchtig in Kleinigkeiten, aber ohne wirkliches taktisches oder strategisches Verständnis, eine große Belastung für seine nominellen Untergebenen, denen die eigentlichen Führungsaufgaben oblagen.

Über sein Ansehen als General blieb Ludwig in hoheitsvoller Unkenntnis. Wer würde beim Lesen seiner Memoiren vermuten, daß der Erfolg des Feldzuges einzig Turennes Fähigkeiten und dem Takt zu verdanken war, mit dem er diese vor seinem König verbarg? »Ich überredete M. de Turenne, mir zu folgen ... und marschierte direkt auf Lille zu, dank jenem glücklichen Genius, der mich noch nie im Stich gelassen hat.« Und Pellisson, seinem Geschichtsschreiber, der die Expedition begleitete, erklärte er, daß das Streben nach Ruhm ihm als Höchstes gelte; er sei froh, sagte er, daß ein gerechter Klagegrund ihm nun die Pforten des Ruhms geöffnet und die Gelegenheit verschafft habe, allen zu zeigen, daß es noch einen König in der Welt gebe.

Nur eine der Pflichten eines Oberkommandierenden erfüllte Ludwig vortrefflich; Louvois fühlte sich noch nicht sicher genug, um seiner Brutalität die Zügel schießen zu lassen; infolgedessen benahm sich Ludwig im eroberten Gebiet so menschlich, wie es seiner Art entsprach, wenn er seinen eigenen Regungen folgte. Er bezahlte alles, was er den Flamen nahm, ließ Soldaten, die sich der Notzucht schuldig machten, hängen und kassierte einen Gardeoffizier, weil er einen Bauern geschlagen hatte. So ermüdend die Darstellung unbedeutender Einzelheiten wirkt, aus der die angeführten Beispiele entnommen sind, so geht doch daraus hervor, daß Ludwigs Beschäftigung mit Einzelfragen oft glückliche Folgen hatte; so vergaß er zum Beispiel nicht, als er vor Lille lag, an Colbert in Paris zu schreiben, er möge dafür sorgen, daß etwas für die Witwe und die Familie des Töpfers geschehe, der gerade in Versailles gestorben war.

Als Staatsmann bewies Ludwig bei den Vorbereitungen zum Friedensschluß von 1668 Mut und Weitblick; in klarer Erkenntnis, daß er dabei an Ansehen und Beliebtheit verlieren würde, war er dennoch bereit, Frieden zu schließen, ja, sogar die meisten seiner Eroberungen, abgesehen von den Grenzfestungen, zurückzugeben. Anders als seine Untertanen erkannte er, daß die Klugheit es gebot, Europas Argwohn gegen seine Zukunftspläne einzuschläfern.

Am 13. Mai 1667 hatte das Parlament eine Urkunde bestätigt, deren Inhalt alle Zungen in Bewegung setzte: »Unsere teure, vielgeliebte und sehr getreue Louise de La Vallière« erhielt den Besitz Vaujours, der zu ihren Gunsten zum Herzogtum gemacht wurde und nach ihrem Tode »Marie Anne, Unserer natürlichen Tochter« zufallen sollte. Daß Ludwig der La Vallière diese Gunst bezeigte, legte die Gesellschaft mit Recht als eine höfliche Entlassung aus, während Louise immer noch verzweifelt an dem Glauben festhielt, der Mann, den sie so innig liebte und von dem sie wieder ein Kind erwartete, könne sie nicht so grausam behandeln. Aber nach einigen Tagen traf sie ein vernichtender Schlag; die Liste der Damen, die für die Reise nach den Niederlanden »kommandiert« waren, kam heraus: ihr Name fehlte, der der Montespan stand darauf. Mitte Juni fand Louise die Einsamkeit von Versailles unerträglich und tat etwas Beispielloses; sie verließ Versailles, um sich unaufgefordert bei dem Hofstaat der Königin einzufinden. Am 20. erschien sie zur Wut Maria Theresias in La Fère, wo die Damen Station gemacht hatten. Die Montespan entfachte die Wut der Königin zur Weißglut; wiederholt äußerte sie auf der Reise im Wagen der Königin: »Ich bewundere ihre Kühnheit, vor der Königin zu erscheinen. Der Himmel bewahre mich davor, je die Geliebte des Königs zu werden, aber wäre ich es, so würde ich in Gegenwart der Königin Scham empfinden.«

In Avesnes holten die Damen den König ein und Louise,

außer sich vor Kummer und Ungewißheit, beging einen weiteren Fehler: sie ließ ihren Wagen aus der Reihe heraus und im Galopp querfeldein dahin fahren, wo sie Ludwig sah. Als sie bei ihm eintraf, erlosch jede Hoffnung, denn der König begrüßte sie mit der eisigen Höflichkeit, die er sich für aufdringliche Fremde vorbehielt. Charakteristischerweise war er trotzdem sehr aufgebracht, daß die Königin seine entlassene Mätresse schlecht behandelt hatte; er bestand darauf, daß sie Louise einen Platz in ihrem eigenen Wagen gebe, und lud diese ein, mit der königlichen Familie zu speisen. Seine Gemahlin mußte darüber belehrt werden, was man einer Herzogin von Frankreich schuldete, die die hohe Ehre genossen hatte, ihrem König Kinder zu schenken. Aber all dies half Louise gar nichts. Sie wurde am nächsten Tag nach Paris zurückgeschickt, und eines Nachts zwischen dem 9. und 14. Juli verkaufte sich die Montespan in Avesnes dem König. Diese Information verdanken wir ›Mademoiselle‹, die mit ihrer üblichen trockenen Zurückhaltung darüber berichtet: die Montespan wurde in dem Zimmer neben dem des Königs einquartiert; es war auffällig, daß der Posten zwischen den beiden Zimmern plötzlich zurückgezogen wurde. Danach verbrachte der König viel Zeit in seinem eigenen Gemach, und zwar immer, wenn die Montespan nicht im Gefolge der Königin erschien. Die Reaktion des Duc de Mortemart auf die Nachricht, daß seine Tochter Athénaïs königliche Mätresse geworden war, wirft ein grelles Licht auf die moralische Atmosphäre, in der das junge Mädchen aufgewachsen war. »Gott sei Dank«, rief er aus, »endlich ist uns das Schicksal gewogen.«

Ludwig hatte nun eine große Dame erobert, deren Geist und Schönheit ebenso unbestreitbar sind wie der Widerwille, mit dem wir davon lesen. Je genauer man Athénaïs kennenlernt, desto weniger gefällt sie einem; bei all ihrem sprühenden Geist und ihrer Heiterkeit war sie ein niedriges Geschöpf; gegenüber ihrer seelischen Verderbtheit erschienen ihre gefühllosen sexuellen Verfehlungen noch als leichte Sünde. Uns wird übel bei ihren Schwarzen Messen, ihren Gifttränken, ihren ekelhaften Kumpanen aus der Pariser Unterwelt, bei ihrem grausigen geheimen Treiben, von dem Ludwig so lange nichts ahnte. Fast von Beginn ihrer Liaison an war er das Opfer ihrer abscheulichen Machenschaften; denn es besteht kaum ein Zweifel, daß die Kopfschmerzen, der Schwindel und die Anfälle von Depression, an denen er während der nächsten zehn Jahre litt, auf die giftigen Liebestränke zurückzuführen waren, die ihm Athénaïs seit 1667 beibrachte.

Aber selbst wenn man von dem düsteren Hintergrund absieht, fällt es einem schwer, gegenüber den beiden an dieser schmutzigen Angelegenheit Beteiligten Milde walten zu lassen. Ludwig und die La Vallière waren jugendliche Liebhaber gewesen, die sich unter dem Zwang einer überwältigenden Leidenschaft zusammenfanden, und ihre Liebesbeziehung weckt immer noch unsere Anteilnahme. Dagegen erinnert die Montespan-Affäre trotz ihrer Dauer nicht entfernt an Liebe, vielmehr an das zufällige Beisammensein eines Lebemanns und einer Straßendirne. Ludwig wurde von Begierde und Langeweile getrieben, Athénaïs von Habgier. Trotz ihrer Herkunft hatte sie die Instinkte einer Kurtisane; ja, sogar das Benehmen solcher Frauen:

ihr Appetit auf Geld, Schmuck, Kleider, teures Essen und Wein war unersättlich, und wenn ihr irgend etwas versagt wurde, konnte sie so schrill keifen wie eine geprellte Prostituierte. Sie verstand zwar, sich großartig zurechtzumachen, wenn die Gelegenheit es erforderte, für gewöhnlich aber war sie schlampig und schmutzig. Ludwig muß, als es zu spät war, oft der verlorenen La Vallière nachgetrauert haben, die ebenso sorgfältig gepflegt wie uneigennützig war.

In diesem Jahr erwog Ludwig eine innenpolitische Reform, die er sicher bei Annas Lebzeiten nicht vorgeschlagen hätte – eine verspätete Frucht von Mazarins Lehren. Er erwog ernstlich, die Anzahl der Geistlichen im Königreich zu vermindern. Viele von ihnen, schrieb er, seien überflüssig für die Kirche und eine Last für den Staat. Aber er hatte immer ein feines Gefühl für die öffentliche Meinung und entschied sich schließlich gegen jede drastische Maßnahme; er begnügte sich damit, das Lebensalter heraufzusetzen, in dem man frühestens die Gelübde ablegen konnte, verbot die Errichtung neuer Klöster und löste die auf, die ungesetzlich gegründet worden waren.

Nach den kirchlichen Angelegenheiten ging Ludwig in seinen Aufzeichnungen dazu über, seinem Nachfolger einige Ratschläge zu dem stets faszinierenden Thema »Frauen« zu geben. Da er für sich in Anspruch nehmen kann, auf diesem Gebiet sachverständig zu sein, zitieren wir ihn wörtlich:

»Sobald Sie einer Frau erlauben, mit Ihnen über Staatsgeschäfte zu sprechen, sind Sie verloren. Die zarten Gefühle, die wir für sie hegen, lassen uns unbewußt ihre Ansicht teilen ... die fast immer falsch ist. Sie sind beredt, aufdringlich, eigensinnig, und dies im allgemeinen nur, weil sie einen Mann nicht leiden können oder wünschen, daß ein anderer bevorzugt wird. Sie können kein Geheimnis für sich behalten . . . Ihre einzige Sicherheitsgarantie besteht darin, ihnen zu verbieten, über irgend etwas anderes als Vergnügungen zu sprechen.«

Am 23. Januar 1668 schlossen England, Holland und Schweden den Dreibund, um Ludwigs Angriffen Einhalt zu gebieten. Ludwig betrachtete das als persönliche Beleidigung, andererseits wußte er wohl, daß er zur Zeit nicht in der Lage war, sich auf einen größeren Krieg einzulassen. Er tröstete sich in seinem verwundeten Stolz durch die leichte Eroberung der Franche-Comté; bei der Rückkehr von dieser Unternehmung war er mehr denn je von seinem militärischen Genie überzeugt. Einen Monat später zeigte er Europa wieder, daß »es noch einen König auf der Welt gebe«, indem er Truppen nach Candia sandte, um Venedig gegen die Türken zu unterstützen.

Ludwig hatte bei seiner Mäßigung in den Niederlanden von vornherein mit einer gewissen Einbuße an Beliebtheit gerechnet, aber er war doch bestürzt, als er entdeckte, wie unwillig ganz Frankreich sich über die Friedensbedingungen zeigte. Selbst der Pöbel ließ »die Achtung und Neigung« vermissen, »auf deren Erhaltung ein Fürst alle seine Handlungen und Gedanken lenken sollte«. Im Juni erklärte die Witwe eines Arbeiters Ludwig in seinem eigenen Palast unverblümt, er sei ein Tyrann und ein Hurenjäger. Ungefähr zur gleichen Zeit wurde ein Mann verhaftet, weil er unter Anspielung auf die Ermordung Heinrichs IV. gesagt hatte, »es gebe immer noch Ravaillacs in Frankreich«.

Auch in der Gesellschaft spürte Ludwig eine Haltung, die ihn mehr kränkte, als er zugeben wollte; die Edelleute waren außer sich, daß man sie um einen langen Krieg gebracht hatte, und flüsterten, der König sei ein bloßer Paradesoldat, der sich nach Frieden sehne, sobald er eine Kanonenkugel pfeifen höre. Die großen Bürgerfamilien fingen an, über das zuchtlose Leben des Königs und seine Verachtung der allgemeinen Anstandsregeln zu murren.

Da sein Ansehen solchen Schaden gelitten hatte, fand Ludwig, er müsse alles daransetzen, um vor seinen Untertanen geheimzuhalten, daß er jetzt die Sünde des doppelten Ehebruchs beging; denn die Montespan hatte immer noch einen Gatten, einen unbequemen Mann, »der sich schrecklich über die Zuneigung des Königs zu seiner Gattin aufregte«. Als nächstes beschloß Ludwig, seinen Hof nach dem vergleichsweise einsamen Chambord zu verlegen.

Und nun begann für die unglückliche La Vallière ein sechsjähriges Martyrium. Sie machte Ludwig sanfte Vorhaltungen, worauf er erwiderte, er wolle sie nicht belügen, es sei wahr, daß er Mme de Montespan liebe, aber er hege für sie selbst immer noch eine aufrichtige Zuneigung; sie könne gewiß sein, daß er alles tun werde, um sie zufriedenzustellen, aber es sei sein Wunsch, daß ihre Beziehungen zu Mme de Montespan sich auch in Zukunft nicht änderten.

Hier zeigte sich Ludwig von seiner schlechtesten Seite; er wußte, daß Louise ihn immer noch liebte, bestand aber darauf, daß sie nominell seine Mätresse und die nächste Freundin der Montespan bliebe. Die beiden Frauen mußten eine Zimmerflucht teilen, und wenn Ludwig sie besuchte, sollte Louise nach seinem Befehl im Vorzimmer sitzen, während er an ihr vorbei in das anschließende Schlafzimmer der Athénaïs ging. Es wäre schmerzlich, bei Louises Gram zu verweilen, auch überrascht es nicht, daß, als sie schließlich ins Kloster ging, die Karmeliterinnen sagten, sie habe viel getan, um für ihre Sünden während der letzten Jahre zu büßen.

Ludwig widmete sich intensiver denn je seinen Staatsgeschäften, »die Tagesstunden waren so streng eingeteilt wie in einem Kloster«. Von Sonnabend bis Montag mittag arbeitete er mit Lyonne, seinem hervorragenden Außenminister; am Montagnachmittag trat der Staatsrat zusammen und hielt Sitzungen ab bis Mittwoch; dann erschien Colbert und blieb bis Freitag vormittag. Den Rest des Freitagvormittags verbrachte der König mit seinem Beichtvater, und am Nachmittag gönnte er sich eine Arbeitspause; gewöhnlich spielte er Tennis, jagte oder überzeugte sich von dem Fortschritt der Bauten in Versailles. Wenn er auch an Beliebtheit beim Adel und Volk verloren hatte, so stellen wir doch fest, daß sein Ruf in den offiziellen Kreisen so hoch stand wie je. Pomponne, der 1671 Lyonnes Nachfolger werden sollte, bemerkte im Jahre 1668 »mit einer gewissen Begeisterung«, die Leute, die den König nicht kennten, vermöchten sich keine Vorstellung zu machen von seiner Größe, seinem Scharfsinn, seinem klaren Verstand, der Richtigkeit seiner Bemerkungen und der Anmut seines Wesens, wenn er die stolze Miene ablege, die er in der Öffentlichkeit zeige. Dies Urteil hat besonderes Gewicht, da keine Aussicht bestand, daß es jemals Ludwig zu Ohren kommen würde.

5

Sechzehnhundertneunundsechzig war für Ludwig ein Jahr angespannter diplomatischer Tätigkeit, die darauf gerichtet war, seinen geplanten Angriff auf Holland vorzubereiten; mit seinem gewohnten Geschick erreichte er es, sein Opfer zu isolieren. Innenpolitisch verlief das Jahr weniger erfolgreich. Lauzun war 1666 aus der Bastille entlassen worden und genoß jetzt höhere Gunst denn je; er drängte sich nach dem frei gewordenen Posten des Oberkommandierenden der Artillerie. Ludwig bestimmte ihn gegen sein besseres Urteil und trotz der Einwendungen Louvois' für die Stellung, jedoch mit der Bedingung, daß Lauzun seine Beförderung bis zu der offiziellen Bekanntgabe geheimhalten sollte. Aber Lauzun als echter Gascogner konnte es sich nicht versagen zu renommieren, und Ludwig, dem Louvois Vorwürfe machte, war äußerst verärgert. Das Kommando blieb unbesetzt, und als Lauzun Ludwig an sein Versprechen erinnerte, antwortete der König trocken, er habe es nur unter einer Bedingung gegeben. Darauf wandte sich Lauzun an Mme de Montespan, die versprach, ihr Bestes zu tun, um den Widerstand des

Königs zu überwinden. Einige Zeit verging, ohne daß etwas geschah, Lauzun war mit seiner Geduld am Ende und faßte einen Entschluß, der unglaubhaft scheint, jedoch von seinen Zeitgenossen bezeugt ist. Er stand mit Mme de Montespans Kammerzofe auf vertrautem Fuß und überredete sie, ihn unter dem Bett in dem Zimmer zu verstekken, wo sich Ludwig und die Montespan nachmittags trafen. Wir können heute schwerlich ermessen, welch Risiko er damit einging; ein Niesen, ja nur eine unvorsichtige Bewegung, und Lauzun wäre für immer von der Bildfläche verschwunden und lebendig in der Bastille begraben worden. Aber er hatte Glück und hörte das ganze Gespräch des Liebespaars, was ihn darüber unterrichtete, daß die Montespan, weit davon entfernt ihm zu helfen, alles tat, um ihm bei dem König zu schaden.

Sobald Lauzun, von Wut und Staub fast erstickt, sich davonmachen konnte, zog er sich eilends um und stellte sich vor Athénaïs' Tür auf; als sie kam, bot er ihr seine Begleitung zu dem Abendempfang an und fragte sie »mit sanfter, ehrerbietiger Stimme«, ob er sich schmeicheln dürfe, daß sie an ihr Versprechen gedacht habe, seinetwegen mit dem König zu sprechen? Die Montespan ging in die Falle und versicherte ihm, sie habe ihr Äußerstes getan. Sie betraten gerade den großen Salon, Lauzun in gebeugter Haltung und mit dem unterwürfigen Lächeln eines Mannes, der die Mätresse Frankreichs am Arm führte, flüsterte ihr etwas ins Ohr; jedermann glaubte, es seien Komplimente, in Wahrheit wiederholte er Wort für Wort, was sie dem König gesagt hatte, und als sie sich dem *cercle* um den König näherten, ergoß er einen Schwall unflätiger Schimpfworte im Bordelljargon über sie – immer mit dem gleichen ergebenen Lächeln. Die Favoritin fiel neben Ludwig ohnmächtig zu Boden und wurde nur mit Mühe wieder zum Bewußtsein gebracht. Schreck, nicht Wut, hatte die Montespan überwältigt; sie war äußerst abergläubisch und nahm an, Lauzun habe seine beängstigend genaue Kenntnis durch übernatürliche Mittel erlangt, und ihr Herr und Meister, der Teufel, habe sie verraten.

Athénaïs kann damals kaum glücklicher gewesen sein als die La Vallière; denn die Pariser Polizei hatte die Untersuchungen eingeleitet, die sie schließlich zu Fall bringen sollten. Schon saßen zwei der übelsten Halunken, die sie zu verbrecherischen Zwecken gebraucht hatte, im Gefängnis und konnten jeden Augenblick Geständnisse machen, die sie in Ludwigs Augen verdammen würden. Ihre Tortur wurde noch dadurch verschärft, daß sie nicht wagte, die geringste Unruhe zu verraten; wenn Ludwig in ihren Armen lag, mußte sie die verzückte Geliebte spielen, und im übrigen sich als die lustige und geistreiche Marquise geben, die keine Sorgen kannte; mußte sich jeder Laune des Königs anpassen und endlos und bis zur Erschöpfung die sprühende Unterhaltung in Fluß halten, die allein Ludwig vor der Langeweile bewahrte. Und dies alles zu einer Zeit, als sie, die Kinder nicht leiden konnte, das erste ihrer unehelichen Kinder erwartete; es war ein Knabe, der am 6. November geboren wurde.

Ludwig hatte im Gegensatz zu seiner Mätresse Kinder gern, aber als er erfuhr, daß Athénaïs in andern Umständen war, überschattete die Peinlichkeit seiner Lage seine Freude über den Gedanken, wieder Vater zu werden. Was sollte mit dem Kind geschehen? Die Frucht seiner jüngsten Ausschweifung mußte den neugierigen Blicken seiner Untertanen verborgen bleiben. Da fiel Athénaïs eine bedürftige Protégée ein, die dankbar sein würde, das Kind zu nehmen, eine gewisse Mme Scarron, die Witwe eines Lustspieldichters, der 1660 gestorben war.

Nur ungern willigte Ludwig in das Engagement der Witwe, denn ihm lag daran, seine Kinder häufig zu sehen, wobei sich aber ein Zusammentreffen mit der Erzieherin nicht vermeiden ließ – und die Dame war, wie es hieß, eine *précieuse*, ein Typ, den er verabscheute. Doch die Montespan eröffnete Mme Scarron die Lage und schlug ihr vor, ein Kind in ihre Obhut zu nehmen, das einen König zum Vater hatte. Aber die junge Witwe, stolz auf ihre adlige Abkunft, lehnte es ab, die Erziehung eines Kindes der Mme de Montespan zu übernehmen, und als man in sie drang, erwiderte sie schließlich, sie würde eine solche Bürde nur auf sich nehmen, wenn der König persönlich sie darum bäte. Ludwig hörte mit Erstaunen, daß Mme Scarron sich durchaus nicht um eine Stellung riß, die selbst Mme Colbert nicht für unter ihrer Würde gehalten hatte, sondern Schwierigkeiten machte. Aber es half nichts, er mußte die Witwe empfangen, und schließlich willigte sie ein, lediglich, um Seiner Majestät gefällig zu sein. So wurde das Problem der dritten königlichen Kinderstube gelöst.

Im Winter 1669/70 entstand der ›Große Plan‹. Um Holland vollständig zu isolieren, brauchte man die Unterstützung oder wenigstens die Neutralität Englands. Der ›Große Plan‹ war einfach eine zwischen Karl und Ludwig hinter dem Rücken ihrer Minister ausgeheckte Verschwörung, erstens England in den Krieg hineinzuziehen und zweitens Karl in die Lage zu versetzen, mit Ludwigs Unterstützung seine Untertanen für die römische Kirche zu gewinnen, wenn nötig mit Gewalt.

Für Ludwig war dieser Teil der Verhandlungen am schwierigsten, denn Karl, klüger als sein Vetter, erkannte, daß es hier um ein Geschäft ging, welches ihm, richtig gehandhabt, endlich zu einem annähernd ausreichenden Einkommen verhelfen würde; nicht zu einem voll ausreichenden, denn so etwas gab es für einen Mann von Karls Liebhabereien und Gewohnheiten überhaupt nicht. Karl spielte bewußt mit dem Feuer.

Ludwig drängte, Karl zauderte. Er sprach dem französischen Gesandten von seiner Zuneigung zu Ludwig, von *gentlemen's agreements* und seiner Pflicht gegenüber dem wahren Glauben, aber er brauchte Zeit und Geld – viel Zeit und viel Geld. Und als man ihn schließlich so weit hatte, daß er konkrete Vorschläge machte, war Ludwig über seine Bedingungen wie vom Donner gerührt – 200000 Pfund für Karls Bekanntgabe seines Religionswechsels bar im voraus, während der Zeitpunkt der Bekanntgabe in Karls Belieben stehen sollte; 800000 Pfund jährliche Subsidien während des Krieges; ferner etlicher Gebietszuwachs in Übersee und auf dem Kontinent.

Von seiner durchgängigen Meinung über Frauen machte Ludwig eine Ausnahme zugunsten von ›Madame‹; sie gehörte zu den wenigen Menschen, die in alle Einzelheiten des ›Großen Planes‹ eingeweiht wurden. Im Jahre 1670 fungierte sie tatsächlich als einer von Ludwigs Staatssekretären. Durch ihre Hände ging die gesamte Korrespondenz zwischen den beiden Königen und dieses Vertrauens zeigte sie sich würdig.

›Madame‹ hatte seit ihrer flüchtigen Beziehung zu Ludwig im Jahre 1661 viel erlebt und oft genug Grund gehabt, ihre Ehe mit ›Monsieur‹ zu bereuen. Erst kürzlich war er in eine Gemütskrise geraten, die auf ›Madames‹ Wohlbefinden rückwirkte. Der schändlichste von ›Monsieurs‹ Günstlingen war der Chevalier de Lorraine, jetzt Ende zwanzig, »schön wie ein Engel« und berüchtigt als der verderbteste Mann in Frankreich. Ein gewinnender Mensch, der, obgleich selbst nicht pervers, sich zur Homosexualität hergab, um seinen Einfluß auf ›Monsieur‹ zu behalten. 1669 entdeckte ›Monsieur‹ zu seinem Entsetzen, daß der Chevalier ihm nicht nur untreu war, sondern zu allem ein Liebesverhältnis mit einer von ›Madames‹ Ehrendamen unterhielt; statt den Chevalier fortzuschicken, entließ ›Monsieur‹ zur großen Empörung Henriettes die Ehrendame. Darauf ließ Ludwig Lorraine wegen ungehörigen Betragens verhaften, und nun kannte ›Monsieurs‹ Wut keine Grenzen. Er schleppte ›Madame‹ nach Villers-Cotterets und verkündete feierlich, er werde nicht mit ihr schlafen, ehe nicht der Chevalier auf freiem Fuß sei. Es gab einen Riesenskandal, denn im 17. Jahrhundert war ›Monsieurs‹ Handlungsweise gleichbedeutend mit einer gesetzlichen Trennung.

Aber für Ludwig war die Sache zu ernst, als daß er ›Monsieur‹ irgend etwas hätte durchgehen lassen; ›Madames‹ Anwesenheit bei Hofe war wesentlich und der König bestand darauf. Henriette bekam ein Arbeitszimmer, das sich auf demselben Stockwerk wie das des Königs befand, und dort wurden die letzten Einzelheiten des ›Großen Plans‹ ausgearbeitet.

Dann gab es weiteren Ärger. Karl hatte sein Herz daran gehängt, daß Henriette nach Dover käme, um den Plan oder Vertrag von Dover abzuschließen; ›Monsieur‹ sah eine Gelegenheit, seiner Gemahlin eine Enttäuschung zu bereiten; er lehnte es auf das bestimmteste ab, sein Einverständnis zu ihrer Reise zu geben. Dann änderte er plötzlich seine Einstellung und erklärte, er werde selbst ›Madame‹ nach England geleiten. Diese Kehrtwendung war Ludwig unbequem, denn er hatte ›Monsieur‹ schon auseinandergesetzt, die Reise sei nur eine Familienzusammenkunft ohne jede politische Bedeutung; wie konnte er dann aber Philipp verbieten, ›Madame‹ zu begleiten, um ihren Bruder zu besuchen, der zugleich ›Monsieurs‹ richtiger Vetter war? In seiner Verlegenheit wandte er sich an Karl und dieser fand einen Ausweg. In einem offiziellen Brief an Ludwig erwiderte er, wie sehr er sich freuen würde, ›Monsieur‹ willkommen zu heißen, aber es wäre äußerst unschicklich, wenn er Ludwigs Bruder empfinge, ohne daß gleichzeitig der Duke of York den König von Frankreich besuche, und unglücklicherweise sei der Duke of York nicht abkömmlich. Daher, zu seinem unendlichen Bedauern . . . Es muß Karl Vergnügen gemacht haben, diesen Brief zu schreiben.

Mit dem Brief in der Hand sprach Ludwig mit ›Monsieur‹ als sein König: ›Madame‹ werde allein nach England reisen und Philipp könne wählen, ob er schmollend in St-Cloud bleiben oder Henriette bis zur Küste begleiten wolle. ›Monsieur‹ gab nach und schloß sich am 28. April der Reisegesellschaft an, die sich nach Dünkirchen auf den

Weg machte. Er hätte besser daran getan, in St-Cloud zu bleiben. Täglich und meistens bei schauderhaftem Wetter war der Hof gegen sieben Uhr schon auf der Landstraße. In St - Quentin, wo sie an einem Fastentag eintrafen, gab es weder Fisch noch Butter noch Eier; das Brot war nicht durchgebacken. Am nächsten Tage schleppte sich der Wagenzug über Straßen voller Morast, toter Pferde, Maultiere und im Schlamm steckengebliebener Gefährte, so daß sich selbst Ludwig über die lange Reise beklagte. Bei Landrecies war alles überschwemmt, die Furt durch den Fluß unpassierbar, erst um zehn Uhr nachts fand der König in einem elenden Haus auf der Heide Unterkunft. Dann stellte sich heraus, daß es in dem Haus nichts zu essen gab, die Gesellschaft stolperte also noch einmal in die Nacht hinaus und hatte diesmal das Glück, auf eine andere Behausung zu stoßen, wo ein frugales Abendessen bereitet wurde. Nach dem Essen mußte die ganze königliche Familie in einem Zimmer auf dem Fußboden schlafen; um vier Uhr morgens machten sie sich wieder auf den Weg.

Es war kein Wunder, daß, als sie in Dünkirchen eintrafen, selbst Ludwig sich schlecht fühlte und Henriette erschöpft war. Tatsächlich war sie schon todkrank und hatte nur noch sechs Wochen zu leben. Aber diese letzten Tage waren für sie eine Zeit ungetrübten Glücks. Am 16. Mai erreichte sie Dover, traf dort ihren geliebten Bruder Karl und blieb bis zum 2. Juni mit ihm zusammen. Dann kehrte Henriette nach Frankreich zurück mit dem Geheimvertrag, der tags zuvor unterzeichnet worden war. Am 30. Juni um zwei Uhr dreißig morgens starb sie an Bauchfellentzündung, ihr Kruzifix an den Lippen. Bossuet sprach das Gebet *in manus tuas*.

Ludwigs Kummer war aufrichtig, aber von kurzer Dauer. Er vergaß Henriette bald über seinen Plänen, seinen Bruder wieder zu verheiraten, und zwar in eine Familie, die seine Expansionspolitik unterstützen würde.

Des Königs Ansehen war offensichtlich immer noch gering, ungerechterweise, wie ein Ausländer meinte, der sich wunderte, daß Ludwig seine Untertanen nicht wegen ihres Murrens bestrafte. Ihr Glück, sagte er, habe sie blind dagegen gemacht, daß sie nie einen König gehabt hätten, der sie besser behandelte, noch einen mutigeren; war er doch selbst Zeuge gewesen, daß Ludwig mit derselben Gelassenheit der Gefahr begegnete, mit der er an einem Ball teilnahm. Aber der gleiche Beobachter fand bald heraus, daß die Unzufriedenheit der Franzosen nicht unbegründet war. Denn Ludwig verausgabte zehn- bis zwanzigmal soviel wie irgendeiner seiner Vorgänger für die Leibgarde, die Ställe, die Musik, die Theateraufführungen, die Tafel, Kleider, Möbel und Gebäude.

Das Gerücht, daß Ludwig den Krieg nicht liebe, erhielt sich hartnäckig. ›Le Roi des Ballets‹ war sein Spitzname in der Armee, und diese unangenehme Kunde kam vielleicht dem König selbst zu Ohren, denn in diesem Jahr gab er das Tanzen in der Öffentlichkeit auf. Im September bereitete er seinen Offizieren eine kleine Genugtuung: er brach in Lothringen ein.

Ein Jahr war jetzt vergangen, seit Madame Scarron die Sorge für die natürlichen Kinder Ludwigs übernommen und der König seine Meinung über sie beträchtlich geändert hatte. Zu Anfang hegte er ein solches Vorurteil gegen sie, daß er sie Mme de Montespan gegenüber stets als »Ihr *bel esprit*« bezeichnete, aber nun hatte er sich an sie gewöhnt und ihre Unterhaltung schätzengelernt.

Die fünfunddreißigjährige Mme Scarron bedeutete tatsächlich eine neue Erfahrung für Ludwig; er fand in ihrer Gesellschaft eine ihm ungewohnte Ruhe und genoß die leichte unbefangene Unterhaltung, die er sich nirgends sonst erlauben konnte. Ihre Kühle, Zurückhaltung und Vorsicht gaben ihm vielleicht schon 1670 den vagen Gedanken ein, daß die Eroberung einer solchen Frau reizvoll sein würde; gerade die Eigenschaften, die sie davon abgehalten hatten, je einen Liebhaber zu haben, waren für Ludwig, den Unwiderstehlichen, verlockend.

Mme Scarron hatte allen Grund, gegenüber Männern auf der Hut zu sein. Als sie anfing, Gesellschaften zu besuchen, war sie die bettelarme Tochter eines deklassierten Adligen, schön, schutzlos und eine leichte Beute für jeden Lebemann; und stets hatte sie, wie sie beinahe zu oft berichtet, ihre Tugend bewahrt. Die d'Aubignés stammten aus dem 11. Jahrhundert, Mme Scarrons Großvater war ein Kamerad Heinrichs IV. gewesen. Ihr Vater hingegen, ein unverbesserlicher Verbrecher, endete sein unnützes Dasein 1647 als Strandräuber in Westindien. Die Hälfte seines Lebens verbrachte er im Gefängnis; und im Kerker von Niort wurde Françoise 1635 geboren. 1647 vermochte ihre Mutter, die sich nichts aus ihr machte, ihre Schwägerin, eine Mme de Villette, die Sorge für das Kind zu übernehmen; da Mme de Villette Hugenottin war, wurde Françoise in die reformierte Kirche aufgenommen. Darauf bewarb sich eine andere Tante, Mme de Neuillant, bei Königin Anna um ihre Obhut und brachte sie in ein Pariser Kloster, wo sie wieder zum Katholizismus bekehrt wurde. Als sie ihr Debut machte, verschafften ihr ihre Anmut, Bescheidenheit und Schönheit den Zutritt zu den Häusern von Rambouillet und d'Albert; dort nahm sie den »preziösen« Stil an, der damals das Kennzeichen der besten Gesellschaft war. 1652 schloß sie eine Ehe, die aber nie vollzogen wurde, mit dem hilflosen Krüppel Paul Scarron, dessen ergebene Krankenpflegerin sie bis zu seinem Tode 1660 blieb. Die nächsten neun Jahre fristete sie ein unsicheres Leben durch Unterstützungen, die einflußreiche Freunde für sie zusammenbettelten. Ein seltsamer Hintergrund für die Frau, die bestimmt war, den stolzesten König der Christenheit zu heiraten.

Der schweigsame Ludwig ist ein offenes Buch verglichen mit Mme Scarron, der rätselhaftesten Persönlichkeit des Hofs. Sie sei voll Anmut gewesen, versichern die Zeitgenossen. Nun ist ihre Korrespondenz großenteils erhalten, aber nichts darin zeugt von der Anmut, die wir erwarten. Auch wenn man alles liest, was sie hinterlassen hat, kommt man ihr kaum näher. Mme Scarrons Prosa ist klar, immer verständig, manchmal geistreich, aber nie durchdringen wir den Panzer ihrer Zurückhaltung, und nach einer Weile ermüdet und erbittert uns ihre ständige Reserve. Letztlich erfährt man nur, daß sie eine fromme Christin war mit einer kühlen, nüchternen Liebe zu Kindern, ausgesprochen begabt für die Rolle einer Lehrerin. Bemühte sie sich, Ludwig anzuziehen? Zweifellos angelte sie nach seiner »Bewunderung und Hochachtung«, denn diese zu erwerben war, wie sie sagte, ihr »Ideal«. Aber ich finde nirgends ein Anzeichen, daß sie je in ihn verliebt war. Im Gegenteil spricht vieles dafür, daß sie Ludwig als den schwierigsten und eigensinnigsten ihrer Zöglinge betrachtete. Doch wird eines klar, wenn wir die Tatsachen erforschen: die intrigante Frau, die Ludwig einfing und dann den Rest ihres Lebens damit verbrachte, die Ausschweifungen ihrer Jugend mit geheuchelter Frömmigkeit zu übertünchen, existiert nur in den Köpfen ihrer fanatischen Feinde, St-Simon und ›Madame Palatine‹, ›Monsieurs‹ zweiter Gemahlin – beide schrieben leider viel amüsanter als Mme Scarron. Ihren Portraits haben die Fälschungen La Beaumelles geschickt lebhaftere Farben aufgesetzt. Wir werden sehen, daß ihr politischer Einfluß in Wahrheit gering war.

Das Jahr 1670 schloß mit der Komödie von ›Mademoiselles‹ Heirat. Sie war ihr ganzes Leben so keusch wie Diana gewesen und hatte Europa nach einem ihrer würdigen Gatten durchforscht; und jetzt, mit dreiundvierzig Jahren, war diese Frau, die die Liebe stets als eine einer Dame unwürdige Erregung verurteilt hatte, von heftiger Leidenschaft zu Lauzun erfaßt. Wie zu erwarten, spielte er seine Karten mit Geschick, und ›Mademoiselle‹ mußte alle notwendigen Gänge erledigen und sogar Ludwigs Erlaubnis zu der Heirat einholen; denn er selbst beabsichtigte nicht, seine Position dadurch aufs Spiel zu setzen, daß er Ludwig um die Hand der reichsten Prinzessin in Europa bat. Selbst ›Mademoiselle‹ scheint sich in der Sache etwas unsicher gefühlt zu haben, sie erbat Ludwigs Einwilligung schriftlich; der König war zwar etwas überrascht, antwortete aber höflich, er überlasse es ihr, nach ihrem Befinden zu handeln.

Indes zweifelten noch viele an der Möglichkeit einer so

ungleichen Verbindung, und der Duc de Montausier, der beauftragt war, Ludwigs förmliche Zustimmung ›Mademoiselle‹ zu übermitteln, fügte auf eigene Verantwortung hinzu, er rate ihr, noch am selben Tage zu heiraten.

An Lauzuns Eitelkeit scheiterte die Verbindung. ›Mademoiselle‹ hätte gern Montausiers Rat befolgt, aber davon wollte Lauzun nichts wissen; er wollte nicht heiraten, bevor er nicht in dem Ehevertrag als Duc de Montpensier und Prince de Dombes erscheinen konnte. Inzwischen wurde Ludwig unter starken Druck gesetzt; die Condés waren empört, ›Monsieur‹, der gehofft hatte, das Vermögen seiner Kusine selbst zu erheiraten, beklagte sich lärmend; sogar die Königin protestierte. Minister beeilten sich, darauf hinzuweisen, daß die Verbindung Ludwigs Ansehen im Ausland schaden würde. Also bat der König ›Mademoiselle‹ zu sich.

Ludwig: Kusine, ich bin verzweifelt über das, was ich Ihnen zu eröffnen habe, aber alle Welt sagt, ich opferte Sie, damit Lauzun sein Glück mache, und das brächte mir im Ausland viel Schaden. Ich kann die Hochzeit nicht zulassen. Sie haben allen Grund, sich über mich zu beklagen. Schlagen Sie mich, wenn Sie wollen. Sie können noch so ärgerlich werden, ich verdiene es und werde es ertragen. Ach, Kusine, warum haben Sie mir Zeit gelassen, es noch einmal zu überdenken, warum haben Sie sich nicht beeilt?

›Mademoiselle‹: Ach, Sire, wer hätte glauben können, daß Eure Majestät Ihr Wort brechen würden?

Ludwig: Könige müssen das Volk zufriedenstellen.

Die Unterredung endete damit, daß Vetter und Kusine

miteinander knieten – »wir lagen uns drei viertel Stunden in den Armen, Wange an Wange, und er weinte ebensosehr wie ich«. Eine absurde, aber rührende Szene.

Am 11. Februar 1671 genoß die elegante Welt eine weitere Sensation. Die La Vallière schlich sich wieder beim Morgengrauen fort und suchte Zuflucht in dem Kloster Chaillot; aber diesmal wurde sie nicht von einem verzweifelten Geliebten verfolgt. Ludwig hatte weiterhin Verdruß wegen M. de Montespan und fand, daß seine Beziehungen zu Athénaïs nach wie vor verschleiert werden müßten, und dazu sollte die La Vallière auch ferner dienen. Colbert wurde nach Chaillot geschickt, um Louise zur Vernunft zu bringen, und in einem Anfall von Schwäche, den sie selbst als erste verurteilte, kehrte die La Vallière zum Hof zurück. Ludwig, dieser rätselhafte Mensch, umarmte sie mit Tränen der Freude und unterhielt sich eine Stunde mit ihr allein. Was noch erstaunlicher ist, Mme de Montespan weinte über den zurückgekehrten Flüchtling, und bald darauf machten sich alle drei auf den Weg nach Flandern, scheinbar eine Vergnügungsreise, in Wirklichkeit eine letzte Besichtigung der Truppen, die im Frühling 1672 in Holland einfallen sollten.

Ludwigs anstrengende Tätigkeit im Jahre 1671 war im wesentlichen diplomatisch; dabei ist bemerkenswert, daß er trotz seiner Inanspruchnahme die Höflichkeitsbeweise nicht vernachlässigte, die dazu dienten, die Staatsmaschine reibungslos laufen zu lassen.

Im September schrieb er an Pomponne, den französischen Gesandten in Schweden, als er ihn von diesem Posten abberief und zum Staatssekretär beförderte:

»Da Lyonne gestorben ist, möchte ich, daß Sie seine Stellung übernehmen, aber wir müssen dem Sohn eine Entschädigung geben, denn ihm steht die *survivance* (das Recht auf Nachfolge in das väterliche Amt) zu, die 65 000 Pfund wert ist. Ich will 25 000 Pfund aufbringen, für den Rest müssen Sie sorgen. Aber damit Sie dabei keine Schwierigkeiten haben, geben ich Ihnen ein *brevet de retenue* (beleihbare Urkunde über das Recht, ein gekauftes Amt wieder zu verkaufen) für 40 000 Pfund.«

Ferner lud er, obwohl er den Jansenismus verabscheute, Pomponnes Vater, d'Andilly, zu einem Besuch bei Hofe ein, damit dieser die Nachricht aus seinem eigenen Munde erführe. Dank Ludwigs gewohnter Sorgfalt in kleinen Dingen »wurde dem alten Mann (er war einundachtzig) auf Befehl Seiner Majestät bei seiner Ankunft mit Rücksicht auf sein Alter eine Tasse Suppe gereicht«. Nach dieser Stärkung wurde er zum König geführt, der sich eine Stunde sehr freundlich mit ihm unterhielt; er versicherte ihm, er sei mit Pomponne zufrieden und erwarte seine Ankunft mit Ungeduld, und fügte hinzu, da er wisse, daß Pomponne nicht sehr wohlhabend sei, werde er ihm helfen. Dann ließ er Andilly ein Diner servieren und nahm ihn auf eine Ausfahrt in seinem Wagen mit.

Es wird sogar angenommen, daß Ludwig kurze Zeit dem Jansenismus etwas toleranter gegenüberstand; dafür spricht neben seiner Güte gegen Andilly die Tatsache, daß er Pascals Pensées erwarb, ja vielleicht sogar darin las. Jedenfalls machte er es zum Buch des Jahres – »der ganze Hof, Madame Montespan, Vallière, der Marschall Turenne, alle kaufen es«.

Ludwig XIV., König von Frankreich

Kardinal Mazarin (1602–1661)

Im Winter 1671 kam es zum Sturz Lauzuns; er wurde am 25. November verhaftet und nach Pignerol gebracht. Sein Verbrechen ist bis heute unbekannt, aber höchst wahrscheinlich fiel er in Ungnade, weil er heimlich, gegen den ausdrücklichen Befehl des Königs, ›Mademoiselle‹ geheiratet hatte. Es gab die übliche Jagd nach den Ämtern des in Ungnade Gefallenen, ein einigermaßen würdeloser Vorgang, aus dem nur Marsillac, der in diesem Jahre dritter Duc de Rochefoucauld wurde, mit Ehren hervorging. Als Ludwig ihm Lauzuns Gouverneursposten von Berri anbot, erwiderte Marsillac: »Eure Majestät wollen geruhen, sich zu erinnern, daß ich ein Feind des M. de Lauzun bin.«

Am 27. November lernte Ludwig seine neue Schwägerin, ›Madame Palatine‹, kennen, die am 16. ›Monsieur‹ geheiratet hatte, und faßte alsbald eine Zuneigung zu ihr. Keineswegs die Art Zuneigung, die er für Henriette empfunden hatte, denn ›Madame Palatine‹ war nicht eine Frau, die Liebe erweckte. Sie war vielleicht die merkwürdigste Erscheinung am französischen Hof, dessen Mitgliedern sie wie ein Gast von einem anderen Planeten vorkam. Was sollten sie von diesem unschönen, ausgesprochen deutschen Mädchen halten, die Koketterie verabscheute und keine zweideutigen Geschichten in ihrer Gegenwart duldete, aber selbst mit größtem Behagen derbe Witze erzählte? Ihr Vergnügen bestand darin, beim Morgengrauen aufzustehen, sechs bis sieben Meilen zu wandern und dann trockenes Brot und Kirschen zum Frühstück zu essen; sie hielt ihren Körper sauber und schlief bei offenem Fenster. Wollte ihr Beichtvater mit ihr über die Heiligen sprechen, so bat sie ihn, »er solle sie mit diesem Unsinn in Ruhe lassen«. Sofern sie überhaupt einem Glauben anhing, war sie Protestantin und verachtete ganz offen den römischen Katholizismus, den sie angenommen hatte, um ›Monsieur‹ zu heiraten. Ihre gänzliche Gleichgültigkeit gegen Kleider brachte ihre Zofen zur Verzweiflung und auch ihren Gemahl, mit dem sie besser auskam, als man erwarten konnte; denn solange er sie in Ruhe ließ, hatte sie nicht das geringste gegen seine seltsame Moral einzuwenden.

Für Ludwig stellte Liselotte etwas erfreulich Neues dar; einem Menschen wie ihr war er nie zuvor begegnet, zudem trafen sie sich in ihren Neigungen. Auch Ludwig war ein Freund des Wanderns – der einzige in Frankreich, sagte ›Madame‹ –, wie sie liebte er frische Luft im Zimmer und im Freien, und beide gingen gern auf die Jagd. Ludwig amüsierten ihre ungeschminkten Bemerkungen über Küche, Höflinge, Ärzte und überhaupt alles Französische – mit Ausnahme des Königs von Frankreich. Denn die untersetzte und unansehnliche Liselotte verliebte sich in Ludwig, nur daß sie als einzige am Hof nicht begriff, was ihr begegnet war; sie wußte nur, daß sie sich in Gesellschaft des Königs glücklich und ohne ihn unruhig und unzufrieden fühlte. Aber an ihren Gefühlen war nicht zu zweifeln; wir brauchen nicht die Versicherungen ihrer Zeitgenossen, es genügt, ihre eigenen Briefe zu lesen.

Ludwig gelang alles, und er trachtete danach, an seinem Glück auch andere teilhaben zu lassen. Im Januar 1672 bat der Maréchal de Bellefonds um Erlaubnis, den Abschied zu nehmen:

Ludwig: Marschall, ich möchte wissen, warum Sie mich

verlassen wollen; geschieht es aus religiösen Gründen? Oder ist es nur der Wunsch, sich zur Ruhe zu setzen? Oder haben Sie Schulden? Wenn letzteres der Fall ist, werde ich die Sache in Ordnung bringen und Ihre Sorgen im einzelnen untersuchen.

Bellefonds: Sire, es sind meine Schulden; ich bin ruiniert; ich kann denen, die mir geholfen haben, nicht mehr in die Augen sehen, denn ich kann sie nicht bezahlen.

Ludwig: Das müssen wir in Ordnung bringen. Ich will Ihnen 5000 Pfund für Ihr Haus in Versailles geben und ein *brevet de retenue* auf Ihre Posten für 20000 Pfund, das bei Ihrem Tode als Sicherheit dienen kann; und Sie bleiben in meinen Diensten.

Dann kam sein Kammerdiener an die Reihe; der bewarb sich für einen Freund um die frei gewordene Stellung eines Hofbeamten. »Aber Bontemps!« sagte Ludwig, »du bittest immer um etwas für andere. Ich gebe den Posten deinem Sohn.« Die gleiche Freundlichkeit und Einsicht legte er bei einem Gespräch mit einem andern Bedienten an den Tag; dieser bat ihn, mit dem ersten Präsidenten über eine Klage zu sprechen, die er gegen seinen Schwiegervater anstrengen wollte.

Diener: Ach, Sire, Sie brauchen nur ein Wort zu sagen.

Ludwig: Ja, und wenn du an Stelle deines Schwiegervaters wärest, wie zufrieden würdest du mit mir sein, wenn ich das eine Wort sagte.

Er konnte ein offenes Wort vertragen. Stoppa, der Oberst der Schweizergarde, plagte ihn wegen einer Solderhöhung für seine Leute; Louvois unterbrach ihn:

Louvois: Wenn Eure Majestät das Geld hätten, das er und

sein Vorgänger den Schweizern gezahlt haben, könnten Sie eine Straße von Paris nach Basel mit Silber pflastern lassen.

Stoppa: Sehr wohl möglich; und wenn Eure Majestät das Blut hätten, das die Schweizer im Dienste Frankreichs vergossen haben, so würde das einen Kanal füllen, durch den das Geld von Paris nach Basel fließen könnte.

Ludwig (lächelnd): Zahlen Sie ihm, was er verlangt.

Unmittelbar nach der Verbannung des Marquis de Villeroi bereitete er seinem mißvergnügten Bruder eine Freude:

Ludwig: Nun, Bruder worüber spricht man in Paris?

›Monsieur‹: Ziemlich viel über den armen Marquis de Villeroi.

Ludwig: Was?

›Monsieur‹: Alle sagen, er habe sich Unannehmlichkeiten zugezogen, weil er für einen andern Unglücklichen ein Wort eingelegt hat.

Ludwig: Welchen Unglücklichen?

›Monsieur‹: Den Chevalier de Lorraine.

Ludwig: Sie wollen doch nicht sagen, daß Sie immer noch an den Mann denken? Würden Sie ihn gern wieder bei sich haben?

›Monsieur‹: Das wäre die größte Freude meines Lebens.

Ludwig: Gut. Ich schenke ihn Ihnen und außerdem befördere ich ihn zum Generalmajor.

Am 17. März 1672 erklärte England Holland den Krieg, und am 6. April folgte Ludwig seinem Beispiel.

Historiker verurteilen diese Kriegserklärung als Mißbrauch der absoluten Macht, aber wenn Ludwig einen Volksentscheid herbeigeführt hätte, wäre die überwiegende Mehrheit für den Krieg gewesen; dieser Schritt stellte seine schwindende Beliebtheit fast über Nacht wieder her.

Am 23. April übernahm der König den Befehl über die französische Armee, 80000 Mann; bei Sedan stand Condé mit der Ardennenarmee, das heißt weiteren 40000 Mann; 120000 Mann im ganzen, die besten Truppen, die Europa je gesehen hatte. Und auf der Gegenseite? 25000 schlecht organisierte, schlecht ausgerüstete und schlecht ausgebildete Holländer, die von zweitklassigen Glücksrittern geführt wurden. Ludwig befürchtete nur, der Feind könne ihn durch allzu schwachen Widerstand um seinen Ruhm bringen, aber der Krieg erwies sich schließlich durchaus nicht als ein bloßer Spaziergang, wie man angenommen hatte.

Zuerst ging alles gut. Binnen einer Woche standen die Holländer östlich des Rheins, und vier Tage später setzten die Franzosen bei Tolhuis über den Fluß. Der Rhein hatte wenig Wasser, der Widerstand war jammervoll, aber Ludwigs Frankreich hielt in einem Taumel hysterischen Nationalgefühls daran fest, daß die Garde unter Ludwigs persönlicher Führung eine schiffbare Meeresbucht durchschwommen und dann eine von der ganzen holländischen Armee besetzte Stellung gestürmt habe.

Für Ludwig persönlich war dieser Krieg eine Wiederholung des Jahres 1667 in größerem Stil; die gleiche Tatkraft, die gleiche Sorgfalt in Einzelheiten und der gleiche Mangel an Übersicht über die Gesamtlage. Er schlief in seinem Wagen, war im allgemeinen um drei Uhr, stets aber vor fünf Uhr auf und plagte sich unaufhörlich mit Aufgaben, die er einem jüngeren Stabsoffizier hätte übertragen können; wenn er keine Befehle schrieb, setzte er sich mit seinen Truppen dem Feuer aus. Kurz, er lernte nie zu unterscheiden zwischen jenen strategischen und taktischen Konzeptionen, die die Kriegskunst ausmachen, und der rein mechanischen Arbeit, deren es zu ihrer Ausführung bedarf. Er sollte der Höchstkommandierende sein – hier einige typische Beispiele für die Befehle, die er mit eigener Hand entwarf:

> Die Garde bläst zuerst zum Sammeln und danach die andern Regimenter bis zum linken Flügel; das Regiment an der rechten Flanke der zweiten Linie bläst unmittelbar nach der Garde und dann die übrigen Regimenter der zweiten Linie ebenso wie die erste Linie.
>
> Unteroffiziere markieren die Bataillonsfront, damit es eine gerade Linie wird.
>
> Jeder Bataillonskommandeur läßt mit der Muskete exerzieren, wenn er es richtig findet. Alle Offiziere sind dabei.
>
> Es ist darauf zu achten, daß das Exerzieren auf einem Gelände stattfindet, wo keine Gefahr besteht, Vorübergehende zu verwunden.
>
> Es ist darauf zu achten, daß das Lager in einer geraden Linie angelegt wird, die Zelte fest angepflockt, die Fahnen ordentlich aufgezogen sind und regelmäßig Wachtposten aufgestellt werden.

Und selbst wenn er sich um einen größeren Überblick bemühte, kam er mit seinen Plänen nicht weiter, als daß er eine Liste mit den Namen derer aufstellte, die zu Gouverneuren noch unerobertер Plätze ernannt werden sollten, von denen er jedoch viele niemals eroberte.

Am 20. Juni brachten die Holländer den französischen Vormarsch zum Stehen, indem sie das Meer hereinließen und ihr Land überschwemmten. Neun Tage später boten sie unterwürfige Friedensbedingungen an, die Ludwig verächtlich zurückwies. Am 10. Juli kehrte er zum Hof zurück und überließ Luxembourg den Oberbefehl in Holland. Er hatte drei holländische Provinzen in drei Monaten erobert und teilte durchaus die Bewunderung seiner Untertanen für seinen Heldenmut.

Aber auf seinen Charakter wirkte sich dies verhängnisvoll aus; seine Überzeugung festigte sich, daß er in der Strategie wie in der geschickten Lösung kleiner Verwaltungsprobleme gleich sachverständig sei. Hatte er nicht in den Pausen zwischen der Einnahme von dreißig Städten Zeit gefunden, den Sitz der Patronentaschenkoppel zu ändern und einen Platz für eine Latrine zu bestimmen? In Ludwigs Kopf entstand das Bild einer Armee, in der es keine Turennes oder Condés geben würde, sondern nur Offiziere zur Ausführung der Befehle des Königs. Ludwig meinte sogar, daß, abgesehen von persönlichem Ruhm, kein Grund bestünde, warum er nicht einen Feldzug von seinem Schreibtisch in Versailles aus leiten sollte. So wurde die gefährliche Tendenz zur Überzentralisation gestärkt, die den Befehlshabern im Feld jede Initiative nahm und beinahe zum Zusammenbruch der ganzen französischen Armeeorganisation führte.

1673 stand Ludwig vor der Aufgabe, das Tempo eines ›*Blitzkrieges*‹ zu beschleunigen, der schon seine anfängliche Stoßkraft eingebüßt hatte, und zwar unter Bedingungen, die, von seinem Standpunkt aus gesehen, schlechter wurden. Der Widerstand der Holländer versteifte sich unter Wilhelm von Oranien, der die De Witts ermordet und sich selbst zum Statthalter gemacht hatte; Wien und Madrid erkannten, wie gefährlich es sei, Frankreich die Annexion der Republik Holland zu gestatten; und selbst Ludwigs deutsche Vasallen schienen in ihrer Ergebenheit wankend zu werden. Mochten Ludwigs militärische Fähigkeiten ihre Grenzen haben, seinem politischen Scharfblick entging es nicht, daß, wenn er die Holländer nicht bald besiegte, er gegen ganz Europa würde kämpfen müssen. Das erste, was er tat, um die Entscheidung zu beschleunigen, war die Belagerung Maastrichts, der stärksten Festung in Holland. Sie fiel gegen Ende des Monats, aber angesichts seiner überwältigenden zahlenmäßigen Überlegenheit hatte Ludwig keinen Anlaß, sich zu diesem Sieg zu beglückwünschen. Maastricht war nicht Holland, und selbst in Maastricht konnte er vor lauter Bäumen den Wald nicht sehen; es gab in der Befestigung eine gewisse *demi-lune*, für welche der König sich persönlich interessierte, ihre Erstürmung und Einnahme spielt in seinen Memoiren eine größere Rolle als die »Hilfe« der Generäle Condé, Turenne und Vauban während des Feldzugs. Der militärische Teil der Memoiren von 1673 wirkt so kindlich, daß er in einem merkwürdigen Gegensatz zu dem Scharfsinn seiner politischen Beobachtungen steht: »*Meine* Kavallerie marschierte *stolz; meine* Infanterie rückte vor *unter Trommelwirbel und mit fliegenden Fahnen; ich selbst* ließ aus Paris einen Schlachtenmaler kommen, um die Szene zu verewigen.« Aber wir wollen ihm die Gerechtigkeit widerfahren lassen, daß er selbst im Graben war, als am 25. Juni d'Artagnan – Dumas' d' Artagnan – »Hauptmann meiner ersten Musketierkompanie«, durch den Kopf geschossen wurde.

In Paris löste die Nachricht vom Fall Maastrichts stürmischen Jubel aus, und selbst die Generäle stimmten in den Chor ein; das war nur natürlich, denn sie mußten an ihre Karriere denken. Unverzeihlich aber scheint es, daß Colbert diese unterwürfigen Schmeicheleien mitmachte:

> »Alle Feldzüge Eurer Majestät erwecken ein Erstaunen, das kein anderes Gefühl als Bewunderung zuläßt ... man muß zugeben, daß so außerordentliche Methoden, Ruhm zu ernten wie durch die Einnahme Maastrichts, noch von niemandem außer Eurer Majestät erdacht worden sind ...«

Gelegentlich konnte Colbert jedoch in ganz anderm Ton an seinen Herrn schreiben. Im August machte er Ludwig darauf aufmerksam, daß die Ausgaben für 1675 auf 7250000 Pfund geschätzt würden, während die gesamten Einnahmen etwa 5436000 Pfund betrügen; was gedachte Seine Majestät hiergegen zu tun? »Die Ausgaben erschrecken mich«, erwiderte Ludwig, »aber Sie müssen das Geld irgendwie aufbringen.«

Bei der Rückkehr von der Front gab Ludwig Paris keine Gelegenheit, seinen Helden willkommen zu heißen. Vor mehr als zwanzig Jahren hatten die Pariser Ludwig in seinem eigenen Palast gefangengehalten, doch Ludwigs Verärgerung über die damalige Demütigung wurde mit der Zeit stärker, nicht schwächer; es war zu bemerken, daß er auf seinen Reisen große Umwege machte, um nicht die Hauptstadt passieren zu müssen. Nur einmal in diesem Jahr erschien er in Paris, aber das geschah, um eine alte

Rechnung zu begleichen; er beleidigte sein Volk, indem er zwischen einer Eskorte mit blanken Säbeln durch die Stadt fuhr. Als er im Gerichtsgebäude anlangte, entzog er dem Parlament den Rang als oberste Instanz; in Zukunft, erklärte er, werde er selbst Verordnungen erlassen.

Die letzte Schranke gegen den Absolutismus war jetzt gefallen.

6

Von 1673 an nahm Ludwig die Zügel der Regierung immer fester in die Hand; er war überzeugt, daß er alles selbst verstünde, und tatsächlich entging wenig von dem, was sich in Frankreich oder im Ausland ereignete, seiner Aufmerksamkeit. Nach Ansicht eines klugen Beobachters war Ludwig jetzt der beste Minister Frankreichs, und auch Lyonne bezeugt, daß er durch intensive Arbeit und den ständigen Vorsitz im Staatsrat dessen fähigstes Mitglied geworden war. Seine Minister gaben im Privatgespräch zu, daß er politische Probleme häufig richtiger erfasse als seine Berater. Er ließ sich nicht an der Nase herumführen, im Gegenteil konnte man beobachten, daß seine Sekretäre sich stets zitternd zu einer Staatsratssitzung begaben. »Kein Fürst wurde je weniger beherrscht«, hieß es, »und Müßiggang hatte nie einen gefährlicheren Feind.«

Er beherrschte jetzt seine Rolle als ›Grand Monarque‹ vollständig, und Günstlinge bei Hof bemerkten, wie bewußt er sie spielte. Einer von ihnen, der Zutritt zu Ludwigs Privatgemächern hatte, berichtet uns: wenn sich die Tür öffnete oder wenn der König hinausging, nahm er eine feierliche Miene und Haltung an, gerade wie ein Schauspieler vor seinem Auftreten auf der Bühne.

1673 war sein Tageslauf genau geregelt. Um acht hielt er sein *lever*, von zehn bis halb eins empfing er seine Minister, dann begleitete er die Königin zur Messe; von eins bis zwei besuchte er ›die Damen‹, das heißt, Mmes de Montespan und La Vallière, anschließend speiste er mit seiner Gemahlin. Nachmittags arbeitete er entweder mit einem Minister oder ging spazieren, jagte oder besichtigte seine Bauten. Abends spielte er bis zehn Uhr den Gastgeber seines Hofs. Dann kam das Abendessen, noch ein Besuch bei ›den Damen‹, danach ging er zu Bett. Der Adel war vollkommen gezähmt und die Höflinge hatten keinen andern Ehrgeiz, als durch außerordentliche Ergebenheit und sklavische Nachahmung seiner Gewohnheiten Ludwigs Aufmerksamkeit auf sich zu lenken. Zum Beispiel entdeckte Ludwig im August, daß er kahl wurde, und fing an eine Perücke zu tragen; jeder Höfling stellte nun fest, daß auch er kahl würde, ließ sich den Kopf rasieren und kaufte eine Perücke; in ein paar Wochen war die Perücke bei Hof *de rigueur* geworden. Wenn beim Diner der König einen Moment seine Augen auf jemandem ruhen ließ, war der Glückliche der Gegenstand allgemeinen Neides; Ludwig war ein enormer Esser, und natürlich folgten alle Höflinge seinem Beispiel; und wenn Ludwig Magenbeschwerden bekam, litt jeder Höfling an dem gleichen Übel.

Ludwig hätte übermenschlich sein müssen, wenn dieses Verhalten sich nicht ungünstig auf sein Wesen auswirken sollte. Das Überraschende an ihm war nicht, daß er von sich selbst überzeugt und egoistisch war, sondern daß er geistig normal blieb; dies hatte er in erster Linie dem gesunden Menschenverstand zu verdanken, der ihn nie ganz im Stich ließ, und zweitens dem Umstand, daß es auch jetzt noch ein paar Leute bei Hofe gab, die nicht durch seinen Glanz geblendet waren; so zum Beispiel den bekannten Chevalier de Gramont, der sich eine solche Stellung zu schaffen gewußt hatte, daß er dem König alles sagen konnte, selbst über seine Minister. Eines Abends kam er in Versailles in das Billardzimmer und fand Ludwig und seinen Partner, umgeben von einer Reihe stummer Hofleute, über einen Stoß streitend:

Ludwig: Hier, Gramont, entscheiden Sie; ich behaupte, daß ich im Recht bin, weil –

Gramont: Euer Majestät haben unrecht.

Ludwig: Zum Teufel, wie können Sie das sagen, wenn Sie noch gar nicht gehört haben, worum der Streit geht?

Gramont: Wenn auch nur die leiseste Möglichkeit bestünde, daß Eure Majestät recht hätten, so würden alle diese Herrn Sie laut unterstützen.

Und wie ging es unterdessen der Königin? Ludwig behandelte sie nach wie vor mit der ihrem Rang gebührenden Achtung, aß, schlief und plauderte mit ihr, als wenn es gar keine Mätressen gäbe, und überließ sie im übrigen fast ganz sich selbst. Die Hälfte ihrer freien Zeit widmete sie ihren religiösen Übungen, die andere Hälfte verbrachte sie mit ihren Zwergen und Hunden, wobei die Hunde besser behandelt wurden als die Zwerge. Von acht Uhr abends bis zehn – dann kam Ludwig, um sie zum Abendessen zu begleiten – spielte die Königin Karten mit denen, die diesen begehrten Vorzug genossen; begehrt deswegen, weil sie so töricht war, daß sie ständig verlor und es einem Spieler ein sicheres Einkommen bei Hofe garantierte, mit der Königin zu spielen. Und offenbar ein hohes. Selbst Ludwig, so großzügig er war, erhob bestürzt Protest, als er erfuhr, daß seine Gemahlin vor Mittag 5000 Pfund am Kartentisch verloren hatte. Seit einiger Zeit empfand Ludwig die Heimlichtuerei um seine Kinder von der Montespan lästig; er stand stets im Rampenlicht und konnte nur schwer unbemerkt die geheime Kinderstube in der Rue Vaugirard aufsuchen; und nur gelegentlich konnten die Scarron und die Kinder nach St-Germain kommen. Ludwig ertrug nicht leicht irgendwelchen Zwang, und sein Eigensinn nahm mit den Jahren zu; nach vielem Zögern beschloß er, die Sache durchzusetzen und die Existenz einer weiteren Zahl von unehelichen Kindern zuzugeben. Am 18. Dezember ließ er den dreijährigen künftigen Duc du Maine und das kleine Mädchen, das später ›Mme la Duchesse‹ werden sollte, legitimieren.

Infolge dieser Maßnahmen Ludwigs wurde Mme Scarron eine bekannte Figur bei Hofe, auch schlossen sie und der König sich in ihrer gemeinsamen Liebe zu den Kindern enger aneinander. Selbst ein unbeteiligter Beobachter mußte den Gegensatz zwischen Mme Scarrons Hingebung für ihre Pflegebefohlenen und der gelegentlichen und oberflächlichen Aufmerksamkeit, die ihre Mutter ihnen schenkte, bemerken; Ludwig kränkte die Nachlässigkeit der Montespan, mehr noch der verächtliche Ton, mit dem sie sich über seine Liebe zu den Kleinen amüsierte. Mit jedem Tag wuchs seine Achtung vor der Scarron; im März erhöhte er ihr Gehalt von 270 Pfund auf 500 Pfund jährlich; gegen

Ende des Jahres 1673 fand er sie so liebenswert und eine so gute Gesellschafterin, daß er ihre Abwesenheit fast nicht ertragen konnte. Deshalb wurden sie und ihre Zöglinge im Januar 1674 offiziell bei Hofe untergebracht und der Haushalt in der Rue Vaugirard aufgelöst.

Nachdem die Kinder einmal anerkannt waren, erübrigte sich die traurige Rolle der La Vallière; im April endete ihr Martyrium. Sie liebte den König noch immer; jetzt erhielt sie die Erlaubnis, bei den Karmeliterinnen einzutreten. Darauf machte sie eine Reihe von Abschiedsbesuchen »mit vollendeter Würde, wie eine Prinzessin, die sich von einem gastfreien Hof verabschiedet«. Aber vor Maria Theresia kniete sie nieder und bat sie in Gegenwart des Hofes um Verzeihung für das Unrecht, das sie ihr angetan habe. Denen, die sie davon zurückzuhalten suchten, sich so zu erniedrigen, sagte sie: »Meine Sünden waren allgemein bekannt, meine Buße muß es auch sein.« Die Königin war, wenn sie ihren Habsburger Stolz vergaß, ein gutmütiges Geschöpf; sie hob die La Vallière auf und küßte sie. Ludwigs Tränen flossen leicht, als er ihr Lebewohl sagte, aber Louises Augen blieben bei der Unterredung trocken. Am 19. April bestieg sie, prächtig gekleidet und vom Hof umringt, ihren Wagen und fuhr zum Karmeliterinnenkloster in der Rue d'Enfer, wo sie als Schwester Louise de la Miséricorde die restlichen sechsundzwanzig Jahre ihres Lebens verbrachte.

Am nächsten Tag verließ Ludwig Versailles, um die Franche-Comté wiederzuerobern; sechs Wochen später kehrte er zurück, um die Glückwünsche des Hofs entgegenzunehmen, überzeugter denn je, daß Sieg und Königtum Hand in Hand gingen. Viele kostspielige Feldzüge sollten noch geführt werden, ehe Ludwig einsah, daß ein König, der kein General ist, eine Belastung im Felde darstellt; denn wenn er das Kommando hatte, mußten taktische Erwägungen zurücktreten vor der Notwendigkeit, eine Unternehmung für ihn ausfindig zu machen, deren Erfolg sicher war. Nur ein wirklicher Soldatenkönig kann sich den Luxus einer Niederlage leisten.

Solange die Scarron im Hintergrund in der Rue Vaugirard lebte und die Montespan bei Hof eine königliche Rolle spielte, hatte Athénaïs die Gouvernante mit herablassendem Wohlwollen betrachtet. Offenbar wußte sie nichts von Ludwigs Besuchen in der Kinderstube und seiner zunehmenden Bewunderung für die Scarron. Als aber diese »ausgezeichnete höhere Bediente«, wie sie sie nannte, in St-Germain untergebracht wurde, dämmerte der Montespan, daß ihr Gefahr drohte – indes ein Jahr zu spät. Die Stellung der Scarron war schon gefestigt, und da sie das wußte, betonte sie mit kühler, unangreifbarer Höflichkeit, die Athénaïs wild machte, daß sie nicht ihre Dienerin sei, sondern die des Königs. Die Montespan verlor in diesem Kampf eine Runde nach der andern. Aus zwei Gründen: erstens beging sie den verhängnisvollen Fehler, Ludwig Szenen zu machen, wodurch sie ihn mehr abstieß als anzog; und zweitens beurteilte sie die Gouvernante ganz falsch; sie sah in ihr eine undankbare Abenteurerin, die Ränke schmiedete, um ihr den König abspenstig zu machen. In Wahrheit wünschte die Scarron damals nur, eine hinreichende Abfindung für ihre Dienste zu erhalten, um sich in einem Kloster einzukaufen; ein Wunsch, der durch das

Zusammenwirken von Bossuet, Montausier und ihrem eigenen *directeur* vereitelt wurde; diese waren überzeugt, sie sei von Gott ausersehen, Ludwig zu bessern.

Das war eine Aufgabe, die sie nur widerstrebend auf sich nahm, denn sie sah ganz richtig voraus, daß sie unmittelbare Zusammenstöße mit Mme de Montespan haben würde. Fast täglich gab es Szenen zwischen den beiden Frauen, und Mme Scarron klagte mehr als einmal ihrem *directeur*, sie verstehe nicht, wie es Gottes Wille sein könne, daß sie, die nur wünsche, Ihm als Nonne zu dienen, unter Mme de Montespan leiden müsse.

Im September gab Ludwig der Scarron zu ihrer unendlichen Erleichterung und Freude einen Betrag von 10000 Pfund. Wie sie ihrem *directeur* schrieb, war sie nun unabhängig und ganz und gar befriedigt; noch mehr zu wünschen würde die reine Begehrlichkeit sein. Nach einigem Überlegen beschloß sie, das Geld in Land anzulegen, kaufte am 27. Dezember für 12500 Pfund das Marquisat von Maintenon und erwarb auf diese Weise den Titel, unter dem sie der Nachwelt am besten bekannt ist; ein gutes Geschäft, denn Maintenon brachte ihr 750 Pfund jährlich ein.

Die Verwandlung der Witwe Scarron in eine Marquise mit Landbesitz erhellte selbst dem Stumpfesten ihre wachsende Bedeutung. Das brachte Mme de Maintenon neue Sorgen: ein Schwarm von Freunden, die eifrig bedacht waren, sie ihrer Ergebenheit zu versichern, belagerte ihre Tür. Doch diese edlen Damen, die plötzlich Mme de Maintenons Charme entdeckt hatten, sahen sich wider Erwarten vor eine schwierige Aufgabe gestellt. Sie hatte eine harte Lehrzeit durchgemacht und wies überschwengliche Schmeichelei mit kühler Höflichkeit zurück; es war nicht leicht, sie mit »Hofweihwasser zu besprengen«, wie der Tagesjargon es nannte.

Aber die Hofschmeichler wirkten auf die Maintenon nur wie Flohstiche, verglichen mit den zermürbenden, unvermeidlichen Zusammenstößen mit der Montespan; denn Athénaïs griff jetzt mit Zähnen und Klauen an. Im Februar konnte Ludwig den Sachverhalt nicht länger ignorieren; »schreckliche Dinge«, schrieb die Maintenon, »ereignen sich täglich zwischen Mme de Montespan und mir, und der König hörte eine unserer Streitigkeiten mit an«. Dieser Streit bedeutete einen Wendepunkt in Mme de Maintenons Laufbahn. Ludwig überraschte die beiden Frauen, als ihre Wut den Höhepunkt erreicht hatte, und fragte natürlich, um was es sich handle. Bevor die Montespan sprechen konnte, hatte die Maintenon Ludwig gebeten, mit ihr in das nächste Zimmer zu gehen und dort ihre Erklärungen anzuhören; das tat der König und überließ die wütende Montespan ihren eigenen Betrachtungen. Man kann sich denken, daß die Maintenon, nachdem es ihr gelungen war, beim König Gehör zu finden, »Mme de Montespans Benehmen in lebhaften Farben schilderte«. Aber ihre Stunde war noch nicht gekommen, und Ludwig versuchte, seine Mätresse zu verteidigen – er fragte die Maintenon, ob sie nie beobachtet habe, wie sich die schönen Augen der Montespan mit Tränen füllten, wenn eine rührende oder großherzige Tat in ihrer Gegenwart erzählt würde.

Das klang gut, aber in Wahrheit war Ludwig nicht mit dem Herzen bei der Verteidigung seiner Geliebten; er hatte jenen Zustand erreicht, in dem ein Mann in einer wenig glücklichen Verbindung erkennt, daß die Frau seiner Wahl, außer als Bettgenossin, unerträglich geworden ist. Zwar hielt ihn die sinnliche Leidenschaft für Athénaïs noch immer gefangen, aber er begann, sich seiner Fessel zu schämen, und dachte daran, sich aus einer Verbindung zu lösen, die ihn in kühleren Augenblicken jetzt anwiderte. Er war noch nicht übersättigt, aber gelangweilt; wie wir aus den Aufzeichnungen der vertrauten Kammerzofe der Montespan erfahren, saß der König, wenn man ihn bei ihrer Herrin glaubte, in Wahrheit oft allein im Vorzimmer am Feuer, »stundenlang in Gedanken versunken und seufzte von Zeit zu Zeit tief«.

Aber die größte Gefahr für die Stellung der Montespan waren nicht ihre Launen und ihre Anmaßung, sondern der Aufruhr in Ludwigs Gewissen, an das jene, die auf seine Besserung bedacht waren, appellierten. Er hatte der Königin versprochen, daß er mit dreißig ein guter Ehemann werden würde, und nun, nahe an vierzig, führte er ein noch anstößigeres Leben als zu der Zeit, wo er das Versprechen abgab. Jetzt machte Mme de Maintenon ihm offen Vorwürfe:

Maintenon: Sire, Ihre Musketiere sind Ihr Augapfel; was würden Sie tun, wenn Sie hörten, daß einer von ihnen mit der Frau eines andern lebte?

Ludwig: Sie haben ganz recht, Madame.

Bossuet, dessen Mut in dieser Sache nie Anerkennung gefunden hat, ließ Ludwig wissen, er würde ihn Ostern nicht zum Abendmahl zulassen, wenn er noch in Todsünde lebte. Uns erscheint Bossuets Warnung als ein Akt bloßer Pflichterfüllung eines Priesters. Aber wir vergessen die Umgebung, in der Bossuet lebte, und das schlechte Beispiel, das ihm viele gaben, die in erster Linie Höflinge und nur in zweiter Linie Bischöfe waren; auch, daß Bossuet sein ganzes Leben ein provinzieller Bürger blieb, der gelernt hatte, den König anzubeten. Dreißig Jahre ständiger Fühlung mit dem Herrscher änderten nichts daran, daß er es mit naivem und freudigem Erstaunen genoß, auf vertrautem Fuß mit seinem Helden zu stehen. Es muß Bossuet Überwindung gekostet haben, Ludwig zu sagen, daß er auf tönernen Füßen stünde. Er wurde belohnt. Ludwig, durch seine Unerschrockenheit gewonnen, sandte kurz vor Ostern der Montespan eine Mitteilung, er könne nicht länger in Sünde mit ihr leben. König und Ex-Mätresse nahmen am Ostersonntag das Abendmahl.

Am 10. Mai machte sich Ludwig zur Armee auf.

Bezeichnenderweise schrieb er in diesem Jahr von der Front zuerst an die Maintenon und nicht an die Montespan. Die Gouvernante, die mit dem verkrüppelten Duc du Maine auf dem Weg nach Barèges war, schrieb ihrem *directeur*, sie erhalte jetzt nur von einem Mann Briefe, aber dieses Mannes Freundschaft für sie sei vielleicht wärmer, als ein Beichtvater billigen könne.

Bossuet und die Maintenon glaubten beide, daß die unerfreuliche Montespan-Affäre zu Ende sei; Bossuet, weil er sich durch die scheinbare Reue der Montespan hatte hinters Licht führen lassen, und die Maintenon, da sie, so kühl wie phantasielos, sich keinen Begriff von den physischen Qualen machen konnte, die die Enthaltsamkeit einem Manne wie Ludwig bereitete. Beide wären entsetzt und überrascht gewesen, wenn sie Ludwigs Briefe von der Front an Colbert gesehen hätten:

»Die Kosten sind außerordentlich hoch, woraus ich entnehme, daß Sie nichts unmöglich finden, um mir einen Gefallen zu tun. Mme de Montespan schreibt mir, daß Sie glänzend Ihre Pflicht erfüllen, meine Befehle auszuführen . . .«

Tatsächlich empfand Ludwig für Athénaïs nach fünfjährigen Beziehungen noch immer eine glühende Leidenschaft und bedauerte jetzt, daß er sich so überstürzt von ihr getrennt hatte. Und ihr lag nichts ferner als zu bereuen und zu vergessen, vielmehr kämpfte sie verzweifelt mit Hilfe mächtiger Bundesgenossen – menschlicher und dämonischer – darum, ihre Stellung wieder zu gewinnen. Ein Glückszufall kam ihr zu Hilfe. Bossuet wurde immer kühner; gerade hatte er Ludwig einen strengen Brief über seine Verschwendungssucht und die jämmerliche Lage seiner überbesteuerten Untertanen geschrieben. Er hätte Ludwig besser kennen sollen. Erinnerungen an die Fronde erwachten alsbald in dem König, er faßte Verdacht, Bossuet beabsichtige, ein zweiter Kardinal de Retz zu werden; der Bischof verlor bedenklich an Ansehen. Im Juli gab Ludwig Weisungen nach Versailles, die Montespan solle ihn bei seiner Rückkehr empfangen, und als er dann eintraf, begrüßte er Athénaïs in einer Weise, die bei den Frommen trübe Vorahnungen erweckte. Aber noch kämpfte Ludwig gegen das Unvermeidliche; er erklärte, die Montespan kehre lediglich als seine alte Freundin zum Hofe zurück und er werde sie nur in großer Gesellschaft sehen. Bald fand denn auch die erste dieser angekündigten öffentlichen Begegnungen statt; Ludwig zog Athénaïs in eine Fensternische, wo sie sich flüsternd unterhielten, und dabei rannen ihnen die Tränen über die Wangen; dann wandten sie sich um, verneigten sich vor der Gesellschaft und verließen den Saal. Das Ergebnis war, daß Ludwigs dritte Familie im Jahre 1677 durch Mlle de Blois und 1678 durch den Comte de Toulouse vermehrt wurde.

Für den flüchtigen Beobachter schien die alte Verbindung wiederhergestellt und die Montespan zu triumphieren. Aber es war nicht ganz so; Bossuets Vorwürfe vergaßen beide nicht, und jeder sah nun in dem andern die Ursache für ein Verharren in der Sünde bei vollem Wissen und Wollen. Sie stritten sich häufiger und bitterer und versöhnten sich nur vorübergehend und oberflächlich. Und während Ludwig gegen sein Gewissen kämpfte, wurde er kälter und seine Geliebte zänkischer.

Im Jahre 1676 untergrub Ludwig das militärische Ansehen, das er sich erworben hatte. Zuerst ging alles gut; am 21. April hatte er den Befehl bei der Belagerung Condés, und die Festung ergab sich am 26. – ein kümmerlicher Triumph, den Ludwig mit einer ebenso erfreulichen wie seltenen Bescheidenheit beurteilte.

Am Morgen des 10. Mai belagerte ›Monsieur‹ Bouchain, während Ludwig, der bei Heurtebise die Belagerungsarmee deckte, sich den Verbündeten unter Wilhelm von Oranien auf dem Vormarsch zum Entsatz von Bouchain gegenübersah. Um elf Uhr waren beide Armeen in Schlachtlinie aufmarschiert; Ludwig stand mit 48000 Mann Wilhelms 35000 gegenüber und hatte dazu den Vorteil, daß seine Truppen an Kampfgeist dem Feind überlegen waren. Wenn Ludwig einen allgemeinen Vormarsch befohlen hätte, wäre der Sieg mit Sicherheit sein gewesen. Aber Ludwig wich aus.

Er rief seine Marschälle zusammen und fragte sie um Rat, ob er angreifen solle; allein der Umstand, daß er die Frage stellte, zeigte ihnen, welche Antwort er zu erhalten hoffte. Louvois kam als erster seinem Herrn zu Hilfe; es sei des Königs Aufgabe, sagte er, die Belagerung von Bouchain zu decken, und Sache des Feindes ihn anzugreifen, wenn er das wolle; daher wiesen taktische Überlegungen dem König eine defensive und nicht eine offensive Haltung zu. Darauf stand die Entscheidung des Kriegsrats von vornherein fest – vier Stimmen gegen eine gegen einen Angriff. »Da Sie mehr Erfahrung haben als ich«, sagte Ludwig, »beuge ich mich, wenn auch mit Bedauern.«

Er hatte die Gelegenheit verpaßt und wußte das. Niemals vergab er Louvois seinen Rat noch sich selbst dessen Befolgung. Zum erstenmal klangen ihm die Schmeicheleien seiner Höflinge über sein taktisches Genie falsch in den Ohren; er war hellhörig geworden. Sein Fehler verursachte ihm Gewissensbisse, von denen ihn kein späterer Erfolg befreien konnte. Im Jahre 1680 äußerte er, die Fehler, die er begangen habe, und die ihm unendlichen Kummer bereitet hätten, seien darauf zurückzuführen, daß er aus Nachgiebigkeit den Rat anderer zu kritiklos befolgt habe. Sein verwundeter Stolz schmerzte ihn noch nach neunzehn Jahren; als er eines Nachmittags im April 1699 in den Gärten von Marly spazierenging, erwähnte ein taktloser Mensch Heurtebise. Darauf sagte der König mit leiser Stimme, das sei der Tag seines Lebens gewesen, an dem er seinen größten Fehler begangen habe; er dächte nie ohne äußersten Kummer daran, manchmal träume er davon und wache dann voller Verdruß auf.

Man hat ihm vorgeworfen, zu Heurtebise eine Unfähigkeit bewiesen zu haben, die lediglich von persönlicher Feigheit diktiert worden sei. Aber das anzunehmen hieße seinen Charakter verkennen; niemand, der ihn mit einiger Sorgfalt studiert hat, kann die häufigen Beweise von Ludwigs moralischem und körperlichem Mut übersehen; was ihn auch am 10. Mai bewogen haben mag, Angst um sein Leben war es nicht.

Am 4. Juli gab Ludwig das Kommando ab und kehrte nach Versailles zurück, wo er sich bemühte, mit einer kräftigen Dosis Selbstlob sein Vertrauen zu sich selbst wiederherzustellen; aber obwohl er schrieb, »ich habe bewiesen, daß meine bloße Gegenwart genügt, um den Feind in Unruhe zu versetzen«, wurmte es ihn offenbar, daß er so töricht gewesen war, die Deckungsarmee zu kommandieren mit all den unberechenbaren Risiken, statt Bouchain zu belagern. »Große Belagerungen gefallen mir am besten«, schrieb er Louvois, »aber in der gegenwärtigen Lage müssen wir sie auf einen günstigeren Zeitpunkt verschieben.«

Die Stimmung bei Hof war Ludwig günstiger als die im Feldlager, doch selbst in Versailles rief Heurtebise einen gelegentlichen Mißklang in dem Chor des Lobes hervor:

Ludwig: Ich fürchte, wir werden Philipsburg verlieren, aber auch wenn das geschieht, werde ich nichtsdestoweniger noch König von Frankreich sein.

Montausier: Sire, Sie werden noch König von Frankreich sein, wenn Ihre Feinde Metz, Toul, Verdun, die Franche-Comté und einige andere Provinzen zurückgewonnen haben, die Ihre Vorfahren nicht besessen haben.

Ludwig: Ich verstehe Sie; Sie meinen, daß meine Angelegenheiten schlecht stehen, und ich bin froh, daß Sie mir das sagen, weil ich weiß, daß Sie es nur aus Freundschaft für mich tun.

Ludwig konnte zu dem offenherzigen Montausier gnädig sein, aber nicht zu Louvois; dieser wurde im Herbst des Jahres das Opfer eines der seltenen Sarkasmen des Königs. Eine alte Frau aus dem Volke wandte sich auf einem Korridor in Versailles an Ludwig mit der Bitte, ihr eine Unterredung mit Louvois zu verschaffen – eine Bitte, wie sie kaum geschickter erdacht werden konnte, wenn man beabsichtigte, den König an seiner empfindlichen Stelle zu verletzen. Aber er zeigte auf Louvois' Bruder, den beleibten, schmierigen und brutalen Erzbischof von Reims, und erwiderte höflich: »Sehen Sie, Madame, hier ist M. de Reims. Versuchen Sie es bei ihm. Er hat viel mehr Einfluß auf M. de Louvois als ich.«

Während des ganzen Jahres ging der Kampf zwischen der Montespan und der Maintenon mit einer Wildheit weiter, die sich gewöhnlich hinter Lächeln und Komplimenten verbarg. Scharfe Augen beobachteten das Duell mit atemloser Spannung. Im Mai schien die Maintenon zu gewinnen; die Zofen der Montespan standen ihr zur Verfügung, die eine hielt ihren Schminktopf, die andere reichte ihr ihre Handschuhe und eine dritte brachte sie zu Bett. Aber als Ludwig im Juli nach Haus kam, begrüßte er die Montespan so herzlich, daß weniger auf die Maintenon gesetzt wurde; dagegen stand um die Mitte des Monats die Maintenon höher in Gunst denn je, wenn auch Ludwig ihre Rivalin auffallend auszeichnete. Es wäre für die Höflinge schon spannend genug gewesen, wenn es sich um einen offenen Kampf zwischen den beiden gehandelt hätte, aber tatsächlich wuchsen die Zweifel daran, ob Ludwigs endgültige Wahl auf eine von beiden fallen würde. Denn der König war in jener Stimmung des *carpe diem*, mit der ein Lebemann auf die unangenehme Erkenntnis zu reagieren pflegt, daß er sich den Vierzig nähert, und legte sich keinerlei Zwang mehr auf. Mme de Louvigny, die zu heiraten der zweite Sohn des Duc de Gramont vor acht Jahren mit blankem Schwert gezwungen worden war, Mme de Soubise, eine anmutige rothaarige Rohan – deren Sohn, der Kardinal de Rohan, nach allgemeiner Annahme Ludwig XIV. zum Vater hatte –, Mme de Ludres, eine Stiftsdame von Pussay, und Mlle de Théobon, alle erfreuten sich in diesem hektischen Sommer der Gunst Ludwigs. Der Kampf wogte bis zum September auf und ab. Da kam Mme de Sévigné zu der Überzeugung, wenn die Maintenon nicht gewonnen, so habe jedenfalls die Montespan verloren; ihr Stern sei im Untergehen, schrieb sie, und es habe Tränen, Kummer, Schmollen und unnatürliche Lustigkeit gegeben.

Die Maintenon selbst verlangte danach, sich zurückzuziehen; sie war nur am Hof geblieben, um den König zu bessern, mit dem einzigen Ergebnis, daß das letzte Stadium des Sünders schlimmer war als das erste. Ludwigs ausschweifendes Leben wurde jetzt insgeheim sogar von seinen Höflingen mißbilligt, und selbst die unterwürfigsten waren entsetzt über seine Liaison mit Mme de Ludres, einer Stiftsdame; es sei nicht ganz dasselbe, sagte man, wie eine Nonne zu verführen, käme dem aber bedenklich nahe. Wenn Ludwig von diesem Getuschel wußte, ließ er es sich jedenfalls nicht anmerken, sondern führte sein gewohntes

Leben fort, heiter, undurchdringlich, der Beherrscher seiner Welt; niemand, berichtet ein Höfling, sah ihn je zornig, nur einmal habe man ihn fluchen hören, und stets sei er darauf bedacht, die Gefühle anderer nicht zu verletzen.

Obwohl Ludwig jetzt durch Arbeit und Umgang mit Frauen überbeschäftigt war, ließ er die Maschinerie des heiteren Hoflebens auf vollen Touren laufen. ›Madame Palatine‹ hat uns in einem Brief an eine Freundin einen typischen Tag im Leben einer Hofdame der damaligen Zeit geschildert. Vom frühen Morgen bis drei Uhr jagte sie, dann kam sie nach Hause, legte Hofkleidung an und setzte sich bis sieben an den Spieltisch. Bis halb elf war sie im Theater, danach kam das Abendessen und dann ein Ball, der nicht vor drei Uhr morgens endete – ein Achtzehn-Stunden-Tag, wenn man annimmt, daß die Jagd durchschnittlich sechs Stunden dauerte.

Für die Leute, die nur gelegentlich am Hofe zu Gast waren und nicht dort leben mußten, war es immer noch ein Zauberland; Mme de Sévignés Bericht über einen Tag in Versailles ist so lebendig und frisch, daß er hier wiedergegeben werden soll:

»Ich war Sonnabend in Versailles . . . der Tag verlief wie folgt . . . Sie wissen alles über das Ankleiden der Königin, die Messe und das Diner . . . um drei Uhr versammelten sich der König, die Königin, ›Monsieur‹, ›Madame‹, ›Mademoiselle‹, alle Prinzen und Prinzessinnen, Mme de Montespan und ihr Gefolge und alle Damen des Hofs in dem schönen Gemach des Königs . . . wundervoll eingerichtet, alles großartig . . . man geht auf und ab ohne das geringste Gedränge. Ein Spieltisch bildet den

Pol, um den sich die Gesellschaft dreht. Dangeau bot mir an, mich an seinem Spiel zu beteiligen. So konnte ich mich bequem setzen. Ich machte dem König die Verneigung, die Sie mich gelehrt haben, und er erwiderte sie, als ob ich noch jung und hübsch wäre. Die Königin unterhielt sich lange Zeit mit mir . . . ›M. le Duc‹ machte mir tausend Komplimente . . . M. de . . . Sie kennen das ja, ein Wort von jedem, den man beim Umhergehen trifft. Mme de Montespan erzählt mir, daß die Wasser von Bourbon ihr Knie nicht geheilt, sondern im Gegenteil Schmerzen im andern Knie verursacht haben. Ihre Schönheit ist überraschend . . . dieses reizende Durcheinander ohne Konfusion dauerte von drei bis sechs . . . das Orchester spielt die ganze Zeit, was sehr schön ist. Der König plaudert mit den Damen . . . um sechs besteigen der König, Mme de Montespan, ›Monsieur‹ . . . den Wagen des Königs, die Königin mit den Prinzessinnen einen zweiten, und dann alle andern die sonstigen Wagen . . . man fährt in Gondeln auf dem Kanal, wieder mit Musik. Um zehn kehren wir zum Palast zurück, dann wird eine Komödie aufgeführt. Die Uhr schlägt zwölf und das Abendessen wird aufgetragen.«

Sehr angenehm für Mme de Sévigné, den Zugvogel; des Königs Artigkeit schmeichelte ihr. Aber wie muß es für Ludwig gewesen sein, der dies fünfzig Jahre lang zweimal wöchentlich mitmachen mußte?

Am vierten März traf Ludwig vor Valenciennes ein und übernahm den Befehl über die 50000 Mann starke Belagerungsarmee. Es war der bei Ludwig übliche Sieg, der von vornherein feststand, die Stadt fiel am siebzehnten. Wir wollen Ludwigs Lobhymnen auf seine eigenen Taten übergehen, aber immerhin bemerken, daß Valenciennes durch die Bemühungen des Königs vor der Plünderung bewahrt wurde. Er eilte durch die Straßen und überzeugte sich persönlich, daß seine Befehle, die Einwohner und ihre Habe zu schonen, befolgt wurden, mit dem Ergebnis, daß um zwei Uhr nachmittags alle Läden offen und die Straßen voll Passanten waren, als wenn nichts Außerordentliches geschehen wäre.

Es ist nicht überraschend, daß die üblichen Lobgesänge auf den König in ganz Frankreich erschallten, aber mit Bestürzung nimmt man wahr, daß man jetzt eine Lobpreisung Ludwigs in die offizielle Korrespondenz einflechten mußte. Hier ein Auszug aus einer Depesche der Bevollmächtigten Ludwigs zu Nymwegen an das Auswärtige Amt:

»Weder die Truppen so vieler Feinde noch die strenge Jahreszeit können Seine Majestät hindern, große Eroberungen zu machen, aber wie teuer kommen sie Frankreich zu stehen! Denn ein so kostbares Leben ist in Gefahr, und es wäre zu wünschen, daß wir es bald durch einen guten, schnellen Friedensschluß in Sicherheit bringen, der ihm Gelegenheit geben würde, sich in Ruhe eines so unerschöpflichen Schatzes von Ruhm zu erfreuen . . .«

Am 21. März sandte Ludwig ›Monsieur‹ mit 20000 Mann, um St - Omer zu belagern, damit die feindliche Aufmerksamkeit von Ludwigs eigener Belagerung Cambrais abgelenkt werde; die letztere sollte das Glanzstück des Feldzuges sein. Aber es kam anders, als Ludwig beabsichtigt hatte. Am 4. Mai erfuhr ›Monsieur‹, daß Wilhelm von

Oranien im Vormarsch von Ypern sei, um seine Nachhut anzugreifen und St - Omer zu entsetzen. ›Monsieur‹ handelte rasch und klug; er berief nicht einen Kriegsrat, wie Ludwig es bei Heurtebise getan hatte, sondern ließ eine Abteilung zurück, um eine Fortsetzung der Belagerung St - Omers vorzutäuschen, und marschierte nach Cassel; dort griff er am 11. Wilhelms Armee an, die am Abend vorher eingetroffen war. Das Schicksal bot ›Monsieur‹ eine Gelegenheit zu beweisen, was er wert sei, und er ließ sie nicht vorübergehen; Tapferkeit setzte man bei ihm voraus, nicht aber das Führertalent und das taktische Geschick, die von den Männern gelobt wurden, auf deren Billigung es ankam. Sein Führertalent war nicht von der Art, die Ludwig XIV. eigen war; ›Monsieur‹, sagte ein Augenzeuge, kämpfte wie ein Grenadier, ein Pferd wurde ihm unter dem Leibe weggeschossen, sein Panzer von vielen Kugeln getroffen, und bei dem letzten Angriff fielen zwanzig Angehörige seines Stabes neben ihm. Es war ein entscheidender französischer Sieg, vierundfünfzig Fahnen wurden erbeutet, 2500 Gefangene gemacht und die ganze feindliche Artillerie und Wilhelms Bagage mit seinen privaten Papieren genommen.

Als Ludwig die Nachricht hörte, rief er aus: »Bei meiner Ehre, ich freue mich mehr über einen Erfolg meines Bruders als über meinen eigenen!« Er ist dafür als Heuchler gebrandmarkt worden. Aber waren nicht seine unmittelbaren und späteren Reaktionen ganz natürlich? Erst Freude über den Erfolg seines ihm sehr lieben Bruders und dann Selbstvorwürfe über den offenkundigen Gegensatz zwischen Heurtebise und Cassel. Allerdings gab er ›Monsieur‹

nie wieder ein Kommando, und auf den ersten Blick scheint Ludwigs Verfahren kleinlich, aber es als Eifersucht deuten, heißt nicht bedenken, daß das sorgsam gehütete Ansehen des Königs einen wesentlichen Faktor für die Aufrechterhaltung der Gesellschaftsstruktur bildete; der König durfte keinen Nebenbuhler haben, am allerwenigsten einen, der ihm so nahe stand wie Philipp. Ludwigs wirklicher Fehler war nicht, daß er ›Monsieur‹ aus der Armee ausschloß, sondern daß er ihn in sie aufgenommen hatte.

Am 18. April ergab sich Cambrai, aber zum erstenmal blieb ein königlicher Sieg fast unbemerkt. Paris, wo ›Monsieur‹ äußerst beliebt war, war zu sehr damit beschäftigt, den Sieger von Cassel hochleben zu lassen, als daß es für den üblichen Jahressieg des Königs Zeit gehabt hätte. Am 31. Mai kehrte Ludwig nach Versailles zurück.

Während seiner Abwesenheit hatte die Montespan ihn überschüttet mit amüsanten Briefen in dem leichten Ton einer Frau, die keine Sorge in der Welt hat, und Ludwig, gekränkt über ihre anscheinende Gleichgültigkeit, war entschlossen, sie wiederzuerobern. Unnötig zu sagen, daß es ihm glückte. Ihre Zuneigung war stärker denn je, berichtete Mme de Sévigné. Die Maintenon war verzweifelt und offenbar hatte sie im Herbst jede Hoffnung aufgegeben, den König zu bessern; sie könne unmöglich, beteuerte sie, ihr ganzes Leben, ihre Freiheit, ihre Gesundheit und ihr Seelenheil einer so hoffnungslosen Sache opfern.

Wie es auch um Ludwigs Moral stehen mochte, seine Persönlichkeit wurde im Laufe der Jahre immer eindrucksvoller. Er sprach Italienisch wie seine Muttersprache, sagte ein bewundernder Ausländer 1677; dazu Spanisch und etwas Lateinisch. Er hatte ein gutes natürliches Urteil und eine oberflächliche Kenntnis von allen möglichen Dingen wie Krieg, Architektur, Malerei und Musik; für Musik allein gab er jährlich 2500 Pfund aus. Aber der bloße Anblick eines Buchs langweilte ihn, wenn er sich auch stets freute, eins geschenkt zu bekommen; andrerseits schrieb er viel und oft, führte seine eigenen Rechnungsbücher, und sein Mangel an Buchwissen wurde in gewissem Grade ausgeglichen durch sein hervorragendes Gedächtnis, welches fast alles Wissen bewahrte, das er je erworben hatte. »Alle fürchten ihn«, versicherte ein ausländischer Besucher. Aber das war nicht ganz zutreffend; denn in diesem Jahr hören wir zu unserm Erstaunen, daß der Große König gegenüber einem Streik so machtlos war wie ein Gewerkschaftsführer. Mansard, der Erbauer von Versailles, der als Steinmetz angefangen hatte, berichtete Colbert im November, alle seine Steinhauer streikten und behaupteten – vielleicht zu Recht –, daß ihre Bezahlung seit vier Wochen rückständig sei; sie lehnten es strikt ab, die Arbeit wieder aufzunehmen, bevor ihre Forderungen befriedigt seien. Die Streikenden siegten, nicht Ludwig.

Am 7. Februar 1678 machte sich der König, begleitet von der Königin und ihren Damen, nach Flandern auf und traf am 4. März vor Gent ein. Die Stadt ergab sich Ludwig am 13., und am 27. tat Ypern das gleiche. Darauf gab der König den Oberbefehl ab und kehrte nach St-Germain zurück, wo er am 7. April anlangte. Sehr zur Zufriedenheit der Frauen, denn sie hatten das übliche abscheuliche flandrische Wetter gehabt, von schlechter Unterbringung und Verpflegung und ungeheurer Langeweile ganz zu schweigen. Von den Männern war niemand froher, wieder zu Hause zu sein, als Racine und Boileau, die mitgeschleppt worden waren, um die Siege von 1678 unsterblich zu machen. Sie waren dem Hauptquartier gefolgt, manchmal zu Pferde, manchmal zu Fuß, aber immer »im Schlamm bis an die Ohren«; als Ludwig sie jovial fragte, was sie vom Soldatenleben hielten, erwiderte Boileau mit einer an Johnson erinnernden Schlagfertigkeit, er wundere sich nicht mehr über den Mut der Soldaten. Ein jeder würde sich den Tod wünschen, um von einem so unerträglichen Dasein erlöst zu werden.

Der Krieg endete am 17. September mit dem Frieden von Nymwegen, durch den Ludwig einen von der Meuse bis Dünkirchen reichenden Festungsgürtel erhielt. Man hat gemeint, daß dieser Gewinn weder die Kosten noch den unauslöschlichen Haß Hollands aufwog. La Fare, ein pensionierter Gardeoffizier und mäßiger Poet, aber anerkanntermaßen ein scharfer Kritiker des ganzen Regimes, sagte, alles, was Ludwig wirklich erreicht habe, sei, eine friedliche Republik in einen gefährlichen Feind zu verwandeln; wenn er in den siebziger Jahren Europa in Schlaf gewiegt hätte, wäre er unwiderstehlich gewesen, als am Ende des Jahrhunderts die wirkliche Kraftprobe stattfand. Das ist ein einleuchtendes Argument, aber es ist leicht, so etwas hinterher zu sagen, und La Fare erlebte, wie wir uns erinnern müssen, das Debakel des Spanischen Erbfolgekrieges; er starb 1712. War es denn wirklich so falsch, daß Ludwig seine kontinentale Überlegenheit in den siebziger Jahren dazu benützte, sich für den Fall eines Kampfs um die spanische Erbfolge einen möglichst weit von Paris entfernten nordöstlichen Festungsgürtel zu sichern? Mir scheint, Ludwigs verhängnisvoller Fehler war, daß er sich nicht nach dem Frieden von Nymwegen zurückhielt, ruhig seine Armee verstärkte, seine Finanzen wiederherstellte und geduldig auf den Tod Karls II. von Spanien wartete. Hätte er das getan, so hätte die Möglichkeit, ja wohl die Wahrscheinlichkeit bestanden, daß er im Jahre 1700 die spanische Erbfolge antreten konnte, ohne darum zu kämpfen. Aber wenn er so gehandelt hätte, wäre er eben nicht Ludwig XIV. gewesen; Anbetung und leichte Siege hatten ihn überzeugt, daß er unbesiegbar sei, und seine auswärtige Politik in den nächsten zehn Jahren verbündete ganz Europa gegen ihn. Zum Unglück verstärkte sich während der gleichen Zeitspanne seine Überzeugung, daß er Frankreich allein regieren könne. Seine Minister, so sagte derselbe feindselige Kritiker, dachten nicht mehr daran, ihm die Wahrheit zu sagen, sondern wollten ihm nur noch schmeicheln und gefallen. Sein Sohn wurde in sklavischer Abhängigkeit erzogen und nicht für seine künftigen Aufgaben vorbereitet. Ludwig verließ sich nicht auf seine Generäle, die er lieber unterwürfig als fähig wünschte, und wenn seine fähigen Leute starben, ersetzte er sie durch ihre jungen, schlechterzogenen Söhne. Das ist ein übertriebenes Bild, entworfen von einem Mann, der den König haßte; aber sicher traf er den Nagel auf den Kopf, wenn er von ›Monseigneurs‹ »sklavischer Abhängigkeit« sprach; um nur ein Beispiel zu geben, der Thronerbe war jetzt siebzehn Jahre, ein Alter, in welchem viele seiner Zeitgenossen verheiratet waren und Regimenter kommandierten; aber dieser unglückliche Prinz mußte sich immer noch durch seinen Erzieher an seinen Vater wenden, um die Erlaubnis zu erhalten, eine Opernvorstellung zu besuchen. Nebenbei sei bemerkt, daß die Behauptung, Ludwig habe sich nichts aus ›Monseigneur‹ gemacht und ihn sich fern gehalten, nicht zutrifft; wie wir später sehen werden, war er in den Grenzen seiner Einsicht ein liebevoller Vater, sogar für seinen legitimen Sohn.

Ludwig war 1677 vollständig von der Wiedereroberung der Montespan in Anspruch genommen, 1678 wandte er sich wieder Mme de Soubise zu; eine bemerkenswert intelligente Person verglich bei dieser Gelegenheit die beiden Rivalinnen. Nach ihrer Ansicht liebte keine von ihnen den König; beide waren ehrgeizig, die eine für sich selbst, die andere für ihre Familie. Mme de Soubise wünschte, das Haus Rohan mächtiger und reicher zu sehen – sie war eine Rohan von Geburt und durch Heirat –, während Mme de Montespan herrschen und ihre Macht zeigen wollte.

Mme de Soubise war nicht anziehend, aber man muß sie bewundern, weil sie nicht nur Ludwigs Mätresse, sondern seine Herrin wurde. Wenn sie abends mit einem bestimmten Paar Ohrringe erschien, so bedeutete es, daß sie einen nächtlichen Besuch Ludwigs begrüßen würde, trug sie sie nicht, so mußte der König sich damit abfinden, daß ihre Tür selbst für ihn verschlossen blieb; sie weigerte sich hartnäckig, die Odaliske für den Großtürken Ludwig zu spielen.

Aber die Zeit der beiden Frauen war fast vorüber, denn im September erschien ein neuer Stern, Mlle de Fontanges, auf der Bühne von Versailles; sie sollte Ludwigs letzte Mätresse werden.

7

Marie Angélique Scoraille de Roussilles, Demoiselle de Fontanges, »schön wie ein Engel und dumm wie Bohnenstroh«, war mit Hilfe einer Familiengeldsammlung ausgestattet und zum Hof geschickt worden; man hoffte, daß sie durch ihre bemerkenswerte Ähnlichkeit mit der La Vallière dem König auffiele, und dieser »würdige« Plan hatte Erfolg. Ihre Vorzüge waren eine ausgezeichnete Figur, schöne Augen, ein »entzückendes Mündchen«, ein wunderbarer Teint und ein »gewisses sanftes und sittsames Wesen«; letzteres war irreführend, denn dieses siebzehnjährige Mädchen war durchaus nicht sittsam, sondern ebenso darauf erpicht, des Königs Mätresse zu werden, wie ihre Familie wünschte, sie in dieser begehrten Stellung zu sehen. Sobald nun Marsillac für Ludwig sondierte, erwiderte sie, sie freue sich über diese Mitteilung, der König sei ein ruhmvoller Fürst, aber sie könne ihm nicht voll vertrauen, solange die Montespan seine Gunst genieße, denn sie sei äußerst eifersüchtig. Wenn dieser große Fürst sie wirklich liebe, könne er das beweisen, indem er nur sie liebe, wie sie ihrerseits bereit sei, ihn zu lieben.

Die Fontanges war Ehrenjungfer bei ›Madame‹, wohnte also nicht im Louvre, sondern im Palais Royal, ›Monsieurs‹ Stadtschloß. Ludwig verführte sie, nicht besonders zartfühlend, unter dem Dach seiner Schwägerin. Er begab sich nachts, nur von ein paar Leibgardisten begleitet, nach Paris und zum Palais Royal. Eine Mlle des Andrets öffnete ihm die Tür zu den Räumen der Ehrenjungfern, und hier wurde die Fontanges seine Geliebte. Als sein Bruder und ›Madame‹ in St-Germain Wohnung nahmen, hatte er das Mißgeschick, daß spähende Augen sahen, wie er sich nachts durch den Park zu den Räumen der Fontanges begab. Später erhielt das junge Mädchen ein Zimmer neben dem Kabinett des Königs, vor den Leuten aber tat Ludwig stets, als ob er sie nicht kenne.

Die erste Folge von Ludwigs neuem Abenteuer war ein heftiger Zusammenstoß mit der Montespan; sie fing den Streit an, sie warf ihm seine Undankbarkeit vor, Ludwig erwiderte, er habe ihretwegen seinen guten Ruf eingebüßt. Vom Allgemeinen kamen sie aufs Persönliche, und die Montespan hatte das letzte Wort: »Ich mag meine Fehler haben, aber jedenfalls rieche ich nicht so schlecht wie Sie.«

Das ist die Schlußszene von Ludwigs langer Intimität mit der Montespan, die von da an die Rolle spielte, die sie früher der La Vallière zudiktiert hatte. Der König benützte sie, um die Aufmerksamkeit davon abzulenken, daß die Fontanges seine Mätresse war. Der Hof machte in diesem letzten von Ludwigs ausschweifenden Jahren einen merkwürdigen Eindruck. Der König lebte mit seiner Gemahlin, seinen Mätressen, seinen ehelichen und unehelichen Kindern wie mit einer zusammengehörigen Familie. Maria Theresia empfing die Besuche der Königinnen zur linken Hand und ihrer Abkömmlinge, als gehöre dies zu den üblichen Pflichten einer Königin von Frankreich. Alle besuchten die Messe gemeinsam. In St - Germain saßen die Montespan und ihre Kinder mit der Fontanges dem König gegenüber, aber in Versailles hatte erstere ihren Platz an der Evangelienseite des Altars, letztere an der Epistelseite. Und Ludwig? Er sah ruhelos aus, berichtet man, und blickte mit mehr Hingabe zu der Fontanges als zum Altar; neben ihm saß die Königin. Die Höflinge kicherten während der Messe beim Anblick der rivalisierenden Mätressen, »Rosenkranz oder Meßbuch in der Hand, die Augen verzückt zum Himmel aufgeschlagen wie die Heiligen«. Und doch fährt derselbe Höfling, dem wir diese Beschreibung verdanken, fort, es sei unmöglich, einen Mann zu finden, der ein geregelteres und vorbildlicheres Leben führe als der König; ein Beweis für die faszinierende Wirkung, die Ludwig auf alle ausübte, die mit ihm in Berührung kamen.

So wenig erbaulich Ludwigs Verhalten bei der Messe sein mochte, so war er doch nach wie vor ein Eiferer für die orthodoxe Lehre und haßte die Jansenisten; allerdings war seine Abneigung gegen Port-Royal offensichtlich mehr politischer als religiöser Natur:

> »Seine Majestät mißbilligt eine allzu große Intimität zwischen Personen derselben Denkungsart, wie sie im Faubourg St-Jacques häufig ist... insbesondere wünscht der König, daß keine Verbindung, Sekte oder Gruppe Aufsehen errege.«

Das stammt aus Pomponnes Feder, aber der Stil ist äußerst charakteristisch für Ludwig. Im Jahre 1679 bemerken wir eine Starre, eine stille, weihevolle, drückende Atmosphäre am Hof, der zum bloßen Hintergrund für Ludwigs überragende Gestalt geworden war. Die Schuld daran trug der König. Er erntete die Früchte der Unterwürfigkeit, die er selbst gesät hatte. Die großen Edelleute von 1679, so sagte einer von ihnen, fürchteten sich vor ihrem König wie Schulknaben vor ihrem Lehrer oder Novizen vor ihrem Abt.

Außer dem Krieg war das Bauen Ludwigs Lieblingsbeschäftigung, und in diesem Jahr vollendete er Marly. Es war die Erfüllung seines langgehegten Traums von einem Landhaus, wo er als ein privater Edelmann seine intimen Freunde bei sich sehen konnte. Wenn es sich ums Bauen handelte, kannte Ludwig keine Schranken, und das kleine Landhäuschen kostete schließlich seine Untertanen 600000 Pfund. Aber es erfreute sich immer besonderer Beliebtheit bei den Hofleuten, und wie sehr Ludwig persönlich für alles sorgte, zeigte sich an der Bedienung und Ausstattung. Es war wahrscheinlich das einzige Haus in Frankreich, zu dem Damen nicht ihre eigenen Toilettengegenstände mitzubringen brauchten, und sicher die einzige königliche Residenz, wo ein Höfling Mahlzeiten von des Königs Tafel in seinem eigenen Zimmer zu sich nehmen konnte.

Im Januar 1680 brach der große Vergiftungsskandal, an dem die Polizei schon seit 1673 arbeitete, über das erschrockene Frankreich herein und ruinierte die Montespan. Eine schreckliche Geschichte von gewerbsmäßigen Mördern, abtrünnigen Priestern, Schwarzen Messen und Ritualopfern; aber diese Scheußlichkeiten gehören nicht in dieses Buch, und die Sache wird nur erwähnt wegen der Folgen, die sich für Ludwig und seine Ex-Mätresse daraus ergaben.

Der König hatte sich anfangs einwandfrei benommen, als er von diesen Greueln unterrichtet wurde, und angeordnet, daß mit den Verdächtigen ohne Rücksicht auf Rang oder Geschlecht verfahren werde; aber als er diese Anordnung erließ, ahnte er nicht, wie tief die Montespan darin verstrickt war. Jetzt stellte sich heraus, daß sie schon 1667 versucht hatte, Ludwig durch »Beschwörungen« an sich zu fesseln, die ein abtrünniger Priester vornahm; 1668 hatte sie auf dieselbe Art den Tod der La Vallière herbeizuführen gesucht; bei mindestens sechs Gelegenheiten zwischen 1673 und 1680 hatte sie selbst an der grauenvollen Feier der Schwarzen Messe teilgenommen, um Ludwigs Tod zu bewirken, falls er sie verlassen sollte. Kann man Ludwig tadeln, wenn er vor dem Riesenskandal zurückschreckte, den er heraufbeschworen hätte, wenn er ein Verfahren gegen die Mutter seiner Kinder wegen versuchten Mordes an deren Vater zuließ? Alles Beweismaterial gegen die Montespan wurde unterdrückt, und daß Louvois und Colbert mit der Vernichtung des Materials einverstanden waren, erbringt den schlüssigen Beweis, daß auch sie von ihrer Schuld überzeugt waren. Vielleicht war ihre Strafe nicht so mild, wie sie uns erscheint; sie blieb bei Hofe, nominell als Mätresse des Königs, aber in Wirklichkeit jeder Stellung und Einflußnahme beraubt.

Furcht vor Vergiftung, die den Franzosen des siebzehnten Jahrhunderts nie verließ, erreichte 1680 panische Ausmaße, und selbst Ludwig teilte die Angst seiner Untertanen. Aber mit der Gefahr, vergiftet zu werden, mußte ein Mann seines Ranges immer rechnen. Warnte man ihn, so sagte er: »Ich bin schon oft gewarnt worden, aber ich müßte vor lauter Angst sterben, wenn ich ständig Vorsichtsmaßnahmen träfe. Möge geschehen, was Gott bestimmt. Ich habe nicht die Absicht, an meinen Lebensgewohnheiten etwas zu ändern.«

Die allgemeine Ängstlichkeit hatte die seltsame Folge, Ludwig unerwartete Einnahmen zu bringen; Glas konnte nach der damals herrschenden Theorie nicht so wie Metalle mit Gift »getränkt« werden, infolgedessen wurden die Gläser aus Colberts Staatsmanufakturen stürmisch begehrt. Daß der silberne Becher durch das Weinglas ersetzt wurde, war auf die Vergiftungspsychose von 1680 zurückzuführen.

Am 17. März befreite endlich eine Heirat ›Monseigneur‹ aus der Schulstube. Die Braut, Marie Anne Christine Victoire, war die zwanzigjährige Schwester der Kurfürsten von Bayern und Köln; die Verbindung hatte natürlich einen rein politischen Charakter und diente dazu, das östliche Operationsgelände der französischen Armee im nächsten Kriege zu vergrößern.

1680 erklomm Mme de Maintenon rasch den Gipfel ihrer phantastischen Laufbahn; im März hören wir von endlosen Gesprächen zwischen ihr und Ludwig, und im April gehörte es zu seinem Tagesprogramm, nach dem Diner zwei Stunden mit ihr in leichtem freundschaftlichem und natürlichem Geplauder zu verbringen. Im Juni »waren die Unterhaltungen so ausgedehnt, daß es jedermann zu denken gab«, und im Hochsommer verbrachte der König jeden Abend von sechs bis zehn Uhr mit der Maintenon, »beide in Armstühlen«, während die Fontanges offen über Ludwigs Vernachlässigung weinte.

Die Stellung der Maintenon war nun gesichert; sie war Oberaufseherin der Garderobe der Dauphine, Vertraute des Königs und – für die Leute des Hofs – ›Mme de Maintenant‹; sie konnte es sich leisten, großmütig gegen die Montespan zu sein. Die beiden Frauen standen nicht mehr auf Besuchsfuß, aber wenn sie sich begegneten, plauderten sie so lebhaft und scheinbar herzlich, daß ein Außenstehender sie für die besten Freundinnen gehalten hätte.

Nichts zeigte deutlicher, wieviel Einfluß die Maintenon auf Ludwig erlangt hatte, als daß es ihr gelang, im Herbst ein *rapprochement* zwischen ihm und der Königin herbeizuführen; und nichts spricht deutlicher gegen die Annahme, daß die Maintenon 1680 an die Stelle der Fontanges als Mätresse des Königs getreten wäre. Man bemerkte, daß Ludwig Maria Theresia eine Aufmerksamkeit und Zärtlichkeit widmete, an die sie seit langem nicht mehr gewöhnt war und die sie glücklich machte. Sie war zu Tränen gerührt und sagte wiederholt: »Gott hat Mme de Maintenon ausersehen, mir das Herz des Königs wiederzuschenken.« Ludwig hatte sich wirklich ganz und gar Mme de Maintenon ergeben; ihre Anmut, verbunden mit einer kompromißlosen Offenherzigkeit, war das Geheimnis eines Triumphs, in dem das Geschlecht noch keine Rolle spielte. Sie öffnete Ludwig die Augen über sein schreckliches und unwürdiges Dasein, sprach ihm mit Ernst von David und Bathseba und ängstigte ihn mit Vorstellungen über sein Schicksal im Jenseits. Ludwig wurde bekehrt, und dieser

Gesinnungswechsel zog alsbald einen auffallenden Umschwung in den Sitten des Hofes nach sich. Ein Offizier, der 1680 nach zwanzigjähriger Abwesenheit nach Frankreich zurückkam, entdeckte zu seinem Erstaunen, daß er ein Fremder in seiner Heimat geworden war. 1660 hatte das Hofleben aus einer ununterbrochenen Folge von Bällen, Konzerten, Gastmählern und Liebesaffären bestanden. Jetzt aber lebte jeder still wie in beschaulicher religiöser Zurückgezogenheit, gab wenig Geld aus und befleißigte sich eines ehrbaren Benehmens, während Ausschweifung, Trunkenheit, unsittliche Kleidung und selbst obszöne Reden Männer und Frauen bei dem König unmöglich machten. Aber, so schließt unser Gewährsmann mit einer gewissen grimmigen Genugtuung, für sein Gefühl sei Ludwig dabei nicht glücklich gewesen.

Wahrscheinlich nicht, wohl aber zufriedener und mit beiden Füßen fest auf dem Boden stehend. In dies Jahr gehört seine Abhandlung *Le Métier du Roi*, die seinem gesunden Menschenverstand alle Ehre macht. Er gestattete zwar im September seinen Untertanen stillschweigend, ihn ›Louis Le Grand‹ zu nennen, aber der ihm eingeborene Sinn für das Angemessene ließ ihn Schmeicheleien ablehnen, durch die er lächerlich erschienen wäre. Bei einer Besichtigung von Versailles bemerkte er zwei Gemälde Lebruns; das eine hieß ›Der erstaunliche Übergang über den Rhein‹, das andere ›Die wunderbare Einnahme von Valenciennes‹; er ordnete sofort an, daß die Adjektive gestrichen würden.

Am 28. Juni 1681 starb die Duchesse de Fontanges »zum maßvollen Kummer Seiner Majestät, der immer noch eine gewisse Zärtlichkeit für sie empfand«. Von dem letzten Abenteuer des Königs blieb nur der finanzielle Katzenjammer. In drei Jahren soll sie den Staat etwas über 120000 Pfund gekostet haben.

Ludwigs Läuterung war eine unangenehme Überraschung für viele, die nicht die leiseste Neigung hatten, sich selbst zu bessern. Der Hof wurde jetzt glänzender, aber langweiliger als vorher, eine mit Spionen durchsetzte Flüstergalerie. Alle Briefe, sagte ›Madame‹, wurden auf der Post geöffnet, wenn sie auch zugab, daß in ihrem eigenen Fall die Beamten ihr die Ehre erwiesen, sie sehr geschickt wieder zu versiegeln. Es sei nicht alles Gold was glänzt, fuhr sie fort, und trotz der vielgerühmten französischen Freiheit nehme man an allen Vergnügungen unter unbeschreiblichem Zwang teil. Die Wände und die Lauscher von Versailles hätten Zungen, und es sei sehr gefährlich, etwas zu flüstern, was dem König mißfallen könne. Die Prinzessinnen lebten, außer wenn sie unter sich seien, in schlimmerer Sklaverei als die Frauen des Serail.

Im Herbst besichtigte Ludwig Straßburg, den Reichsschlüssel zum Rhein; er hatte die Stadt eben annektiert, gleichzeitig mit Casale, dem Einfallstor in die italienische Ebene. Bei seiner Rückkehr schloß er ein Geschäft ab, das dem Mann ebenso zur Unehre gereichte wie seine jüngste realpolitische Unternehmung dem König. Er ließ Lauzun frei, erlaubte ihm zum Hof zurückzukehren und empfing ihn gnädig, aber der Preis, den ›Mademoiselle‹ für seine Freiheit zahlte, war die Übertragung des Fürstentums Dombes auf Ludwigs Liebling unter seinen unehelichen Kindern, den Duc du Maine. Natürlich wurde die Sache von keinem der Beteiligten so deutlich dargestellt, aber beide verstanden den Sinn der Bedingungen wohl.

Am 16. Mai 1682 hielt der Hof unter Führung des Königs feierlichen Einzug in Versailles. Endlich fühlte Ludwig, daß er einen seiner selbst würdigen Rahmen hatte; Versailles konnte er den Stempel seiner Persönlichkeit in einer Weise aufdrücken, wie es bei den von seinen Vorgängern ererbten Palästen unmöglich war. Er muß das Symbolische dieses Aktes genossen haben, denn Versailles bedeutete die Vollendung seiner Rache für die Fronde; dadurch, daß er es zum Regierungssitz machte, drückte er Paris auf das Niveau einer Provinzstadt herab und verkündete in Stein und Marmor, daß das Louvre jetzt nur noch ein historisches Denkmal sei.

Aber es gab auch vernünftige Gründe dafür, das Louvre aufzugeben. Der König liebte große Räume mit Luft und Licht, und das Louvre war ein Labyrinth dunkler kleiner Kammern, die schrecklich nach dem offenen Graben stanken, der die einzige Kanalisation des Palastes bildete; außerdem roch es kaum weniger schlimm nach dem benachbarten Schlachthof.

Man kann nicht auf Versailles blicken, ohne sich zu fragen, wieviel es gekostet hat, oder sich an die Fabel zu erinnern, daß Ludwig vor Entsetzen über seine Verschwendung die Rechnungen verbrannte. Revolutionäre Propaganda scheint die Kosten von Versailles wild übertrieben zu haben; einige Schriftsteller setzen sie mit 60 000 000 Pfund an, während nach Peignot Ludwigs gesamte Ausgaben für das Bauen, einschließlich der öffentlichen Bauten, sich unter 24 000 000 Pfund hielten. Bedenkt man, daß diese

Zahl außer den öffentlichen Bauten die Ausgaben für Marly, Trianon und wahrscheinlich Clangy mitenthält, so ist nicht einzusehen, wie Versailles mehr als 10000000 Pfund gekostet haben könnte.

Eine ungeheure Summe, aber man darf Ludwig nicht leichtsinnige Verschwendung vorwerfen, weil er diesen Betrag aufwandte, um sich und seinem Hof ein Domizil zu schaffen; erstens wurde das meiste Geld innerhalb des Königreichs ausgegeben, und zweitens stellte Versailles dar, was er beabsichtigt hatte, nämlich ein europäisches Denkmal des französischen Genies und einen Anziehungspunkt für die vornehme Gesellschaft aus aller Welt. Und auch für die Gelehrten; denn obwohl Ludwig selbst nicht viel las, vermehrte sich seine dem Publikum zugängliche Bibliothek in den Jahren von 1643 bis 1715 von 5000 auf 70000 Bände. Die Abrechnungen sind interessant zu lesen, und man fragt sich, ob Ludwig persönlich an ihrer Aufstellung beteiligt war; sicherlich ist die peinlich genaue Aufzeichnung von Kleinigkeiten neben Millionenbeträgen sehr charakteristisch für ihn.

Ludwig hatte jetzt das Haus seiner Träume; es war gewiß nicht bequem, aber Behaglichkeit galt ihm gering neben dem Großartigen, und das war ihm hier sicher gelungen. Auch bot ihm Versailles alles, wonach er sich als Mensch stets gesehnt hatte – weite Ausblicke, Licht und Luft in den Räumen und überall Blumen, die in den Gemächern und draußen so angeordnet waren, daß sie ins Auge fallende Gegensätze und glänzende Wirkungen hervorbrachten. Denn wie alle sinnesfreudigen Menschen schwelgte Ludwig gern in Farben; das war so bekannt, daß ein zynischer Höfling ihm nachsagte, er lade Kardinäle im Sommer nur nach Fontainebleau ein, um sich an der Wirkung ihres Scharlachrots gegen das tiefe Grün des Laubes zu erfreuen.

Er besaß nun auch ausgedehnte Gärten, wo er eine gewisse Einsamkeit fand, in die er sich zurückziehen konnte, um zwischen seinen Statuen, Labyrinthen, »grünen Teppichen« und Springbrunnen Ruhe zu genießen. Er hatte von Anna von Spanien eine Leidenschaft geerbt für den Anblick und das Rauschen der in ein Marmorbecken fallenden Wasserstrahlen. Die Laufbahn Le Nôtres, des Schöpfers der Gärten, war ähnlich gewesen wie die des Erbauers des Schlosses, Mansart. Er hatte als Gartenarbeiter angefangen, es dann in der Gartenbaukunst zum größten Meister seines Jahrhunderts gebracht, darüber jedoch nie seine verständige bäuerliche Lebensauffassung verloren, selbst als er 1693 geadelt wurde und den St-Michel-Orden erhielt. Zum Wappen wählte er eine Kartoffel und einen Kohlkopf über einem Spaten und einem Rechen, »weil er nicht wünschte, daß seine Nachkommen vergäßen, wer er gewesen war«. Ludwig hatte ihn sehr gern, und gegen Ende ihres Lebens wurden die beiden alten Männer oft in Rollstühlen in Le Nôtres Meisterwerk herumgefahren; dabei rief Le Nôtre von Zeit zu Zeit aus: »Wenn nur meine Mutter mich jetzt sehen könnte!« In den siebziger Jahren hatte Ludwig ihn dem Papste ausgeliehen; bei seiner ersten Audienz soll Le Nôtre den Papst herzlich umarmt haben:

Ein Höfling: Ich wette, die Geschichte, daß er den Papst umarmt und geküßt haben soll, ist nicht wahr.

Ludwig: Ich würde an Ihrer Stelle nicht wetten; er macht das bei mir auch, wenn ich von zu Hause fort war; höchstwahrscheinlich hat er den Papst geküßt.

Die Gärten waren nicht die einzigen Freuden Ludwigs, wenn er genug von ihnen hatte, konnte er nach Trianon gehen, wo er einen Tierpark mit einem Rhinozeros, einem Elefanten, Straußen, Gazellen, Seehunden und einem großen Vogelhaus besaß. Er konnte sich mit seiner Sammlung von Münzen und andern Raritäten beschäftigen, die er Besuchern stets gern zeigte; er war bis zu einem gewissen Grade Kenner und Sammler, diese Neigung hatte er in seiner Jugend von Mazarin übernommen. Aber seine Haupterholung war die Musik, die er leidenschaftlich liebte; endlich hatte er den für musikalische Aufführungen notwendigen Raum. Von 1682 an hielt er sich ein großes Orchester, ein Kammerorchester und einen Chor; er machte auch selbst etwas Musik, denn er spielte gut Klavizimbel, Laute und Guitarre. Die weiten und hohen Räume überboten sich an Pracht, die ihren Höhepunkt im Thronsaal erreichte mit dem silbernen Thron, den Orangebäumen in silbernen Kübeln und den Tizians und Van Dycks an den Wänden. In der Großen Galerie waren die Stühle aus Silber, und vor den siebzehn Fenstern hingen weiße damastene Vorhänge, in die das Wappen Frankreichs mit Goldfäden gestickt war; jeder Vorhang kostete neunzig Pfund. Dann kam das *sanctum sanctorum*, Ludwigs persönliches Arbeitszimmer, mit vielen Blumen, in die Wände eingelassenen Spiegeln und, in der Mitte, dem großen Schreibtisch mit roter, goldbefranster Decke; es war kein Wunder, daß Versailles die Welt blendete. Nüchtern betrachtet hatte das riesige Schloß allerdings auch Nachteile, mit denen man sich heutzutage nicht abfinden würde: alle Kamine rauchten, bei strenger Witterung gefror der Wein auf des Königs Anrichtetisch, die Saucen, in denen die Speisen gereicht wurden, erstarrten auf dem langen Weg von den Küchen zum Speisesaal; die Hofleute waren in kleinen Kammern untergebracht, in denen wir kaum einen Hund schlafen lassen würden. Aber all das bekümmerte Ludwig nicht. Er betrachtete seine Schöpfung und sah, daß sie gut war.

Ludwig war mit vierundvierzig nicht mehr der Märchenprinz wie zwanzig Jahre zuvor, sondern ein pockennarbiger Mann mit vollen, fast blauroten Backen, der begann, füllig zu werden; »er war gewiß nicht schön, machte aber einen liebenswürdigen und majestätischen Eindruck«. Er, der früher etwas stutzerhaft gewesen war, kleidete sich jetzt »in braunes Tuch, schmucklos bis auf die Weste; er trug keine Ringe; Brillanten fanden sich einzig an den Schuhschnallen, seinen Strumpfbändern und seinem Hut – diesem Hut, der auf den Portraits so gut aussieht, mit dem wir aber nicht nähere Bekanntschaft zu machen wünschen; denn da er ihn bei den Mahlzeiten trug, mit den Fingern aß und den Hut jedesmal abnahm, wenn er mit einer Dame sprach, war der Rand immer mit einer Schicht ranzigen Fetts überzogen«.

In dem neuen Palast wurde am 6. August ›Monseigneurs‹ erstes Kind, der Herzog von Burgund, geboren, und die Aufnahme der Nachricht zeigt ein Frankreich, das großenteils immer noch feudal gesonnen war. Der König kam als erster in das Vorzimmer mit der Neuigkeit: »Madame la Dauphine hat gerade einen Prinzen zur Welt gebracht.«

Sofort gerieten alle aus dem Häuschen und umarmten – einschließlich der Bedienten – stürmisch den König, den die Menge von der Oberintendantur zu seinen eigenen Gemächern trug. Er ließ sich von jedem, der es wollte, küssen. Der Mob zündete Freudenfeuer an und die Sänftenträger verbrannten die vergoldete Sänfte der Dauphine. Ein großes loderndes Feuer in dem Hof unter der Prinzengalerie wurde durch die für die Große Galerie bestimmten Wandbekleidungen und Parkettfußböden genährt. Bontemps, Ludwigs persönlicher Kammerdiener, meldete das wütend dem König; der lachte nur und sagte: »Laß ihnen ihr Vergnügen. Wir können neues Material bekommen.«

Wohl die einzige, die ein unzufriedenes Gesicht machte, war ›Madame Palatine‹. Schon jetzt hegte sie einen unauslöschlichen Haß gegen Mme de Maintenon, dessen Ursache leicht einzusehen ist. Viele Frauen hatten um Ludwigs Liebe gekämpft, aber nur diese beiden um seine Freundschaft. Bis zu dem Aufstieg der Maintenon war ›Madame‹ seine intimste Freundin gewesen. Es war eine Verbindung, bei der selbst der boshafteste Höfling keinen Skandal wittern konnte, genau dieselbe Art von Intimität, wie sie jetzt zwischen Ludwig und der Maintenon bestand. ›Madame‹ verlor die Schlacht aus mehreren Gründen, hauptsächlich aber, weil sie Ludwig immer so vergnügt sehen wollte, wie sie selbst es war, während die Maintenon »es wagte, mit dem König ernst über ernste Dinge zu sprechen«. Bei Ludwigs jetzigem Wesen war der Ausgang niemals zweifelhaft, und das Band zwischen ›Madame‹ und dem König lockerte sich allmählich. Liselotte vergab der Maintenon im Grunde nie; jahrelang glaubte sie jede Lüge, die über die frühere Gouvernante erzählt wurde; ihre mildesten Bezeichnungen für sie waren »die alte Schlampe« oder »das alte Mistvieh«.

Am 27. Juli klagte die Königin über eine Schwellung unter ihrem Arm, legte sich ins Bett und starb am 30. in Gegenwart ihres Gemahls und des Hofes – »In den zwanzig Jahren, die ich mit ihr gelebt habe«, sagte Ludwig unter Tränen, »hat sie mir nie Anlaß gegeben, mich zu ärgern, noch sich je meinem Willen widersetzt.« Und der Nachruf des großen Egoisten enthielt alles, was über die törichte kleine Maria Theresia zu sagen war. Mme de Maintenons Kummer schien aufrichtig zu sein. Sobald die Königin gestorben war, wollte sie sich in ihre eigenen Gemächer zurückziehen, aber M. de la Rochefoucauld nahm sie beim Arm und drängte sie zum König hin mit den Worten: »jetzt ist nicht der Augenblick, ihn zu verlassen; er braucht Sie«.

Dies geschah an einem Freitag. Am folgenden Montag begab sich der König von Versailles nach Fontainebleau, und während dieses Aufenthalts stieg Mme de Maintenon sprunghaft in der Gunst des Königs. Er konnte nicht ohne sie sein, brachte sie in den Gemächern der Königin unter, hielt seinen Staatsrat in ihrem Zimmer, arbeitete meistens dort und fragte sie häufig um Rat. Es scheint, daß er ihr während dieses Besuchs in Fontainebleau einen Heiratsantrag machte, den sie annahm. Sie bat ihren *directeur*, sie in seinen Gebeten nicht zu vergessen, sie bedürfe sehr der Stärkung, um von ihrem glücklichen Geschick einen würdigen Gebrauch zu machen.

Daß Ludwigs Gedanken ganz von Mme de Maintenon in Anspruch genommen waren, hinderte ihn nicht, im September in die spanischen Niederlande einzufallen unter dem Vorwand, die Spanier entzögen sich ihren Verpflichtungen aus dem Vertrag von 1678. Das Unternehmen bietet ein Beispiel für Ludwigs Eintreten zugunsten des gemeinen Soldaten. Er erfuhr, daß die Offiziere ungesetzliche Abzüge vom Sold ihrer Mannschaften machten, und daß in einem gewissen Regiment ein Mann vor ein Kriegsgericht gestellt und erschossen worden war, weil er einen Protest gegen diesen Betrug organisiert hatte:

»Seine Majestät betrachtet das, was man dem Soldaten angetan hat, als Mord ... es gab keinerlei Rechtfertigung dafür, ein Exempel zu statuieren ... ich sende Befehle an M. de La Chétardie, die Offiziere, die bei dem Kriegsgericht mitwirkten, zu suspendieren und den Kommandeur ins Gefängnis zu setzen, der die Einbehaltung des Soldes zuließ ... und um dem Kommissar St - Germain klarzumachen, was es bedeutet, solche Ordnungswidrigkeiten zu dulden, befiehlt der König, daß er im Schloß Landscroon gefangengehalten wird, und hat mir (Louvois) verboten, ihn jemals wieder anzustellen.«

Mit Freuden liest man von diesem Mitgefühl für die Unterdrückten, es wäre noch erfreulicher, wenn sein Verhalten zu den schwachen Nachbarstaaten etwas von dem gleichen Gefühl beherrscht worden wäre. Aber davon ist nichts zu merken, im Gegenteil, seine Anmaßung und Brutalität gegen seine Nachbarn waren unerträglich. Ludwig beging damit einen großen Fehler, denn die Zeit sollte kommen, wo er jeden Verbündeten gebraucht hätte in einem Europa, in dem er nicht mehr der mächtigste Herrscher war. Ludwig verachtete die kleinen Staaten zu sehr, um sie zu versöhnen und ignorierte die Furcht und den Haß, die er durch seinen Einfall in die Niederlande erregt hatte. Der Haß wuchs noch beträchtlich, als die französische Marine im August Genua bombardierte, weil es das ›Verbrechen‹ begangen hatte, Galeeren für Spanien zu bauen. Als im gleichen Monat Europa genötigt war, Ludwig den ungestörten Besitz des von ihm Geraubten für die nächsten zwanzig Jahre zu garantieren, war es offensichtlich, daß Frankreich bald einer Welt in Waffen gegenüberstehen würde.

Am 12. Juni 1684 um Mitternacht wurde Ludwig zu Versailles mit Mme de Maintenon getraut; Pater La Chaise zelebrierte die Trauung, der Erzbischof von Paris erteilte den Hochzeitssegen, Louvois und Montchevreuil waren Trauzeugen, Bontemps bereitete den Altar vor und ministrierte bei der Messe.

Es war eine intime kleine Gesellschaft, die sich in jener Nacht in der Kapelle versammelte, und jeder mußte sich verpflichten, Ludwigs Geheimnis unverbrüchlich zu wahren. La Chaise war nicht nur seit über dreißig Jahren des Königs Beichtvater, sondern auch ein geschätzter Freund. Mit Rücksicht auf seine amtliche Stellung konnte Harlay de Champvallon, der Erzbischof von Paris, nicht von der Trauung ausgeschlossen werden, wenn auch Braut und Bräutigam ihn lieber nicht dabeigehabt hätten. Er machte der Priesterschaft Schande; als er 1695 starb, wurde ihm kein Nachruf gewidmet – »zwei Kleinigkeiten machen es unmöglich, einen solchen zu entwerfen, nämlich sein Leben und sein Tod«. Henri de Mornay, Marquis de Montchevreuil, »ehrenhaft, mutig, arm wie eine Kirchenmaus«, war seit 1658 mit Mme de Maintenon befreundet und stand auch beim König hoch in Gunst.

Es existiert kein Bericht über die Trauung, und es ist gelegentlich bezweifelt worden, ob Mme de Maintenon tatsächlich Ludwigs Gemahlin wurde. Sicher gibt es dafür keinen unwiderlegbaren Beweis, aber zahlreiche Einzelheiten sprechen dafür, daß die Trauung stattgefunden hat. Es gibt Stellen in den Briefen der Maintenon, die nur zu erklären sind, wenn man annimmt, daß sie verheiratet war. An ihren Bruder zum Beispiel – »Unsere Lose sind verschieden, meines glänzend, das Ihre bescheiden. Gott hat mich an den Platz gestellt, wo ich jetzt bin, und er weiß, daß ich die Position nicht gesucht habe.« An denselben – »Ich konnte Sie nicht zum Connétable machen, als ich es gewünscht hätte, und jetzt, wo ich es kann, wünsche ich es nicht. Ich kann nicht den, dem ich alles verdanke, um etwas Unvernünftiges bitten.« Einem anderen Korrespondenten schrieb sie: »Die Gunst, die ich genieße, bringt mich in Verlegenheit, selbst im Beichtstuhl.«

1692 gab eine päpstliche Bulle Mme de Maintenon die Erlaubnis, in jedem Kloster Frankreichs zu wohnen, solange sie wollte; das war eine Gunst, die der Vatikan in Frankreich nur der Königin gewährte. Dutzende von kleinen Einzelheiten bestätigen die Überzeugung, daß sie Ludwigs Gemahlin war. Zum Beispiel bestand der König darauf, daß sie in einem Armstuhl säße, eine Auszeichnung, die nur der Königin von Frankreich zukam, während die königlichen Prinzessinnen auf Taburetts saßen. Schließlich der Ton und Stil ihrer Briefe, alles Kleinigkeiten, die aber zusammen Gewißheit geben. Die Bekundungen ihrer Gegner machen dem Zweifel vollends ein Ende. St-Simon, der gehässigste und leichtgläubigste zeitgenössische Memoirenschreiber, der Mme de Maintenon fanatisch haßte, äußerte nie einen Zweifel, daß sie Ludwigs zweite Gemahlin sei, und das bedeutet, daß selbst er keine Spur eines Beweises für die Behauptung finden konnte, daß sie die Mätresse des Königs sei. Das gleiche gilt von ›Madame‹, in deren wütenden Schimpfreden gegen das »alte Mistvieh« sich keine Andeutung findet, daß Ludwig die Maintenon nicht geheiratet habe, sondern im Gegenteil große Empörung darüber, daß er eine so lächerliche und entwürdigende Verbindung eingegangen sei.

Also war endlich Aschenputtel mit dem Märchenprinzen verheiratet. Und waren sie von da an immer glücklich? Viele Jahre später sagte Mme de Maintenon, der König liebe sie zwar und mehr, als irgendeinen andern Menschen, aber doch nur so, wie er überhaupt lieben könne, denn Männer, wenn sie nicht von Leidenschaft erfaßt seien, verstünden sich im allgemeinen nicht auf zärtliche Liebe.

Die Sekretärin der Maintenon, Mlle d'Aumale, hat eine deprimierende Schilderung über das Eheleben ihrer Herrin hinterlassen. Sie schrieb, sie habe sie oft müde, krank, bekümmert und ruhelos gesehen, und doch pflegte sie, wenn Ludwig hereinkam, eine lachende Miene aufzusetzen, in zufriedenem Ton zu sprechen und den König mit tausend Einfällen zu erheitern, ihn vier Stunden lang, ohne sich zu wiederholen, ohne Pause und ohne Klatscherei zu unterhalten. Aber wenn der König um zehn Uhr ging und das Mädchen die Bettvorhänge vorzog, flüsterte sie Mlle d'Aumale zu, sie besäße nur noch die Kraft zu sagen, daß sie nicht mehr sprechen könne.

Die Ehe brachte der Maintenon ein großes Glück; sie konnte sich die Stellung schaffen, für die die Natur sie bestimmt hatte, nämlich als Leiterin einer großen Mädchenschule. Immer hatte sie davon geträumt, etwas zu tun, um die Last ihrer eigenen Klasse, des armen Adels, zu erleichtern, und hatte längst erkannt, daß es keine wertvollere Hilfe für sie gäbe als die unentgeltliche Erziehung ihrer Töchter. Und da sie Ludwig ihre Absichten geschickt während der ersten Aufwallung seiner Liebe vortrug, sicherte sie sich seine Zustimmung und später seine begeisterte Mitwirkung. Der König, dessen Liebe zu Kindern vielleicht seine beste Eigenschaft war, fing Feuer. Mit seinem unfehlbaren Geschick, die falsche Stelle für ein Gebäude auszuwählen, bestimmte er die sumpfige Ebene von St-Cyr für das Institut, das eines der Hauptinteressen seines Lebens bilden sollte. Aber nur bei der Auswahl der Örtlichkeit beging er einen Fehler; wir haben seine eigenen Notizen über die Verfassung der neuen Schule, ihre Einkünfte, ihre Ausstattung, die voraussichtlichen Unkosten usw., die alle den Stempel seines üblichen trockenen gesunden Menschenverstands tragen. Über einen Punkt waren sich die Gatten völlig einig: St-Cyr sollte nichts von einem Kloster an sich haben, denn von der Klostererziehung hielten sie nichts. Frankreich, sagte Ludwig, habe genug gute Nonnen und zu wenig gute Mütter; die letzteren sollte Mme de Maintenons Schule heranbilden.

Aber St-Cyr nahm 1684 Ludwig durchaus nicht so in Anspruch, daß er sich für nichts anderes interessierte;

Versailles war noch lange nicht fertig, und der König prüfte mit dem ihm eigenen Interesse für Einzelheiten die kleinsten Rechnungen, zum Beispiel die des Schlossers und die für Nägel, Riegel und Schrauben.

Dem Hof wurde die Lebensart der Maintenon und des Königs aufgezwungen, eine Herrschaft der Sittenstrenge brach in Versailles an, die die weltlich Gesinnten entsetzte. Komödien waren in der Fastenzeit verboten; Angehörige des Hofs wurden zurechtgewiesen, wenn sie nicht streng fasteten und sogar, wenn sie während der Messe flüsterten; der König verbrachte fast den ganzen Weihnachtstag in der Kapelle und befahl Brissac, dem Kommandeur der Leibwache, ihm die Namen aller Höflinge zu nennen, die er während des Gottesdienstes sprechen sah; selbst ›Monsieur‹, stets ein bevorzugter Günstling, wurde wegen seines liederlichen Lebens getadelt, und ›Madame‹ wegen ihrer unfeinen Ausdrucksweise. Erbauliche Reformen zweifellos, aber unglücklicherweise machten sich die schlimmsten Folgen eines aufoktroyierten Sittenkodex' bald bemerkbar; die Heuchelei wucherte üppig, das Denunziantentum florierte in Klöstern, Gasthäusern, Straßen und Häuslichkeiten, und nirgends führte die Geheimpolizei eine umfassendere Überwachung durch als in Versailles selbst. Doch die Anziehungskraft des Hofes blieb unwiderstehlich, und der Landadel kam in Scharen, um sich in einem Palast einzunisten, der rasch zu einem Polizeistaat im kleinen wurde. Die Zahlen sind verblüffend. Als Ludwig XIV. 1638 geboren wurde, lebten etwa 600 Edelleute am Hof; 1684 war die Zahl auf 7000 angestiegen.

Es wird oft gesagt, daß Ludwig nach 1684 sich blindlings von seinem Beichtvater lenken ließ, aber dabei wird vergessen, daß er einen scharf gliedernden Verstand hatte, der es ihm ermöglichte, unbeirrt die Grenze zu ziehen, wo die Religion aufhörte und die Politik anfing. Ludwig behauptete nie, ein Theologe zu sein, ihm galt sein Beichtvater als zuständig und verantwortlich für des Königs Seelenheil, dessen Anordnungen in Dingen der Religion deshalb befolgt werden mußten; aber er sollte sich hüten, in die Politik einzugreifen. Frankreich unter Ludwig war der einzige katholische Staat, in dem es den Bischöfen verboten war, mit dem Vatikan zu korrespondieren, außer durch Vermittlung des Außenministers, der bei den seltenen Anlässen, wo ein Briefwechsel erlaubt wurde, die Briefe las. Ludwig war so eifersüchtig auf die Macht der Priester, daß selbst laufende Korrespondenz mit dem Papst über Dinge wie Bullen und Dispenserteilungen nicht von der Kirche, sondern von den Pariser Banken geführt wurde.

Im siebenundvierzigsten Lebensjahr machte sich bei Ludwig die Intensität spürbar, mit der er gelebt hatte; er verlor die Zähne, schlief nicht mehr so gut und litt unter Magenbeschwerden und Alpdrücken. Aber er hatte Hof und Staat so fest wie je in der Hand. Zum Erstaunen seiner Umgebung war er nach sechs Monaten Ehe immer noch gleich aufmerksam gegen Madame de Maintenon.

Wir haben oben gelesen, wie empört Ludwig über Ordnungswidrigkeiten in der Armee war. Mehr noch brachte ihn 1685 ein großes Unrecht auf, das man den Arbeitern in Versailles antat. Die Leute, die die Gräben für die Röhren gruben, mußten bei der Arbeit bis zu den Knien im Wasser stehen; Ludwig bemerkte das und gab Anweisung, daß sie hohe Wasserstiefel und Extralohn erhalten sollten. Nach vierzehn Tagen kam er wieder dorthin und sah, daß einige immer noch ohne Schuhe arbeiteten, unter anderen ein mehr als Sechzigjähriger; dieser sagte dem König, daß M. Berthelot, der Intendant, ihm weder Stiefel noch höheren Lohn habe zukommen lassen. Die Untersuchung ergab, daß 600 andere Arbeiter in derselben mißlichen Lage waren. Es war neun Uhr morgens; Berthelot wurde sofort verhaftet, die Verhandlung gegen ihn dauerte bis zum Mittag, er wurde wegen Veruntreuung zum Tode verurteilt und um halb zwei Uhr gehängt.

Das Jahr 1685 brachte einen peinlichen Zwischenfall in der königlichen Familie; die Schuldigen waren Louis de Bourbon, Prince de Conti, und seine Gemahlin, des Königs Lieblingstochter. Die beiden hatten sich als Kinder ineinander verliebt und waren vom Glück ungewöhnlich begünstigt worden; zufällig paßte es in die Pläne des Königs, daß sie sich heirateten, und seit sie im Jahre 1680 Mann und Frau geworden waren, »liebten sie sich wie romantische Liebende«. Im März hatte Conti das Verbrechen begangen, Frankreich ohne Erlaubnis zu verlassen, um in Ungarn das Abenteuer eines Feldzuges gegen die Österreicher zu genießen. Aus Mons hatte er ein an Ludwig gerichtetes Entschuldigungsschreiben in einen Brief an die Prinzessin eingelegt. »Madame«, sagte Ludwig, als sie den Brief übergab, »ich kann nichts zurückweisen, was von Ihrer Hand kommt, aber Sie werden sehen, welchen Gebrauch ich davon mache«, und mit diesen Worten warf er den Brief ungeöffnet ins Feuer. Das war schon ziemlich unheilverkündend für Conti, aber es sollte Schlimmeres folgen; das junge Paar wechselte eine Reihe von Briefen, die, milde ausgedrückt, unvorsichtig waren; der Ruf mehrerer Damen wurde kompromittiert, ziemlich viel Unerfreuliches kam ans Licht, und was am schlimmsten war, es wurde von Ludwig in einem Ton gesprochen, der ihn entsetzte. Er war tolerant gegen Schmähungen, und als er in demselben Jahr eine besonders verletzende Schmähschrift gegen sich sah, sagte er nur: »Mich tröstet der Gedanke, daß niemand so etwas je über einen *roi fainéant* schreiben würde.« Aber daß jemand ihn komisch finden könnte, war ihm nie in den Sinn gekommen; er traute seinen Augen nicht, als er las, daß seine geheiligte Person und die Maintenon als »der alte Bauer und seine Alte« bezeichnet wurden. Conti war zu seinem Glück außer Ludwigs Reichweite, und Ludwigs Zorn ergoß sich auf die Prinzessin; die Art, wie er sie behandelte, war charakteristisch. Als sie das nächste Mal vor ihrem Vater erscheinen mußte, wurde sie durch einen Blick buchstäblich niedergeschmettert; aber Ludwig versprach trotz seines Ärgers seiner Tochter, er werde den Ruf all der in ihren Briefen kompromittierten Damen schonen; und bis zum heutigen Tage wissen wir von keiner einzigen.

Aber es lag dem König nicht, mit einer hübschen Frau längere Zeit böse zu sein, und die Prinzessin wurde bald wieder in Gnaden aufgenommen.

Am 18. Oktober 1685 unterzeichnete Ludwig die Aufhebung des für die Dauer bestimmten Edikts von Nantes. Es wird oft behauptet, die Aufhebung sei ein Ergebnis von Ludwigs Bekehrung gewesen, er habe die Ketzer als Sühne für seine eigenen Sünden geopfert; diese Theorie wäre nur haltbar, wenn Ludwigs Einstellung zu seinen hugenottischen Untertanen zwischen 1680 und 1685 plötzlich gewechselt hätte, während alles für das Gegenteil spricht. Kleinere Verfolgungen von Hugenotten fanden schon 1666 statt; 1668 begann der König, den Hugenotten Vergünstigungen anzubieten, die ihren Glauben abschworen; 1670 erwog er, sie auszurotten; 1674 wurde die heimliche Verfolgung verstärkt, 1676 erwog der König einen genialen Plan, die hugenottischen Geistlichen zu bestechen, sich nach einer Niederlage in einem vorher verabredeten Streitgespräch mit katholischen Priestern »bekehren« zu lassen; 1678 begann die Verfolgung, die der Tragödie von 1685 vorausging. Was auch immer Ludwigs Handlungsweise gewesen sein mag, sie war sicher nicht impulsiv. Die Idee von stellvertretenden Opfern war einem Mann von des Königs nüchterner Denkart ganz fremd.

Versuchen wir die Sache zu sehen, wie Ludwig sie sah. Er hatte sich seit 1680 einer Art geistlicher Besinnung hingegeben und war sich darüber klargeworden, daß es noch andere Sünden gab als die des Fleisches. Er war Gottes Stellvertreter auf Erden, die Sorge für zwanzig Millionen Seelen war ihm anvertraut, und fast zwanzig Jahre lang hatte er müßig zugesehen, wie eine nicht unbeträchtliche Anzahl von ihnen den Weg zur Hölle antraten. Und was, hätte sein Beichtvater ihn wohl fragen können, konnte Ludwig am Tag des Gerichts vorbringen, wenn ihm Rechenschaft für jene Seelen abverlangt wurde, die er nicht vor der Verdammnis bewahrt hatte? Überredung hatte die verlorenen Schafe nicht zurückgebracht, Leiden in der Zeitlichkeit bedeuteten nichts, verglichen mit ewiger Verdammung; Ludwig sollte die Worte *compelle intrare* bedenken. Und das tat Ludwig, wie wir wissen; er ließ sich über diese zwei schwierigen Worte Ausarbeitungen von allen Bischöfen machen und arbeitete sie selbst durch. Es besteht kein Grund, Ludwig niedrige oder selbstische Beweggründe zuzuschreiben; akzeptiert man die Voraussetzungen seiner Kirche, so bestand die wahre Güte, die er seinen ketzerischen Untertanen beweisen konnte, darin, »sie zu zwingen einzutreten«.

Man kann Ludwig nicht dafür tadeln, daß er seiner Zeit in seiner Auffassung nicht voraus war; aber man kann und muß ihn tadeln, daß er es unterließ, die zahllosen »Bekehrungen«, die der Aufhebung des Edikts vorausgingen und sie verursachten, auf ihre Echtheit zu prüfen. Auch kann man ihm die sich daraus ergebenden Grausamkeiten nicht verzeihen, weil er angeblich nicht wußte, was seine bekehrenden Schergen in seinem Namen taten. Es ist nur eine Auffassung möglich; entweder war Ludwig ein Autokrat oder ein Werkzeug in den Händen anderer. Wir glauben, daß er ein Autokrat war, daß er auf unzulängliches Tatsachenmaterial übereilte Entscheidungen stützte und es unterließ, seine Vollzugsorgane zu überwachen, nachdem einmal der entscheidende Schritt getan war.

Wie auch immer bei der Aufhebung des Edikts Recht und Unrecht verteilt gewesen sein mögen, das unmittelbare Ergebnis war, daß Ludwigs Beliebtheit bei allen Klassen stieg. Frankreich jubelte ihm zu wie nie seit seiner Kriegserklärung an Holland im Jahre 1672. Im Ausland entsprach die Reaktion protestantischer und katholischer Staaten Ludwigs Erwartungen. Mit einer beunruhigenden

Ausnahme: als einziger katholischer Souverän sandte der Papst dem ältesten Sohn der Kirche keinen Glückwunsch – »man konnte ihn nicht dazu bewegen, die geringste Billigung des Angriffs auf die Hugenotten auszusprechen«. Das war von Ludwigs Standpunkt aus um so bedauerlicher, als Innozenz XI. der einzige Papst des Jahrhunderts war, dessen Aufrichtigkeit und Lauterkeit von ganz Europa, dem protestantischen und dem katholischen, anerkannt wurde.

8

Am 23. Februar 1686 mußte sich Ludwig in die Hände seines Wundarztes Felix begeben, eines wagemutigen Praktikers, der sechzehn Jahre später bei dem Versuch, sich selbst zu operieren, sterben sollte. Felix diagnostizierte das Leiden des Königs als eine Darmfistel, und da die Behandlung nichts half, beschloß Ludwig, sich der damals so genannten ›Großen Operation‹ zu unterziehen. Am 18. November wurde sie in Gegenwart von Mme de Maintenon vorgenommen; vor dem Eingriff machte Ludwig eine seiner seltenen sarkastischen Bemerkungen – »behandeln Sie mich nicht wie einen König, ich will gesund werden wie ein Bauer«. Kein Stöhnen entrang sich ihm, während der Chirurg arbeitete, nur ein verdrießlicher Zwischenfall störte die Ruhe; die Montespan versuchte »in der anmaßenden Art, die eine lange Zeit des Herrschens hervorbringt«, in das Zimmer einzudringen. Aber der diensthabende Türhüter verweigerte ihr den Zutritt, und sie kehrte zu ihren eigenen Gemächern zurück in einem Zorn, den sie törichterweise alle Welt merken ließ.

Am selben Nachmittag saß Ludwig im Bett dem Staatsrat vor und verbrachte den 20. »erstaunlich heiter singend« immer noch im Bett. Dagegen litt er am 11. Dezember »sieben Stunden, als wenn er aufs Rad geflochten würde«. Aber zu Weihnachten war er vollständig geheilt.

Obwohl er während des ganzen Jahres mehr oder weniger leidend gewesen war, hatte Ludwig in seiner normalen ununterbrochenen Tätigkeit nicht nachgelassen. Die Paraden dieses Sommers, die eine Warnung für die bedrohliche antifranzösische Liga von Augsburg sein sollten, waren sogar sorgfältiger ausgearbeitet als gewöhnlich; die unerfahrene jüngere Generation machte sich über den König hinter seinem Rücken lustig; sie sangen Lieder mit dem Kehrreim, daß Ludwig Paraden mehr schätze als den Krieg.

In der Öffentlichkeit schmeichelte man ihm so übertrieben wie je, und die Schmeichelei erreichte vielleicht ihren Höhepunkt mit La Feuillades ungewöhnlicher Veranstaltung vor dem Standbild des Königs auf der Place des Victoires. Er marschierte an der Spitze französischer Gardisten dreimal um das Denkmal herum und warf sich jedesmal davor zu Boden, »wie die Heiden es vor den Statuen ihrer Kaiser zu tun pflegten«. Auch hinterlegte er einen Betrag für Lampen, die ständig, Tag und Nacht, vor der Statue brennen sollten. Aber es war alles vergebens, denn Ludwig, der ihn nicht leiden konnte, lachte nur. Des Königs Krankheit war so geheimgehalten worden, daß noch im August ›Madame‹ glaubte, er bekäme das Dreitagefieber; ihre Betrachtungen über die Lage sind aufschlußreich. »Gott bewahre uns vor seinem Fieber«, so sagte sie; sie fürchtete nämlich, es würde den König noch mürrischer machen, als er ohnedies war. Sie fügte bitter hinzu, Ludwig hielte sich für fromm, weil er jetzt mit einer alten Frau schliefe, statt mit einer jungen; seine Frömmigkeit bestünde in Wahrheit darin, daß er überall Spione habe und alle Menschen quäle.

Infolge ihrer wütenden Eifersucht auf die Maintenon war ›Madame‹ keine unbefangene Zeugin, aber Hébert, der im November Pfarrer von Versailles wurde, hat ein wenig anziehendes Bild des Hofs in seiner Glanzzeit hinterlassen. Das erste, was ihm auffiel, war der überwältigende Luxus; besonders erschüttert war er, daß die Bischöfe »in einem Überfluß lebten, der selbst bei Frauen tadelnswert gewesen wäre«. Sie entwürdigten ihr Amt durch ihre Habgier, sagte er, und viele besuchten ihre Diözese nur selten, weil ihre ganze Energie darauf gerichtet sei, die Versetzung in eine reichere Diözese zu erlangen; um bevorzugt zu werden, erniedrigten sie sich vor dem Beichtvater des Königs, vor Günstlingen und vor Frauen, die für ihr liederliches Leben streng zu tadeln ihre Pflicht gewesen wäre. Das nächste, was ihm am Leben des Hofs mißfiel, war nicht nur die unglaubliche Spielleidenschaft, sondern der Umstand, daß Leute jeden Ranges mit den Höchsten im Lande spielen konnten, wenn sie nur genug Geld hatten; er selbst habe gesehen, wie ein Metzger mit Rittern vom St-Esprit spielte. Vielleicht das schlimmste von allem aber sei die tiefe Sittenverderbnis, die sich darin zeige, daß ein Edelmann, der seiner Frau treu war, ausgelacht werde als jemand, der *à la bourgeoise* lebe. Aber Hébert generalisiert einzelne Vorkommnisse.

Ludwig zeigte sich vielmehr in den Jahren 1686 und 1687 von seiner besten Seite. Selbst auf dem Gebiet der internationalen Politik war eine weise Mäßigung an die Stelle seiner früheren Anmaßung getreten, freilich wußte er, daß Frankreich erschöpft war, und bemühte sich, mit seinen Mitteln hauszuhalten. Er wurde nachgiebiger gegen das offizielle Paris, das er so unversöhnlich haßte; am 30. Januar 1687 nahm er eine Einladung an, mit den Würdenträgern der Stadt im Rathaus zu speisen, und machte seine Sache gut. Er ließ nicht zu, daß auf seinem Weg von Notre Dame, wo er die Messe gehört hatte, Truppen Spalier bildeten, damit seine Untertanen ihn besser sehen könnten.

Auf dem Gebiet der Steuern trieb sein Gewissen ihn, seinen Untertanen die schwere Last zu erleichtern, die sie für den ›Ruhm Frankreichs‹ zu tragen hatten. Als im Jahre 1687 ein neuer Vertrag mit den Steuerpächtern ausgelegt wurde, weigerte er sich, den Meistbietenden anzunehmen und erst recht, die Gebote höher zu treiben, was er leicht gekonnt hätte; denn er war überzeugt, »wenn diese Herren übertriebene Angebote machten, würden sie sich schadlos halten, indem sie die Bevölkerung rupften«. Im Frühsommer schickte er Beamte in die Provinzen, die Mißbräuche bei der Eintreibung der Steuern aufspüren und die einzelnen Leute wie die Gemeinden ermutigen sollten, sich zu beschweren. Ferner gab er dem Hof ein gutes Beispiel, indem er seine Privatschulden bezahlte. Das verschafft uns übrigens einen verblüffenden Einblick, was für ein Vermögen man machen konnte, wenn man die Brosamen von Ludwigs Tisch aufsammelte; in zwölf Jahren war er seinem Kammerdiener Bontemps 22000 Pfund schuldig geworden »für Erfrischungen und Abendessen«.

Jetzt wie stets war Ludwig in Marly in seiner glücklichsten und menschlichsten Verfassung; wenn ein Aufbruch dorthin bevorstand, nahmen die Höflinge an ihm eine gewisse gesteigerte Freundlichkeit wahr. Racine, einer der Gäste Ludwigs, schrieb aus Marly, niemand, der nicht einmal dagewesen sei, könne sich vorstellen, wie schön es dort sei und wie anders der Hof in Marly als in Versailles. In Marly gebe es nur einen kleinen Kreis besonders geladener Gäste, deswegen fühle sich jeder hochgeehrt und in bester Stimmung. Der König, so fuhr er fort, sei liebenswürdig und ungezwungen; »er tat mir die Ehre an, sich einige Male mit mir zu unterhalten, und mir ging es danach wie gewöhnlich, das heißt, ich war begeistert von ihm und verzweifelt über mich selbst; denn ich verfüge niemals über so wenig Geist als in jenen Augenblicken, wo ich ihn am nötigsten brauche«.

Wie üblich in Marly, wollte Ludwig, daß die Dienerschaft den Aufenthalt dort als eine Erholung für sich wie für ihren Herrn betrachtete; so bemerkte Racine, daß der König am 4. Dezember die Aufführung von *Le Bourgeois Gentilhomme* auf sechs Uhr statt auf den späten Abend ansetzte, damit sie nicht mit der Abendmahlzeit der Bedienten kollidiere.

Was in dieser Zeit besonders auffiel, war Ludwigs unverminderte Aufmerksamkeit für Mme de Maintenon, und das nach vierjähriger Ehe; selbst ›Madame‹ mußte es anerkennen. Sie schrieb im April 1688 aus St-Cloud an eine Freundin, der König habe gewiß nie eine solche Leidenschaft für eine seiner Mätressen empfunden wie für dieses häßliche alte Weib; es sei merkwürdig, die beiden in ihrem

Zusammensein zu beobachten. Wenn die Maintenon sich an eine andere Stelle des Zimmers begebe, folge Ludwig ihr fast unmittelbar, um ihr etwas ins Ohr zu flüstern, selbst wenn sie den ganzen Tag miteinander verbracht hätten.

Das Jahr 1688 war für Ludwig ein Jahr der Sorge und erforderte häufig schnelle Entscheidungen. Der europäische Himmel war verdunkelt von Sturmwolken über England, wo Jakob II. in drei Jahren das Ansehen, das Karl II. in mehr als einem Vierteljahrhundert gewonnen hatte, verscherzte. Hier ist nicht der Ort zu untersuchen, wie aus dem tapferen und tüchtigen Seemann Jakob, Herzog von York, der sonderbar unfähige König Jakob II. werden konnte. Es genügt festzustellen, daß er alle Klassen seines eigenen Volkes und jeden europäischen Herrscher, außer Ludwig, sich entfremdet hatte und nun durch Anmaßung auch noch seinen französischen Vetter dahin brachte, ihn seinem Schicksal zu überlassen. England hatte Jakob ertragen im Vertrauen darauf, daß ihm seine protestantische Tochter Mary, die Gemahlin Wilhelms von Oranien, auf dem Thron folgen werde; als aber die Königin am 10. Juni einem Sohn das Leben schenkte, beschloß das Land, nicht länger auszuharren, und am 30. forderten die Whigs Wilhelm auf, in ihr Land einzurücken. In demselben Monat fiel Ludwig, für den es lebenswichtig war, daß Jakob König von England blieb, in das Kurfürstentum Köln ein und machte zwangsweise den Kardinal Prinz von Fürstenberg, »den französischen Hauptschlüssel Deutschlands«, zum Kurfürsten. Damit hatte er ein Ausfallstor nach Holland und ein Sprungbrett nach Norddeutschland gewonnen, aber er trieb mit

Sicherheit zum Kriege mit dem Reich und mit großer Wahrscheinlichkeit zu einem Kampf mit ganz Europa.

Wäre es auf ihn angekommen, so hätte Ludwig nicht diesen Augenblick für einen allgemeinen Krieg gewählt; seine Finanzen waren angespannt, er war schwächer als je seit der Zeit vor Louvois, dazu ohne Bundesgenossen, während zu seinen wirklichen und möglichen Feinden das Reich, Holland, Schweden, Spanien, England und der Papst gehörten. Aber Ludwig konnte nicht müßig zusehen, wie Wilhelm König von England wurde und entschied sich für das wahrscheinlich beste Verfahren; er verwarf Louvois' Rat, Maastricht anzugreifen, weil er meinte, und zweifellos mit Recht, daß selbst die Einnahme der Festung Wilhelm nicht davon abschrecken würde, in England einzurücken. Statt dessen griff Ludwig bei Philippsburg am Oberrhein an, dem einzigen Zugangsweg der Kaiserlichen nach Frankreich. Am 24. September gab er »seine gerechten Beschwerden« gegen den Kaiser bekannt, und am 27. griffen seine Armeen an der ganzen Rheinfront an. Das war eine kluge Strategie, nur wurde sie durch einen verhängnisvollen Rechenfehler verdorben; Ludwig glaubte, daß die englische Revolution, wie der englische Bürgerkrieg, lange dauern würde.

Der Duc du Maine trat bei der Belagerung von Philippsburg zum erstenmal militärisch hervor und hielt sich gut; die Gefühle seines Vaters waren aus Stolz und Angst um sein Lieblingskind gemischt, sie zeigten sich deutlich in seinen äußerst menschlichen Briefen an den Gouverneur des Jünglings. Er habe mit Ungeduld darauf gewartet, selbst von ihm zu hören, wisse aber dem Gouverneur

Dank, daß er an Mme de Maintenon geschrieben habe. Hocherfreut, daß sich der Duc du Maine tapfer halte, sei er doch in großer Sorge um seinen Sohn und tröste sich mit dem Gedanken, daß der Gouverneur ihm zur Seite stehe; gute und schlechte Nachrichten sollten ihm rückhaltlos übermittelt werden – »ich will ein vollständiges Bild haben, und ich vertraue darauf, daß Sie mir nichts vorenthalten«.

Dieser jetzt achtzehnjährige Lieblingssohn enttäuschte Ludwig, der sich durch Liebe zu ihm nicht in der Beurteilung seines Charakters beeinflussen ließ; es war eine negative Enttäuschung, denn der junge Mann hatte kein Laster. Seit seiner Kindheit verkrüppelt, war er von Mme de Maintenon erzogen worden und das Meisterstück seiner Erzieherin. Er war ein frühreifes Kind gewesen, und als seine Schulausbildung beendet war, hatte er sich zu einem schüchternen und gehemmten Jüngling entwickelt, der sich bei Frauen wohler fühlte als unter Männern, immer noch am Schürzenband der Maintenon hing und nicht den Ehrgeiz, das Streben und die Lebhaftigkeit besaß, die allein ihm zum Erfolg in der Welt verhelfen konnten, für die sein Vater ihn bestimmt hatte.

Die täglichen Pflichten, nebensächliche und wichtige, wurden trotz des Krieges weiter erfüllt.

Im Juni finden wir Ludwig, wie er einer armen Witwe zu ihrem Recht verhilft; ihre Besitzung war durch eine alte Juristenfamilie, namens De Mesmes, weggenommen worden, deren gegenwärtiges Haupt, Jean Jacques, seit 1671 Richter war:

»Kaum hatte sich der König gesetzt, als Brissac Mutter und Sohn hereinführte. M. de Mesmes erkannte sie und erbleichte, aber es wurde schlimmer für ihn, als der König die Eingabe der Frau aus der Tasche zog.

Ludwig: Lesen Sie dies, M. de Mesmes, es ist eine hübsche Lobrede auf Ihr Verhalten.

Mesmes: Sire, ich . . .

Ludwig: Lesen Sie es, dann will ich mit Ihnen sprechen. Ist die Darstellung richtig?

Mesmes: Ja, Sire.

Ludwig (ärgerlich): Sie wagen das zuzugeben? Mit welcher Begründung halten Sie das Land zurück?

Mesmes: Sire, mein Vater und ich sind seit über dreißig Jahren Besitzer.

Ludwig: Gehört es deshalb den Eigentümern rechtlich weniger?

Mesmes: Sire, der Zeitablauf gibt uns ein Recht durch Ersitzung.

Ludwig: Worauf beruht dieses Ersitzungsrecht?

Mesmes: Auf dem Gesetz, Sire.

Ludwig: Dann merken Sie sich, Monsieur, daß es vor Gott, mir und der Gerechtigkeit ein solches Gesetz nicht gibt; bevor Sie Versailles verlassen, werden Sie das Land zurückgeben, das Sie so unberechtigt besitzen. Ich rate Ihnen, mich nicht mehr von der Sache hören zu lassen. Ihr Verhalten, Monsieur, ist abscheulich.

Am 5. November landete Wilhelm bei Torbay und rückte in Richtung auf London vor; mit der Armee Jakobs II. nahm er bei Salisbury Fühlung auf; von da zog sich Jakob, von Marlborough im Stich gelassen, gegen die Hauptstadt zurück. Am 21. landete die Königin bei Calais; Lauzun hatte sie heimlich mit dem kleinen Prinzen von Wales aus

England herausgebracht und erhielt den Hosenbandorden und wurde von Ludwig für seine Dienste in Gnaden wieder aufgenommen. Am 6. Januar 1689 erreichte die Reisegesellschaft St-Germain. Der Sturz der Stuarts war der schwerste Schlag, der Ludwig je getroffen hatte, und erbitterte ihn besonders, weil Jakob, wenn er auf Ludwigs Warnungen gehört und den ihm angebotenen Beistand angenommen hätte, sich vielleicht auf dem Thron hätte halten können. Indes zeigte Ludwig keine Spur von Zorn, als er das gestürzte Königspaar empfing; die Aufnahme war großmütig und ritterlich; St-Germain wurde eilig zu ihrem Empfang gerichtet und Ludwig sorgte persönlich für Spielzeug im Kinderzimmer.

Königin Marie und Ludwig trafen sich bei Chatou, fünf Meilen von St-Germain entfernt. Kaum sah der König den kleinen Prinzen von Wales, als er auf ihn zueilte, um ihn zu küssen; dann wandte er sich der Mutter zu, dic zum Zeichen ihrer Dankbarkeit aus dem Wagen gestiegen war, und sagte: »Madame, heute habe ich Ihnen einen sehr traurigen Dienst zu erweisen, aber in Zukunft hoffe ich Ihnen größere und nützlichere Dienste zu leisten.« In St-Germain fand die Königin alles so, wie es für eine Königin von Frankreich hergerichtet worden wäre, außerdem auf ihrem Toilettentisch eine Börse mit 3000 Pfund.

Jakob II. folgte der Königin und traf am 7. Januar in St-Germain ein, wo Ludwig ihn erwartete; es ist bemerkenswert, daß der arroganteste Monarch Europas seinen Gast nicht in der Vorhalle für die Leibwache begrüßte, sondern außerhalb derselben und »ihm die Hand gab«, eine Ehrung, welche nach französischer Etikette keinem Souverän zustand, außer dem Kaiser. Höflinge deuteten ihre Überraschung an, aber Ludwig erklärte, bei einer solchen Gelegenheit müsse er nach seinem Empfinden über das übliche hinausgehen, um zu betonen, welche Achtung er auch für einen gestürzten Monarchen, welch Mitgefühl er für einen König in der Verbannung hege. Dies Verhalten gegen die Stuarts war das Vorbild, nach welchem sich Ludwig den Rest seines Lebens peinlich genau richtete; selbst als Jakob, ungeschliffen wie er war, darauf bestand, unter seinen Titeln den eines ›Königs von Frankreich‹ beizubehalten, protestierte Ludwig nicht; und noch viele Jahre später, als er ein alter Mann war, erhob sich, wenn ›Jakob III.‹ in Versailles tanzte, der König von Frankreich und blieb barhäuptig stehen, bis ›der König von England‹ sich setzte.

Aber um zum 7. Januar zurückzukehren: Die beiden Könige »lagen sich lange in den Armen«, dann geleitete Ludwig seinen königlichen Bruder in das Gemach der Königin von England und führte ihn ihr zu mit den Worten: »Ich bringe Ihnen einen Mann, dessen Anblick Sie sehr erleichtern wird.« Als sich die beiden Könige trennten, sagte Ludwig zu Jakob: »Ich möchte nicht, daß Sie mich hinausbegleiten; heute sind Sie noch mein Gast; morgen werden Sie mich in Versailles besuchen. Ich werde Ihnen dort die Ehre erweisen und wenn ich Ihren Besuch erwidere, werden Sie mich ebenso empfangen; und danach werden wir ohne Förmlichkeiten miteinander verkehren.«

Als Jakob II. Frankreich verließ, um Irland zurückzuerobern, verabschiedete Ludwig den Verbannten mit den Worten: »Ich hoffe, Sie nie wieder zu sehen.«

In diesem Jahr verwüstete Ludwig die Pfalz; das war ein viel schlimmeres Verbrechen als die Aufhebung des Edikts von Nantes; seine Verteidiger bringen in beiden Fällen die gleiche Entschuldigung vor – er habe nichts von den Grausamkeiten gewußt, die in seinem Namen verübt wurden. Vielleicht nicht, aber weshalb? Und natürlich entwarf Louvois den Plan für dieses strategische Unternehmen, welches eher in unser eigenes Jahrhundert zu passen scheint als in das siebzehnte. Der Plan, der getreulich ausgeführt wurde, sollte dazu dienen, den Österreichern die Pfalz als Gelände für militärische Operationen zu nehmen, indem man sie in eine Wüste verwandelte; Städte und Schlösser wurden in die Luft gesprengt, Vieh, Getreide, Weinberge, Gutshöfe und landwirtschaftliche Geräte vernichtet, Brücken zerstört und den Bewohnern wurde bei Todesstrafe verboten, den Wiederaufbau der niedergebrannten Dörfer zu betreiben. Nur eines läßt sich zu Ludwigs Gunsten anführen, nämlich daß er trotz Louvois' Widerspruch schließlich den Schaden teilweise wiedergutmachte; die rheinischen Bauern, die das Glück hatten, die Flucht zu überleben, durften sich im Elsaß ansiedeln und waren zehn Jahre lang von Steuern befreit. Aber das furchtbare Elend, in das die Einwohner gestürzt wurden, hinterließ einen unauslöschlichen Eindruck in Deutschland; die Trümmer des Heidelberger Schlosses blieben zur Erinnerung an französische Barbarei erhalten.

Die Verwüstung erweiterte den Bruch zwischen Ludwig und ›Madame Palatine‹; denn diese Greueltaten wurden angeblich begangen, »um die Ansprüche meiner Schwägerin, der Herzogin von Orléans«, durchzusetzen. So erschien sie, wie sie klagte, als Zerstörerin ihres teuren Heimatlandes und ihrer Lieblingsstadt Mannheim, die in einen Trümmerhaufen verwandelt wurde. Und wenn sie an all das dachte, konnte sie vor Kummer nicht schlafen oder, wenn sie einschlummerte, so nur, um von dem Unglück zu träumen und erschreckt aufzuwachen und sich von neuem die Leiden ihres Volks zu vergegenwärtigen. »Und«, so schloß sie mit bitterem Grimm, »der König ist über meinen Kummer gekränkt!«

›Madame‹ übertreibt nicht, wir wissen aus anderen Quellen, daß Ludwig verletzt war, weil sie es nicht fertig brachte, sich über den Erfolg seiner Waffen in der Pfalz zu freuen. Ludwigs Ärger über die »unpatriotische« Haltung seiner Schwägerin zeigt vielleicht am deutlichsten, zu welcher Gefühllosigkeit sein grenzenloser Egoismus ihn in seinen schlechtesten Augenblicken trieb. Er war ein widerspruchsvoller Mensch – zynisch und skrupellos in der Außenpolitik, im Lande unparteiisch und gerecht; brutal, freundlich, gefühllos, rücksichtsvoll, dies alles konnte er sein.

Dem Jahre 1690 verdanken wir die wertvollste zeitgenössische Schilderung Ludwigs, die wir besitzen; sie stammt aus einem Geheimdokument und ist verfaßt von dem brandenburgischen Gesandten in Paris, der von seinem Herrn beauftragt war, ein vollständiges Aktenstück über Frankreich anzulegen. Es wurde natürlich nicht durch die französische Post, sondern durch besonderen Kurier nach Berlin geschickt und war daher vor neugierigen Blicken sicher; mit andern Worten, es ist ein objektives Bild Ludwigs von einem erfahrenen Diplomaten.

Der König von Frankreich, schrieb er, sei nicht hervorragend begabt, habe indes, obwohl er nur eine mangelhafte Erziehung genossen, sich die Fähigkeit angeeignet, die ganze Last der Regierung auf seinen Schultern zu tragen. Weder glänzend noch tiefgründig oder gar genial, besitze er doch die Eigenschaften, die einen König groß machen. Er sei scharfsinnig und genau, weder übellaunisch noch heftig; er beurteile die Menschen und die Dinge vernünftig und gerecht. Enttäusche jemand, sei es auch ohne Schuld, sein Vertrauen, so kenne er keine Nachsicht. Er spreche wenig, aber was er sage, sei sachdienlich und würdig. Von Natur neige er zur Gerechtigkeit und Billigkeit, sofern er sich nicht durch falsche Ideen über *La Gloire* verleiten lasse. Er sei beherrscht in seinen Leidenschaften, nicht leicht gekränkt und führe ein nüchternes und regelmäßiges Leben. Aber, so fuhr der Gesandte fort, er habe auch weniger lobenswerte Eigenschaften. Äußerst bedacht auf seine Autorität, sei er in der Beziehung so lächerlich empfindlich, daß er keine gerechte oder auch nur vernünftige Entscheidung treffen könne, wenn er sich einmal in den Kopf gesetzt habe, daß seine königliche Autorität angezweifelt würde. Seine Freigebigkeit sei durchaus nicht selbstlos, sie entspringe seinem Geltungsbedürfnis, er schwanke immer zwischen Sparsamkeit und Verschwendungssucht; infolgedessen verschwende er oft, wenn er hätte sparsam sein sollen und umgekehrt. Seine frühen Siege, die Unterwürfigkeit des französischen Volks und die unaufhörlichen Schmeicheleien verführten ihn dazu, Lobeshymnen für aufrichtige Anerkennung seiner Taten zu halten. Es wäre falsch, schrieb Spanheim weiter, zu glauben, daß seine Frömmigkeit nur vorgetäuscht sei, sie ruhe auf religiösen

Grundsätzen, soweit er sie verstehen könne, aber sein Glaube habe ihn offenbar nicht Demut, Barmherzigkeit und Mitgefühl gelehrt. Noch etwas anderes spreche zugunsten des Königs: er habe keine Günstlinge, wenn man nicht ›Monsieur‹ als einen solchen ansehen wolle, denn der dürfe sich Frechheiten erlauben, die der übrigen Familie untersagt seien. Bei Mahlzeiten dominiere sein Geschwätz und übertöne die Unterhaltung; der König dulde es, weil er auf diese Weise über den Tagesklatsch auf dem laufenden gehalten werde. Was ihn am meisten beeindruckt habe, sei die Tatsache, daß der Hof bei all seinem äußeren Glanze methodisch und sparsam verwaltet werde und einen ausgezeichneten Polizeiapparat unterhalte. Die Galanterie, »in der seit unvordenklicher Zeit der französische Hof der Lehrmeister ganz Europas gewesen sei, sei ebenso vollständig verschwunden, wie Gotteslästerung und Gottlosigkeit«.

Noch ein anderer versuchte in diesem Jahr, sich ein Urteil über Ludwig zu bilden, nämlich Fénelon, der 1695 Erzbischof von Cambrai werden sollte, und den Ludwig »den feinsten und erleuchtetsten Denker meines Reichs« nannte. Dieser liebenswürdige Kleriker hatte 1688 die Maintenon kennengelernt und für sich eingenommen; 1690 war er ihr Hauptberater bei der heiklen Aufgabe, Ludwigs Läuterung zu fördern. Im Januar riet er ihr in einem Brief, sich bei der Behandlung des Königs an keine festen Regeln zu halten und kein religiöses Gespräch mit ihm zu beginnen, wenn es sich nicht von selbst und aus innerem Antrieb ergebe. Sie solle sich gegenüber dem König einfach, freundlich, ungezwungen und heiter geben, ohne zu planen oder nachzudenken, wie ein Kind; auf die Dauer werde Ludwig nicht umhin können, die Freiheit der Gotteskinder schätzen zu lernen, die heute Anstoß bei ihm errege. Vor allen Dingen dürfe sie nicht verschlossen, zurückhaltend oder streng mit ihm sein; er, Fénelon, würde lieber hören, daß sich Ludwig gegen Mme de Maintenons Bemühungen auflehne, als daß er zerstreut und gleichgültig sei.

Daraus geht hervor, daß Fénelon Ludwig besser verstand als Mme de Maintenon; der es im übrigen, wie man sich vorstellen kann, schwergefallen sein dürfte, ein harmloses kleines Mädchen überzeugend darzustellen.

Am 20. April starb die Dauphine und »der König sah, wie sie ihren letzten Atemzug tat, nachdem er eine Stunde am Fußende ihres Bettes im Gebet verbracht hatte«. Ihr Scheiden brachte kaum eine Veränderung ins äußere Bild des Hoflebens, und sie verdient nur deshalb einen Nachruf, weil sie die einzige Frau war, die jemals in Versailles ihren Willen gegen die Wünsche des Königs durchsetzte. Der König hatte gewünscht, daß sie Maria Theresias frühere Stellung einnehmen sollte, und sich vergeblich bemüht, sie aus ihrer Zurückgezogenheit herauszulocken; er hatte geglaubt, durch gute Behandlung und »die vornehme und ritterliche Art, wie er Freundlichkeiten erwies«, könne er sie bewegen, hofzuhalten. Aber sie ging so wenig darauf ein, daß er schließlich die abschlägigen Antworten satt hatte und sie ihrer Einsamkeit überließ. Sie lebte in den dunklen luftlosen kleinen Kammern hinter ihren Empfangsräumen. Ihr einziges Vergnügen bestand darin, mit ihrer Lieblingsdienerin Bessola deutsche Gerichte zu kochen.

Aber die Frauen insgesamt erwiesen sich in einem Punkte stärker als Ludwig; sie lehnten es ab, ihre Moden auf seinen Wunsch zu ändern. 1691 stellte er fest, daß die Abschaffung der Fontange-Haartracht »ihm mehr Schwierigkeiten bereitete und ihn mehr Geld kostete als alle seine Siege«; und kaum wandte er den Rücken, da tauchte die Fontangefrisur wieder auf. Noch 1712 klagte er über den weiblichen Eigensinn und bekannte verärgert, daß er sich bei all seiner königlichen Autorität vergebens gegen die hohen Frisuren der Damen geäußert habe: nicht eine wolle sie ihm zuliebe etwas niedriger tragen. Dann erschien eines Tages eine Engländerin von keineswegs hohem Rang mit niedriger Haartracht, und sofort gingen alle Prinzessinnen von einem Extrem zum andern über.

In Ludwigs derzeitigem Krieg gegen die Augsburger Allianz erwies sich der Marschall de Luxembourg als der hervorragendste Soldat seiner Zeit. Für den Pariser Pöbel war er ›der Dekorateur von Notre Dame‹; diesen Namen hatte man ihm mit Rücksicht auf die zahlreichen feindlichen Fahnen verliehen, die er nach jedem seiner Siege in der Kathedrale der Hauptstadt aufhängte. Aber er selbst empfand weit mehr Stolz wegen einer anderen, nur den Eingeweihten bekannten Auszeichnung: der Belastung, die er im europäischen Kriegsspiel darstellte; wo er den französischen Oberbefehl hatte, fürchtete der Gegner seine Anwesenheit, als wären weitere 5 000 erstklassige französische Soldaten zugezogen. Hätte Ludwig vollen Gebrauch von seinen Diensten gemacht, so wäre sein Ruhm noch größer gewesen. 1690 bestimmte ihn der König zu seinem Stellvertreter für den Feldzug von 1691. Mit erheblichem

Widerwillen vernahm Luxembourg, daß es seine Aufgabe sein sollte, Ludwigs Belagerung von Mons zu decken, und auch mit Sorge, denn er wußte, daß Frankreich es sich nicht mehr leisten konnte, Truppen an eine wichtigtuerische Belagerung zu verschwenden; sein militärischer Instinkt wehrte sich gegen die Offensiv-Defensive, auf die der König eingeschworen war. Aber es blieb ihm nichts übrig, als dem Befehl zu gehorchen.

Am 16. März brachte Ludwig die Maintenon zu den Damen von St-Cyr und sagte: »Ich vertraue Ihnen an, was mir am teuersten ist«; am gleichen Tage trennte er sich endgültig von der Montespan.

Zwölf Jahre lang hatte Athénaïs sich vernachlässigt und verachtet am Hof gehalten und wäre vielleicht noch länger so verblieben, wenn ihr nicht Ludwig die Sorge für ihre Tochter, Mlle de Blois, später Duchesse d'Orléans, aus der Hand genommen hätte. Das war das letzte, an das die Montespan sich geklammert hatte. Sie verlor vollständig die Fassung und bat Ludwig in einem bitteren Schreiben um die Erlaubnis, den Hof zu verlassen, »und der König willigte freudig ein«; um sicherzugehen, daß die Dame es sich nicht noch einmal anders überlegte, gab er noch am gleichen Tag ihre Gemächer zu Versailles dem Duc du Maine.

Am 17. begab sich Ludwig zur Front und traf am 21. vor Mons ein. Wie gewöhnlich stand Ludwigs Erfolg von vornherein fest, am 8. April genoß er den Triumph, daß die Stadt sich ihm ergab. Mit dem Nachlassen seiner jugendlichen Begeisterung war er weniger denn je geeignet, seine Armeen zu kommandieren. Zu Mons hatte er mehr Truppen, als er verwenden konnte. Trotzdem war er so nervös, daß er sich reichliche Verstärkungen kommen ließ; wäre er angegriffen worden, hätte er so viel Mann gehabt, daß sie sich auf dem zur Verfügung stehenden Gelände nicht hätten entfalten können. Das beste, was man von Ludwig als Heerführer im Jahre 1691 sagen kann, ist, daß er immer noch auf das Wohlergehen seiner Leute bedacht war; bei Inspektionen pflegte er das Lazarett zu besuchen, um sich zu überzeugen, daß für die Kranken und Verwundeten ordentlich gesorgt würde, und zum Entzücken seiner Truppen legte er Wert darauf, ihre Suppe zu kosten, um zu sehen, ob sie gut wäre.

Ludwigs Abwesenheit von Versailles verdanken wir den einzigen erhaltenen Brief an Mme de Maintenon, in dem er seine Gefühle verrät:

»Ich benutze Montchevreuils Abreise, um Sie einer Wahrheit zu versichern, die mir zu angenehm ist, als daß ich je müde werden könnte, sie zu wiederholen: ich liebe Sie immer, und zwar unbeschreiblich; wieviel Zuneigung Sie auch für mich haben mögen, ich fühle mehr für Sie, da mein ganzes Herz Ihnen gehört.«

Ludwig wurde selten ärgerlich, aber diesmal kam es bei der alljährlichen Belagerung zu einem Zwist mit Louvois. Der König änderte den Standort eines Postens, und Louvois, mit der Entscheidung seines Herrn unzufrieden, schickte auf eigene Verantwortung den Posten auf seinen früheren Standort zurück. Ludwig entdeckte die Änderung:

Ludwig: Wer hat Sie wieder an diesen Platz gestellt?

Hauptmann: M. de Louvois, Sire.

Ludwig: Haben Sie ihm gesagt, daß ich selbst den Platz ausgesucht habe?

Hauptmann: Ja, Sire.
Ludwig: Das sieht Louvois ähnlich. Er hält sich offenbar für einen General.

Aber der König wusch, wie die ausdrucksvolle französische Wendung lautet, Louvois den Kopf und betrachtete von nun an seinen Kriegsminister voller Eifersucht und Mißtrauen; und zwar so unverhohlen, daß bei Louvois' plötzlichem Tod am 16. Juli gemunkelt wurde, er habe aus Angst vor seiner Entlassung Selbstmord begangen. Aber das scheint nicht zuzutreffen.

Mit Louvois' Tod endet die Zeit der großen Minister; Colbert war 1683 gestorben und 1690 Seignelay, Ludwigs bester Marinesekretär; jener Seignelay, bei dessen Tode Mme de Sévignés ausrief – »C'est la splendeur qui est morte.« Und nun Louvois. Seignelays Nachfolger war der unfähige Pontchartrain, und an die Stelle Louvois' trat sein junger und unerfahrener Sohn, Barbézieux, der seines Vaters ganze rachsüchtige Brutalität und ein gut Teil seiner Fähigkeiten geerbt hatte; aber er war träge und ausschweifend. Von nun an war Ludwig tatsächlich sein eigener Kriegs- und Marineminister; im Oktober hatte sich sein Arbeitstag um vier Stunden verlängert, im Dezember brachte er nicht mehr die Zeit auf, den Gastgeber bei seinen Abendempfängen zu spielen. Wer ihn sah, so berichtet man, war erstaunt über seine Energie; er hielt mehr Staatsratssitzungen ab als je, von sechs bis zehn Uhr nachts arbeitete er mit Barbézieux oder einem andern Minister; und häufig ging er nach dem Abendessen wieder auf sein Zimmer, um weiterzuarbeiten.

Alles, was Ludwig tat, interessierte die Öffentlichkeit,

auch der Ministerwechsel, der sogar in Holland kommentiert wurde:

Ein holländischer Höfling: Das Seltsamste, was ich in Frankreich gesehen habe, war ein König mit einem jungen Minister und einer alten Mätresse.

Wilhelm (trocken): Da muß es Ihnen klargeworden sein, daß er von beiden keinen Gebrauch macht.

Ein *mot*, das weniger Wahrheit enthielt, als Wilhelm dachte.

Ob Ludwig 1691 erkannte, daß seine militärischen Erfolge nicht mehr bewundert wurden, wissen wir nicht, aber aus irgendwelchen Gründen äußerte er sich in diesem Jahr ungewöhnlich bescheiden darüber. Als im Januar 1692 der Vorsteher der Kaufmannsgilde eine schmeichelhafte Rede über Ludwigs Sieg hielt, wandte sich Ludwig an Luxembourg mit den Worten: »Die Siege sind in erster Linie Ihnen zu verdanken.« Im August schrieb er an Luxembourg, der ihn im Kommando der Armee in Flandern abgelöst hatte, fast wie zu seiner Rechtfertigung:

»Zu meiner Genugtuung weiß ich, daß Sie, wenn ich Ihnen nicht alle meine Gedanken mitteile, auch gut ohne sie auskommen, aber *amour propre* läßt mich glauben, daß, was ich sage, vielleicht nicht völlig zwecklos ist, und daß ich Ihnen bei all Ihren Fähigkeiten manchmal einen Hinweis geben kann.«

1692 war Ludwig emsig damit beschäftigt, die Stellung seiner unehelichen Kinder zu sichern. Im Februar verheiratete er Mlle de Blois mit seinem Neffen, dem Duc de Chartres, trotz heftigen Widerspruchs der Mutter des Herzogs, ›Madame Palatine‹; im März heiratete sein Lieblingssohn, der Duc du Maine, Mlle de Charolais, eine Tochter des Prince de Condé, unter begeisterter Zustimmung ihres habsüchtigen und liebedienerischen Vaters. Das war der bisher überraschendste Schritt zur Standeserhöhung seiner unehelichen Kinder, dessentwegen man ihn soviel getadelt hat; weniger bekannt ist die Tatsache, daß er hier wie auch sonst darauf bedacht war, keinen Schritt zu tun, bevor er nicht der öffentlichen Zustimmung sicher sein konnte. Hätten nicht die größten Häuser Frankreichs ihre Bereitwilligkeit, sich mit den königlichen Bastarden durch Eheschließung zu verbinden, so schamlos gezeigt, so würde Ludwig sie wahrscheinlich nicht aus ihrem luxuriösen Privatleben ans Licht der Öffentlichkeit gezogen haben.

Im Mai übernahm der König das Kommando in Flandern und bestimmte Racine, sehr gegen dessen Willen, ihm zu folgen. Dieser berichtet in seinem ersten Brief, tags zuvor habe Ludwig seine Armee inspiziert, mit ihm, Racine, in seinem Gefolge, das sich um elf Uhr in Marsch setzte und, immer im Trab, bis acht Uhr abends zu Pferde war. Das bloße Abreiten der Linie habe zwei Stunden in Anspruch genommen, wovon er so müde, von den blinkenden Schwertern und Musketen geblendet und von Trommeln und Trompeten betäubt gewesen sei, daß er sein Pferd habe laufen lassen, wie es wollte, ohne dem Schauspiel noch Aufmerksamkeit zu schenken – »Ich wünschte von ganzem Herzen, daß diese Leute mit Weib und Kind in ihren eigenen Häuschen wären und ich mit den Meinen in der Rue des Maçons.« Er schloß mit den Worten, wie ermüdend auch immer Paraden in einer epischen Dichtung wirkten, im wirklichen Leben seien sie es unendlich mehr.

Während Ludwig Namur belagerte, traf die Nachricht ein, daß seine Flotte bei La Hogue entscheidend geschlagen sei und sich nicht mehr auf See behaupten könne. Aber die Nachricht berührte ihn wenig, denn er war unfähig, die Bedeutung des Unglücks zu erkennen; für ihn war die Flotte eher ein Zubehör der Königswürde als ein lebenswichtiges Werkzeug der Politik. Und es befriedigte ihn zu sehr, Namur »unter Wilhelms Schnurrbart« zu nehmen, als daß er auch nur einen Gedanken an den Mißerfolg auf einem fremden und trügerischen Element gewandt hätte.

Seine Befriedigung über die Einnahme Namurs ergibt sich nur allzu deutlich aus seinen Memoiren:

»Der König verließ das Lager am 3. Juli, um in kurzen Etappen nach Versailles zurückzukehren, um so zufriedener über seinen Sieg, als dies große Unternehmen ganz und gar sein Werk war. Er hatte es selbst geplant und sozusagen mit eigener Hand ausgeführt angesichts der feindlichen Armee; durch seine kluge Voraussicht hatte er ...« Und so geht es noch eineinhalb Seiten weiter.

Immerhin wäre ohne ihn Namur vielleicht nicht genommen worden; das gibt sogar sein erbitterter Feind St-Simon zu. Die geistige und körperliche Ermüdung des Königs verursachte den schmerzhaftesten Anfall von Gicht, den er je hatte; aber das hinderte ihn nicht daran, vom Bett aus alles zu überwachen und Staatsratssitzungen abzuhalten, als ob er in Versailles wäre.

Allmählich jedoch fing Frankreich an, unruhig zu werden, und Ludwig »wünschte sein Volk glücklicher zu sehen, koste es, was es wolle« – sofern das möglich war, ohne daß er seine Rolle als Gebieter über Europas Schicksal aufgäbe.

Tatsächlich hatte er diese Stellung schon längst eingebüßt, und eben sein hartnäckiger Kampf, sie wiederzugewinnen, machte es unmöglich, die Lasten seiner Untertanen zu erleichtern. Zwanzig Jahre ununterbrochener Erfolge hatten ihn im Unterbewußtsein davon überzeugt, es gehöre zur feststehenden Ordnung, daß er Krieg erklären könne, wenn es ihm richtig schien, und unter von ihm festgesetzten Bedingungen Frieden schließen, wenn Frankreich genug hatte; nur langsam begriff er, daß die Initiative für immer in die feindlichen Hände übergegangen war. Erst der Schreck darüber, daß seine Friedensvorschläge im November von den Alliierten zurückgewiesen wurden, öffnete ihm die Augen für die Veränderung, die sich seit 1667 in Europa vollzogen hatte.

Zu seinen kleineren Sorgen in diesem Jahr gehörte Barbézieux' Betragen. Ludwig war stets an unterwürfige Minister gewöhnt gewesen, mit denen er auf freundlichem Fuß leben und arbeiten konnte; hier nun benahm sich ein undankbarer junger Mann, den er in ein hohes Amt gebracht hatte, mit einer *insouciance*, die Ludwig im Innersten aufbrachte. Aber mit seiner gewohnten Nachsicht ließ er es zunächst bei einer Warnung bewenden. Im Mai schrieb er an Barbézieux' Onkel, den Erzbischof von Reims:

»Ich weiß, was ich dem Andenken von M. de Louvois schulde. Aber wenn Ihr Neffe sein Verhalten nicht ändert, werde ich zu drastischen Maßnahmen gezwungen sein. Es würde mir leid tun, ließe sich jedoch nicht vermeiden. Er hat Fähigkeiten, macht aber keinen guten Gebrauch davon. Er gibt zu viele Abendgesellschaften für Prinzen, wenn er arbeiten sollte; er vernachlässigt meine Angelegenheiten um seines Vergnügens willen; er läßt Offiziere zu lange in seinem Vorzimmer warten und spricht hochmütig und manchmal barsch mit ihnen.« Schon als junger Mann war Ludwig in seinen Mußestunden nicht leicht zu unterhalten gewesen; als seine Sorgen zunahmen, wurde die Aufgabe schwieriger, wie wir von Mme de Maintenon erfahren; täglich vor dem Morgengrauen war sie in St-Cyr, und wenn sie zurückkam, fand sie den König in ihrem Zimmer – »und ich bedarf sehr der Ruhe, wenn er mich verlassen hat«. Sie muß sich erleichtert gefühlt haben, als Ludwig sie nach einer anstrengenden Reise nach Flandern am 18. Mai in Namur unterbrachte und weiterreiste, um am 7. Juni den Befehl über seine Armee in Gembloux zu übernehmen.

Über Ludwigs Handlungen in den folgenden zwei Tagen ist viel gestritten worden; die ihm übelwollen behaupten, Gembloux sei einfach eine Wiederholung von Heurtebise gewesen – Ludwig unsicher und unentschlossen, zu furchtsam, um nach dem Sieg zu greifen, als er in Reichweite war, wenn nicht zu besorgt um sein eigenes Leben, um eine Schlacht zu wagen. Tatsächlich standen am 7. Juni die Armeen des Königs und Luxembourgs nur ein paar Meilen voneinander entfernt, zusammen stärker als Wilhelms Truppen, die nicht weit von den Franzosen bei Park Stellung bezogen hatten. Es war geplant, daß die vereinigten französischen Armeen Huy und Lièges nehmen, dadurch Wilhelms Verbindungen abschneiden und alsdann ihre günstige Lage auf eine noch zu bestimmende Weise ausnutzen sollten. Ludwig besichtigte seine Armee am 8. Juni; am 9. gab er bekannt, das Kommando übertrage er Luxembourg, ›Monseigneur‹ werde vorrücken, um die Rheinarmee zu verstärken, er selbst nach Versailles zurückkehren. Ludwigs plötzlicher Entschluß, Flandern zu einem Kriegsschauplatz zweiten Ranges zu machen, war keineswegs von seelischer oder physischer Angst diktiert, sondern das Ergebnis einer durchaus haltbaren strategischen Erwägung; als er in Namur erfuhr, daß seine Rheinarmee unerwartet Heidelberg eingenommen hatte, beschloß er, diesen Erfolg gewaltig auszunutzen, um, wenn möglich, den Kaiser aus dem Krieg herauszudrängen; das schien ihm richtiger, als seine gesamte Macht für ein begrenztes Ziel im Norden einzusetzen, das die Stellung Frankreichs auf die Dauer nicht wesentlich verbessern würde. Und was den »sicheren Sieg« über Wilhelm anlangt, den er sich, wie seine Schmäher behaupten, entgehen ließ, so war es durchaus ungewiß, wie ein Angriff auf Park ausgehen würde. Dies ergibt sich klar aus der Tatsache, daß Luxembourg, in eigner Verantwortung handelnd, am 18. Juni die alliierten Stellungen erkunden ließ, sie unangreifbar fand und einen Monat brauchte, um Wilhelm in eine Stellung zu locken, wo er ihn mit hinlänglicher Aussicht auf Erfolg angreifen konnte. Die Parallele zwischen Heurtebise und Gembloux existiert, wie man sieht, nur in der Einbildung von Ludwigs Feinden; und die darauf hinweisen, daß Luxembourg »bald nach« der Rückkehr des Königs nach Versailles Wilhelm bei Neerwinden schlug, vergessen zu erwähnen, daß dieser Sieg erst am 19. Juli errungen wurde, nachdem die Manöver eines Monats die taktische Situation völlig verändert hatten im Vergleich zum 8. Juni, als Ludwig seinen Entschluß faßte.

Das war Ludwigs letzter Feldzug. Das Streben nach *La Gloire* war zu Ende, und von nun an war der König an der ihm zukommenden Stelle zu finden; zur großen Erleichterung seiner Generale leitete er sein Reich von Versailles aus. Noch größer wäre diese Erleichterung allerdings gewesen, wenn Ludwig sich hätte entschließen können, die peinlich genaue Kontrolle von Einzelheiten aufzugeben, die er immer noch von seinem Schreibtisch aus durchzuführen suchte.

Nachdem er einmal von der Front zurückgekehrt war, stürzte er sich in seine gewohnte vielseitige Tätigkeit; wie üblich ging Nebensächliches und Wichtiges durcheinander, allem wurde die gleiche Aufmerksamkeit gewidmet. Große und kleine Einsparungen waren jetzt an der Tagesordnung; er schaffte die Schokolade und die Liköre ab, die bisher bei seinen Abendunterhaltungen gereicht worden waren und beträchtliche Ausgaben verursacht hatten; er besetzte freigewordene Abteien nicht so schnell wie früher, sondern ließ die Stellen offen, um die Einnahmen unter die Armen im Bezirk der Abtei zu verteilen.

Sodann wandte Ludwig seine Aufmerksamkeit den dummen Streichen Jugendlicher zu. Seine Einstellung war vernünftiger als die vieler Beamter heutzutage; der Chevalier de La Vallière, ein Neffe seiner ersten Mätresse, wurde um diese Zeit verhaftet, weil er Straßenlaternen in Paris zerschlagen hatte, und auf Befehl des Königs für zwei Tage in das Gefängnis von Châtelet geschickt, während sein Mittäter, der Duc d'Uzès, froh war, zu seinem Regiment an der Grenze zu entwischen. Er war zweifellos geflohen, um der gefürchteten Strafe der Verbannung zu entgehen, die unter

Ludwig XIV. die wirksamste Maßnahme geworden war, um den Adel in Zucht zu halten; denn was konnte schrecklicher sein, als aus dem Strahlenbereich des *Roi-Soleil* verbannt zu werden? Aber es ist interessant festzustellen, daß Ludwigs Verbannungsurteile gewöhnlich durch die väterliche Gesinnung gemäßigt waren, die die Strenge des *ancien régime* milderte. Als Mme du Roure im August 1694 den Befehl erhielt, sich sofort auf eines der Güter ihres Vaters zu begeben, »weil sie in Paris gewisse Bemerkungen gemacht hatte, die nicht gut aufgenommen worden waren«, sandte ihr Ludwig, der ihre finanzielle Lage kannte, zweihundert Pfund, »um es ihr leichter zu machen«. Das wirkliche Vergehen der Dame bestand übrigens darin, daß ›Monseigneur‹ eine Liebschaft mit ihr unterhielt.

›Monseigneur‹ war jetzt ein Mann in den Dreißigern, der verwitwete Vater von drei Söhnen, aber nach der unbeugsamen Regel der Zeit, die gleichermaßen in königlichen wie in bäuerlichen Familien galt, hatte er immer noch der gehorsame Sohn seines Vaters zu sein; er suchte Ludwigs Rat in allen Fragen, selbst den nebensächlichsten, zum Beispiel wen er zum Essen einladen solle und wen nicht:

»Ich werde Ihnen keine Vorschriften machen, welche Gäste Sie haben sollen; diese Ehre können Sie erweisen, wem Sie wollen; aber denken Sie daran, daß es eine Ehre ist und erweisen Sie sie nicht zu allgemein.«

Hier möchten wir der verbreiteten Darstellung widersprechen, daß Ludwig ›Monseigneur‹ als seinen »offiziellen« Sohn und einen Mann betrachtete, den er sich vom Halse halten müsse. Ludwigs Briefe sprechen eine andere Sprache:

Trianon, den 6. August 1694 »... ich war heute in Marly, um mir die Räumlichkeiten anzusehen. Wenn Sie nach Hause kommen, werden die ihren Ihnen hoffentlich gefallen.«

Versailles, den 19. August 1694 »... ich habe mich noch nicht zu einer Fahrt nach Fontainebleau entschlossen. Ich kann den Gedanken nicht ertragen, durch Choisy (den Landsitz seines Sohnes) zu kommen, wenn Sie nicht da sind; aber nach Ihrer Rückkehr werde ich mit dem größten Vergnügen dort so lange verweilen, wie Sie wünschen. Ich werde mich in Fontainebleau ohne Sie sehr einsam fühlen.«

Und diese Briefe wurden geschrieben, als Ludwig allen Grund hatte, auf seinen Sohn ärgerlich zu sein; denn ›Monseigneur‹ hatte, wie die Höflinge es ausdrückten, »sich seine eigene Maintenon angeschafft«, indem er heimlich Mlle Chouin, eine Ehrendame der Princesse de Conti, heiratete. Aber Ludwigs Kummer über ›Monseigneurs‹ heimliches Verhalten war weder tief noch anhaltend und schließlich fand er sich mit der Situation ab. Als die Nachricht durchsickerte, wurde Mlle Chouin vom Hofe entfernt, aber ›Monseigneur‹ und sie trafen sich auch fernerhin, zuerst in Choisy und später in Meudun. Diese Zusammenkünfte wurden lange geheimgehalten; aber schließlich erklärten sich der König und Mme de Maintenon bereit, mit der Chouin zusammenzutreffen. Sie speisten in Meudun, bei der Mahlzeit war Mlle Chouin nicht zugegen, aber danach unterhielten sich der König und seine Gemahlin lange mit ihr.

Ludwig war zwar 1694 nicht mehr Befehlshaber, hielt

jedoch nach wie vor ein wachsames Auge auf die Armee, die dem Namen nach unter ›Monseigneurs‹ Kommando stand. Im Juni schrieb er ihm und erbat sich Mitteilung über Desertionen, die, wie er fürchtete, trotz aller Bemühungen ›Monseigneurs‹, die Schuldigen zu fassen, ziemlich häufig waren; mit dem ihm eigenen Gefühl für Billigkeit empfahl er seinem Sohn, sorgfältig zu untersuchen, ob nicht die Hauptleute die Desertion dadurch verschuldeten, daß sie sich nicht ordentlich um ihre Leute kümmerten. Der König übte offenbar von seinem Arbeitszimmer eine gewisse Disziplinaraufsicht über ›Monseigneurs‹ Kommando aus; denn einige Wochen später teilte er seinem Sohn mit, er habe den Oberst des Regiments d'Angoumois auf dem Schloß Namur in Arrest genommen, weil sein Regiment nichts tauge; er fügte hinzu, er würde dort ziemlich lange bleiben müssen, »damit andere Offiziere sehen, wie nötig es ist, sich um die Erfüllung meiner Wünsche zu bemühen«.

9

Im Mai 1694 fühlte sich Ludwig stark genug, um einen weiteren Schritt zur Standeserhöhung seiner unehelichen Söhne, des Duc du Maine und des Comte de Toulouse, zu tun; er schuf für sie einen Rang, der sich zwischen dem der Prinzen von Geblüt und der Herzöge hielt. Es war seine bisher kühnste Maßnahme, und er muß sich bewußt gewesen sein, daß er hart am Wind segelte; es wurde zwar hie und da etwas gemurrt, aber die notwendigen Akte wurden ohne offenen Widerspruch von seiten der Prinzen oder der Herzöge durch das Parlament geschleust. Nicht Ludwig, sondern seine beiden Söhne sollten den Sturm aus dieser Saat ernten.

Die beiden Söhne erfreuten sich in diesem Sommer der Gunst ihres Vaters, anders die Töchter, sie scheinen ständig Schwierigkeiten gehabt zu haben. Es fing an im August, als Ludwig bestimmte, daß die jüngste, die Duchesse de Chartres, wegen ihres Ranges von den beiden andern mit ›Madame‹ anzureden sei, während sie die beiden ›Schwester‹ nennen sollte. Die Tochter der La Vallière, die Princesse de Conti, zwar elf Jahre älter als die Duchesse de Chartres, fügte sich bereitwillig; aber ›Mme la Duchesse‹ reagierte auf eine für sie charakteristische Art. Sie weigerte sich nicht geradezu zu gehorchen, fing aber an, die Duchesse de Chartres vor anderen ›mein kleiner Liebling‹ zu nennen; nun war diese, wie St-Simon bemerkt, in Aussehen und Gehabe nichts weniger als ›ein kleiner Liebling‹; ihr entging nicht, daß man sie auslachte, sie geriet in Zorn, und für Ludwig war es schwierig, den Sturm zu beschwichtigen. Daraus wären wahrscheinlich ernste Folgen für ›Madame la Duchesse‹ entstanden, wenn sie nicht der König wie jeder andere Mann bei Hof unwiderstehlich gefunden hätte. Sie war jetzt einundzwanzig Jahre alt, ihre ganze Erscheinung zeigte, »daß sie das Kind der zärtlichsten Liebe war«. Sieben ereignisreiche Jahre hindurch hatte sie als Gemahlin von ›M. le Duc‹, Condés ältestem Sohn, diesen brutalen, wüsten und verkommenen Menschen so geschickt behandelt, daß er glaubte, sie sei in ihn verliebt, während sie in Wahrheit die Geliebte des Prince de Conti war; denn sie war ebenso klug wie hübsch. Egoistisch, aber wie so viele kluge und egoistische Menschen sehr anziehend; lustig, geistreich, witzig, die unterhaltendste Gesellschafterin – »man konnte nicht umhin, sich zu bemühen, ihr zu gefallen«. Sie war nie schlechter Laune und hatte eine leichte und anmutige Art, so daß sich alle Menschen in ihrer Gegenwart wohl fühlten; übrigens besaß sie das Talent, witzige und unpassende Verse zu machen, einige besonders gute haben sich erhalten; sie konnte die meisten Männer unter den Tisch trinken und verbarg hinter der Maske der Frivolität einen klaren Verstand. Im Gegensatz zu der Duchesse de Chartres hatte sie nicht die geringste

Angst vor dem König, da sie wußte, daß sein Ärger über ihre Streiche immer nur von kurzer Dauer sein würde.

Am 4. Januar 1695 starb in Paris Ludwigs letzter großer General, der Marschall de Luxembourg. Das war für den König ein fast ebenso schwerer Schlag wie der Sturz der Stuarts im Jahre 1688; Frankreich befand sich mitten in einem entscheidenden Krieg, und es gab niemand, der an Luxembourgs Stelle hätte treten können. ›Monseigneur‹ drängte mit beispiellosem Mut seinen Vater, die Armee in Flandern Conti anzuvertrauen, einem wirklichen Soldaten und einem der beliebtesten Männer in Frankreich, aber er holte sich eine Abfuhr. Ludwig scheint Contis Eignung für das Amt nicht einmal in Erwägung gezogen zu haben; die Erinnerung an das, was er während der Fronde durch den großen Condé gelitten hatte, schloß jede andere Überlegung aus, er sah in Conti nur einen Mann, der danach strebte, an seiner Königsmacht teilzuhaben – »Ich bin überrascht, daß Sie es wagen, ein so wichtiges Kommando für einen Prinzen dieses Hauses zu erbitten«, sagte er zu ›Monseigneur‹; »das Staatsinteresse fordert, daß den Condés nie mehr Macht eingeräumt wird, als sie jetzt haben.« So trat der unfähige Villeroi an Luxembourgs Stelle. Von seinem Feldzug brauchen wir nur zu erwähnen, daß der Pariser Pöbel bei seiner Rückkehr ein hölzernes Schwert an einem Gürtel aus Stroh an seine Haustür hängte und daß sein Haushofmeister auf dem Pariser Markt mit faulen Äpfeln und Steckrüben beworfen wurde.

Die militärische Lage war wenig hoffnungsvoll, noch ernster jedoch die finanzielle; die Steuern wurden sprunghaft erhöht. Im Januar kam die berüchtigte Kopfsteuer,

Blaise Pascal (1623–1662)

Jean Baptiste Molière (1622–1673)

die häufig als das letzte Quentchen dargestellt wurde, das dem französischen Lasttier den Rücken brach; aber wurde sie wirklich als so hart empfunden, wie einige Zeitgenossen Ludwigs uns glauben machen wollen? Kaum waren die Bestimmungen bekanntgegeben, als die Offiziere der Schweizergarde beim König beantragten, ihre Befreiung von der neuen Steuer aufzuheben; sie versicherten, das ganze Regiment sei ihm ebenso ergeben wie seine Untertanen. Im nächsten Monat sandten die Lakaien in Paris eine Abordnung mit der Bitte, auch zahlen zu dürfen, was die Dienstboten genausogut könnten wie Soldaten und Bauern.

Zweifellos waren diese Vorkommnisse tröstlich für Ludwig, aber nur für den Augenblick; seine Depression nahm offensichtlich während des ganzen Jahres zu. Er empfand kleinere Leiden stärker als sonst, und in seinem religiösen Leben bemerkte die Maintenon »eine Lauheit, die mich zur Verzweiflung bringt«. Am 27. Dezember schrieb sie dem Kardinal de Noailles, dem Erzbischof von Paris, was sich zwischen dem König und ihr vor seiner Weihnachtsandacht abgespielt habe, sei unmöglich eine Unterhaltung zu nennen. Sie habe nichts aus ihm herausbekommen können, obwohl sie ihm von dem hl. Augustinus gesprochen und, da er das gut aufgenommen, ihm nahegelegt habe, es könne unterhaltend und lehrreich sein, wenn sie sich angewöhnten, zusammen ein frommes Buch zu lesen. Auch habe sie ihn daran erinnert, wie er sie früher bedrängte, ihm Fénelon und St-François de Sales vorzulesen, und ihre Bekümmerung ausgedrückt, daß er seither jedes Interesse daran verloren habe. Darauf habe der König lediglich erwidert, er sei nicht der Mann, eine Sache bis zur letzten Konsequenz durchzuführen.

Mit dem Nachlassen seines Glaubenseifers scheint Ludwig sich wieder seiner alten Auffassung genähert zu haben, daß Frömmigkeit darin bestünde, sich das Leben unangenehm zu machen, sich kein Vergnügen zu gönnen und die Langeweile zu pflegen. Von seiner Umgebung äußerte nur ›Monsieur‹ unverhohlen sein Mißfallen über die formelle Frömmigkeit, die sich wie ein feuchtes Tuch über Versailles und Paris herabgesenkt habe. Eines Abends erzählte er dem König beim Abendessen entrüstet, er käme gerade vom Jahrmarkt in St-Germain zurück; dort sei jetzt das Glücksspiel verboten und man habe sich geweigert, M. Le Duc Würfel zu geben, um die er bat; selbst Essen und Trinken werde nicht gern gesehen, und die Träger und Wasserverkäufer wagten nicht mehr, sonntags ihrem Gewerbe nachzugehen. Auf diese lange Rede gab Ludwig keine Antwort.

Was die Hoffestlichkeiten jener Zeit angeht, so haben wir einen Bericht von ›Madame‹, die einer Freundin in Deutschland ihr Herz ausschüttete. Ein *appartement* sei etwas Unerträgliches. Man begebe sich in das Billardzimmer, wo man fast auf dem Bauche liege und völlig schweigend in ehrerbietiger Haltung verharre, bis der König seine Partie beende. Dann folge ein Konzert, dabei werde ein Akt aus einer alten Oper gesungen, die jeder schon hundertmal gehört habe. Danach ein Ball, wobei die Nichttanzenden zwei Stunden einem endlosen Menuett zusähen. Um dreiviertel zehn begännen ländliche Tänze, »einer nach dem andern führe etwas vor wie Kinder, die den

Katechismus aufsagen«; und so ende schließlich »die Unterhaltung«.

Selbst Ludwigs sonst so ungezwungenen Komplimenten haftete eine Note von Trübsinn und Enttäuschung an: »Hier altert alles, außer Ihrer Beredsamkeit, Monseigneur«, sagte er zu Mascaron, als er eine Predigt von ihm angehört hatte.

Kein Zug in Ludwigs Haltung zu dieser Zeit überrascht mehr als die Duldsamkeit, die er trotz seiner hohen Meinung von der königlichen Würde seinen Kritikern zeigte; er unterließ es, gegen die Verfasser der Pariser Schmähschriften vorzugehen, und verhielt sich mehr als großmütig gegen Fénelon, als der Abbé ihn heftig und persönlich in einem Brief angriff, der in Wahrheit eine Schmähschrift von beträchtlichem Umfang darstellte. Der Brief ist zu lang, um ihn ganz wiederzugeben, aber ein paar aufs Geratewohl herausgegriffene Sätze vermitteln einen allgemeinen Eindruck:

»Sie werden in den Himmel erhoben, weil Sie Ihre Vorgänger an Größe übertroffen haben; das heißt, Sie haben Frankreich an den Bettelstab gebracht, um einen unerhörten Luxus am Hofe einzuführen ... die Ausdehnung Ihrer Grenzen haben Sie auf unrechtmäßigem Wege erreicht ... wer Verträge mit Ihnen unterzeichnet hat, tat es mit den Empfindungen eines Mannes, der einem bewaffneten Räuber seine Börse gibt ... Sie haben immer als der Mächtige den Frieden diktieren und anderen Ihre Bedingungen aufzwingen wollen, statt anständig und mit Mäßigung zu verhandeln ... und dabei sterben Ihre Untertanen vor Hunger ... Frankreich ist nur noch ein elendes, verarmtes Spital ...

Sie lieben Gott nicht und Ihre Gottesfurcht ist die eines Sklaven; Ihre Religion ist oberflächlich und eine bloße Formsache . . .«

Und worin bestand Ludwigs Rache? Er ernannte Fénelon zum Erzbischof von Cambrai, dem einträglichsten Bischofssitz, den die Krone zu vergeben hatte.

Tatsächlich kann man beobachten, daß Ludwig während seines ganzen Lebens, außer wenn ihn der Religionseifer blind machte, sich selten über Kühnheit oder gar Dreistigkeit ärgerte, sofern sie nicht rein parteiisch war. Er sparte seinen Zorn auf für niedriges und eines anständigen Menschen unwürdiges Verhalten. Als 1696 das Komplott, Wilhelm von Oranien zu ermorden, entdeckt wurde, zeigte Ludwig sich aufrichtig entrüstet, daß er in den Verdacht geraten könne, dabei die Hand im Spiel gehabt zu haben. Der Prinz von Oranien, so sagte er seinem Hof, werde ihm die Gerechtigkeit angedeihen lassen zu glauben, daß er keine Absicht habe, einen Meuchelmord zu veranlassen, denn er wisse ganz genau, daß er, Ludwig, gewisse Leute während der letzten zwei Jahre ins Gefängnis geworfen habe, nur weil sie etwas Derartiges angeregt hatten.

In diesem Sommer gelang es Ludwig endlich, den gefährlichen Ring der ihn umzingelnden Feinde zu brechen; der Herzog von Savoyen schloß am 25. August 1696 einen Separatfrieden mit Frankreich, und sein Abfall ebnete den Weg für den allgemeinen Frieden, der im nächsten Jahr kommen sollte. Von Ludwigs persönlichem Standpunkt aus erwies sich als wichtigste Friedensbedingung, daß die Tochter des Herzogs, Marie-Adelaïde, Ludwigs ältesten Enkel, den Herzog von Burgund, heiratete; diese reizende kleine Person war die letzte Kinderfreundschaft des Königs und gewann sein Herz wie kein anderes Kind je zuvor; sie eroberte auch die Maintenon, die schon am 5. August alles für die Ankunft der savoyischen Prinzessin vorbereitete.

Am 16. Oktober betrat die elfjährige Marie-Adelaïde von Savoyen französischen Boden und wurde von ihrem Ehrenkavalier Dangeau im Auftrag des Königs begrüßt; und beinahe umgehend überschüttete ihn die Gouvernante Maintenon mit Ratschlägen und Ermahnungen, eifrig bestrebt, ihren letzten und wichtigsten Zögling an sich zu ziehen. Wenn der erste Eindruck von der Prinzessin nicht täusche, schrieb sie, würde sie nur allzu glücklich sein, sich an einem so vielversprechenden Erziehungsobjekt versuchen zu dürfen.

Am 4. November begrüßte Ludwig das Kind in Montargis, und um halb sieben setzte er sich hin, um der Maintenon über seinen ersten Eindruck zu berichten:

»Ich kam hier vor fünf an, die Prinzessin pünktlich um sechs. Ich begab mich zu ihrem Wagen. Sie ließ mich zuerst sprechen und antwortete mir dann sehr hübsch mit etwas Schüchternheit, die Ihnen gefallen hätte. Ich führte sie durch die Menge zu ihrem Zimmer und zeigte sie von Zeit zu Zeit, indem ich die Fackeln in ihre Nähe brachte, und sie spielte ihre Rolle anmutig und bescheiden . . . Sie hat die reizendste Figur und die artigsten Manieren, die mir je vorgekommen sind; allerdings ist sie dünn, ihrem Alter entsprechend . . . Ich finde sie genau, wie ich sie mir wünsche, und würde es bedauern, wenn sie schöner wäre . . . Ich hoffe, ich kann das ungezwungene und familiäre Benehmen wie bisher beibehalten, bis ich nach Fontainebleau komme.«

Zehn Uhr.

»Je mehr ich von der Prinzessin sehe, desto besser gefällt sie mir ... Wir brechen morgen um halb elf auf und werden spätestens um fünf zu Hause sein. Ich bin sehr zufrieden; sie gibt auf jede Frage eine vernünftige Antwort ... ihre Höflichkeit ist bemerkenswert ... sie hat eine vornehme Haltung, ihr Betragen ist wohlerzogen ... Ich bin froh, Ihnen so viel Gutes über sie sagen zu können, ich kann es, ohne ihr zu schmeicheln.«

Am 8. wurde die neue Prinzessin vom Hof willkommen geheißen; ein Anlaß für ›Madame‹, sich über die Prinzessin zu äußern, indes nüchterner als Ludwig. Sie sei, schrieb Liselotte, nicht gerade groß für ihr Alter, sondern habe die Figur einer hübschen Puppe, nettes, volles, blondes Haar, schwarze Augen, lange Wimpern, schöne Haut, eine kleine Nase und die Lippen und das Kinn der Habsburger. Für ein Kind ihres Alters sei sie sehr ernst, nehme wenig Notiz von ›Monseigneur‹ und beachte ›Madame‹ und den Duc de Chartres kaum. Aber sobald sie Mme de Maintenon erblicke, lächle sie und falle ihr um den Hals; »daraus«, schloß ›Madame‹, »können Sie sehen, was für ein kleiner Höfling sie schon ist«.

Marie-Adelaïde gewann Ludwigs Herz sofort und vollständig, und ihre ungetrübte gegenseitige Zuneigung sollte in den nächsten sechzehn Jahren der Haupttrost des Königs sein. Seine eigenen Kinder, selbst der Duc du Maine, vermochten nie ganz zu vergessen, daß ihr Vater der König von Frankreich war, noch sich von einer gewissen Befangenheit in seiner Gegenwart freizumachen, die zu bannen auch Ludwig nicht fertigbrachte; zum Beispiel dachten sie nie daran, unaufgefordert vor ihm zu erscheinen. Aber zu Ludwigs Entzücken sah Marie in ihm nur Großpapa Ludwig, einen angenehmen alten Herrn, der amüsanter war als die meisten Männer an seinem großen und verwirrenden Hof. Sie leistete ihm häufig Gesellschaft, erschien unangemeldet in seinem Privatgemach, selbst wenn er arbeitete, setzte sich auf sein Knie oder seine Armlehne, zupfte an seiner Perrücke, brachte seine Papiere durcheinander und huschte ruhelos im Arbeitszimmer hin und her, dann schoß sie nach einem stürmischen Kuß blitzartig woanders hin. Daß sie Ludwigs Herz gewann, der sie unerhört verwöhnte, ist nicht erstaunlich, wohl aber daß sie auch Mme de Maintenon sogleich eroberte; sie begegnete der ›Tante‹, wie sie sie nannte, mit einem Gemisch von Liebe, Gehorsam und Zutraulichkeit, das die Maintenon unwiderstehlich fand. Trotzdem gedachte die ›Tante‹ nicht zuzulassen, daß Marie zum verwöhnten Liebling des Hofes würde; und bald nach ihrer Ankunft ging sie – mit ihrer eigenen begeisterten Zustimmung in eine Mlle de Lastic verwandelt – als Tagesschülerin nach St-Cyr. Dort wurde sie den Damen, die die verschiedenen Abteilungen unter sich hatten, anvertraut, arbeitete und hatte Unterricht mit den andern Schülerinnen und unterwarf sich den Regeln des Hauses, selbst dem Gebot des Schweigens. Sie rannte in den Pausen mit der Roten Klasse in den Garten, ging mit zur Kapelle, Beichte und Religionslehre; manchmal wirkte sie im Chor bei der Aufführung von *Esther* mit; und oft schloß sie sich in Mme de Maintenons Privatzimmer ein, wo sie als deren Sekretärin arbeitete.

Am 7. September 1696 wurde Marie-Adelaïde mit dem

Herzog von Burgund verheiratet; allerdings war die Ehe vorläufig rein zeremoniell, denn Ludwig hatte bestimmt, daß das Paar nicht zusammenleben sollte, bis die Braut vierzehn wäre. Der fünfzehnjährige Bräutigam Ludwig von Frankreich, Herzog von Burgund, war ein ganz anderer Charakter als seine Gemahlin. Er ist Fénelons Meisterstück genannt worden, aber nur wenige Zeitgenossen billigten diese Erziehung. Nach allgemeiner Ansicht waren ›Monseigneurs‹ drei Söhne »schrecklich schlecht erzogen«. Sie aßen für sich, gingen für sich spazieren und nahmen fast nie an Veranstaltungen des Hofs teil. Um neun Uhr morgens besuchten sie den König, der sie für den Rest des Tages nicht wieder sah; sie erschienen zwar bei einem *appartement*, aber genau in dem Augenblick, wenn das Konzert begann, und entfernten sich, sobald es aufhörte; sie machten weder Besuche noch empfingen sie solche.

Aus diesem abfälligen Bericht ersehen wir, daß der Herzog von Burgund sich als Sohn jener Mutter auswies, deren Hang zur Einsamkeit so stark war, daß sie sich selbst den Wünschen Ludwigs XIV. widersetzte. Er hatte sein Leben als nervöser Kranker begonnen, eine Belastung, die auf die ungeschickte und schmerzhafte Behandlung eines deformierten Knochens durch seinen Chirurgen zurückging. Als ihn Fénelon als Siebenjährigen übernahm, war er daher ein Kind, das die meisten Erzieher zur Verzweiflung gebracht hätte – »er war von Geburt an fürchterlich, und in seiner Jugend zitterten alle vor ihm«. Gierig, unersättlich in seinem Hang zu Vergnügungen, zu krankhaften Wutanfällen geneigt und von einer Anmaßung, die ihn seine Brüder als eine Gattung zwischen ihm selbst und der

Menschheit ansehen ließ. Auf der andern Seite war er intelligent, offen und wahrheitsliebend.

An diesem untauglich scheinenden Material vollbrachte Fénelon ein Wunder. Aus seiner Erziehung ging ein Prinz hervor von anmutigem Betragen, der reuig, bescheiden, freundlich, liebenswürdig und streng gegen sich selbst war, soweit es seine Stellung erlaubte. Seiner Verantwortung bewußt, dachte er nur daran, seine Pflichten als Sohn und Untertan mit denen zu vereinen, zu denen er später berufen sein würde. In einer Beziehung hatte der Jüngling großes Glück; er verliebte sich so leidenschaftlich in seine kleine Gemahlin, daß von 1699 an sein Leben als ein einziger langer Honigmond dargestellt werden kann; und wenn sie auch, wie berichtet wird, »eher gerührt von seiner Leidenschaft als selbst leidenschaftlich verliebt war«, machte sie ihn jedenfalls sehr glücklich, und ihr Eheleben wurde vom ganzen Hof als musterhaft angesehen.

Der Herzog bedurfte dieses häuslichen Glückes um so mehr, als er in der weiteren Familie niemals *persona grata* war. Sein Vater mißbilligte ihn, soweit ›Monseigneur‹ überhaupt jemand mißbilligen konnte, sein Großvater betrachtete Fénelons Meisterstück mit Mißtrauen. »Ein Ludwig der Heilige, welcher sich in das Zeitalter Voltaires verirrt hatte«, sollte in künftigen Jahren das Urteil über den Herzog lauten, und wenn Ludwig es gehört hätte, wären seine Zweifel bestätigt worden.

Bis zu einem gewissen Grade war es Ludwigs Unzufriedenheit mit Fénelon, die sich in seinem Mißfallen an dem schüchternen und linkischen *dévot* widerspiegelte, mit dem ihn Fénelon belastet hatte; denn die kurze Zeit der

Gunst war für diesen Kleriker vorüber. Von je ein Mystiker, hatte sich Fénelon seit einiger Zeit zunehmend der orthodoxen Lehre entfremdet, und in diesem Jahr fand es Ludwig notwendig, ihn wegen seiner Neigung zum Quietismus nach Cambrai zu verbannen. Und der König machte sich mit wachsender Bitterkeit Gedanken darüber, daß die Maintenon an Fénelons Beförderung schuld gewesen war; man könnte beinahe sagen, daß sie das Kirchenpatronat gemeinsam mit Ludwig ausübte, wie sich aus ihrem folgenden Brief an den Erzbischof von Paris ergibt:

»Wäre es nicht zu erwägen, Monseigneur, daß Sie eine Liste guter Bischöfe anfertigten, wenn Sie Zeit haben, und sie mir zuschickten, so daß ich bei den Gelegenheiten, die sich oftmals ergeben, ihre Interessen wahrnehmen könnte ... ich werde stets um meine Meinung diesen Fragen gebeten, und ich könnte mich mit größerer Sicherheit äußern, wenn ich besser unterrichtet wäre.«

Am 20. September 1697 wurde in Ryswick der Friede zwischen Frankreich, Holland und England, und am 30. Oktober zwischen Frankreich und dem Reich unterzeichnet. Der erstere Vertrag enthielt unter anderm eine Klausel, durch die Ludwig Wilhelm von Oranien als König von England anerkannte, wobei zu bemerken ist, wie peinlich genau er auf die Gefühle der verbannten Stuarts Rücksicht nahm; er gab dem Dirigenten seines Kirchenchors Anweisung, daß bei der Messe nichts gesungen würde, das sich auf den Frieden bezöge, um Jakob II. und seine Gemahlin nicht zu verletzen.

Fast sofort wandte sich Ludwig den Problemen zu, die der dem Lande so bitter nötige Frieden mit sich brachte.

Am 30. September eröffnete er die Sitzung des Finanzrats mit den Worten: »Wir müssen jetzt ebenso sorgfältig nach Wegen suchen, die Steuern herabzusetzen, wie wir sie während des Krieges zu erhöhen trachteten.« Auf dem Gebiet der internationalen Politik bemühte er sich mit aller Energie, eine Teilung des spanischen Reichs nach dem Tode Karls II. von Spanien auszuhandeln, die jede Gefahr eines erneuten europäischen Konflikts ausschlösse.

Aber der König konnte sich nicht verhehlen, daß der Friede von Ryswick dem französischen Prestige eine schwere Einbuße gebracht hatte; nach neunjährigen Kämpfen war Ludwig aus dem Krieg fast in der gleichen Lage hervorgegangen, in der er sich 1678 nach Nymwegen befunden hatte; aber mit dem unheilvollen Unterschied, daß er sich jetzt dem Bankrott viel näher sah. Günstigenfalls war er ein König, der stehenblieb, und das bedeutete nach seiner eigenen Erklärung einen König, mit dem es bergab ging. Auch seine Untertanen bemerkten, wie sehr Ludwigs Prestige abgenommen hatte, und waren entsprechend empört. Im November berichtete der venezianische Gesandte seinem Herrn, die Pariser Fischweiber behaupteten, sie hätten lieber noch viele Jahre die Kopfsteuer weiterbezahlt, als einen solchen Frieden hinzunehmen. Schuld an diesem so schimpflichen Vertrag sei nach allgemeiner Ansicht Mme de Maintenon, die von allen gehaßt werde.

Die Maintenon, beim Volk von je unbeliebt, war in ihrem Ansehen noch nie so tief gesunken wie im Jahre 1697; damals mußte der König die italienischen Schauspieler entlassen, weil sie die »Scheinheilige« aufgeführt hatten, ein Stück, in dem Mme de Maintenon offen verspottet wurde.

Eine solche Dreistigkeit wäre vor zehn Jahren undenkbar gewesen. Ludwig war nicht der Mann, die Bedeutung eines solchen Vorfalls zu unterschätzen, und seine Verstimmung warf einen tiefen Schatten auf das Hofleben. »Am Hof gibt es nur eine Rettung und das ist die Frömmigkeit«, seufzte Mme de Lafayette, und Prior, der Portland nach der Unterzeichnung des Friedensvertrages nach Versailles begleitete, bestätigte ihre Ansicht. Der ganze Hof, sagte er, sei trübe und düster; die Frömmelei herrsche in einem Grade, daß man in den Galerien junge Mädchen im Gebete kniend sehen könne, als wären sie in einem Kloster. Die Leibgardisten legten ihre Waffen ab und beschäftigten sich mit Knüpfarbeiten wie die jungen Mädchen in England.

1698 war Ludwig ein müder, sorgenvoller Mann, und es ist nicht verwunderlich, daß er seine Verärgerung nicht immer verbergen konnte; als ›Monsieur‹ es für richtig hielt, ihm Vorwürfe über das Elend seiner Untertanen zu machen, brach der König in die Worte aus:

»Wenn 400000 oder 500000 von dieser auf Erden nutzlosen Bande tot sind, wird dann Frankreich weniger Frankreich sein? Seien Sie so gut und mischen Sie sich nicht in Dinge, die Sie nichts angehen.«

Natürlich hat man ihm diese Bemerkung verdacht – »sie stünde einem Tiger besser an als einem Christen«. Gerade, als wäre er wirklich der leidenschaftslose Halbgott gewesen, den seine Anbeter in ihm sehen wollten. Es war zweifellos eine bedauerliche Bemerkung, aber für jeden Einsichtigen nichts weiter als der verzweifelte Ausbruch eines sehr menschlichen Mannes, den ›Monsieur‹ mit der Hartnäckigkeit einer Stechfliege unerträglich peinigte.

Er hatte in diesem Augenblick mancherlei Anlaß zur Verzweiflung, namentlich den nicht endenwollenden Streit über den Quietismus, den Fénelon verursachte. Ludwigs weltlich gesinnter kühler Verstand empörte sich bei dem Gedanken, daß der Mystizismus, ein Kult, der seiner Natur fremd und unverständlich blieb, die Menschen in seinem Reich gegeneinander aufbringen sollte. Für ihn war er etwas Neues wie der Jansenismus, mit dem er ihn überdies verwechselte, und wenn Ludwig einmal etwas für eine Neuerung hielt, so waren das Neue und dessen Urheber in seinen Augen für immer verdammt. In seinem Zorn zerschnitt Ludwig blind und ungerecht das theologische Gespinst, in dem er verfangen war. Im Juni verbannte er vier Herren aus dem Hofstaat des Herzogs von Burgund auf den bloßen Verdacht hin, daß sie warme Anhänger der neuen Ideen seien; schlimmer noch, er kassierte Fénelon von der Garde aus keinem anderen Grunde, als weil er der Bruder des Erzbischofs war.

Auf Mme de Maintenon entlud sich der heftigste Zorn Ludwigs; es kam zu dem einzigen ernsten Streit, den sie je in ihrem Eheleben hatten. Er machte ihr bittere Vorwürfe, daß sie ihn überredet habe, einen Mann nach Cambrai zu berufen, der wenig besser als ein Ketzer sei; er behandelte sie so streng, daß sie später bekannte, sie sei nie so nahe daran gewesen, in Ungnade zu fallen, wie im Jahre 1698.

Mme de Maintenon, durch Ludwigs Behandlung tief verletzt, konnte ihren Kummer vor dem Hof nicht geheimhalten. »Die Allgewaltige«, schrieb ›Madame‹ heiter, »hatte viel Macht, gleichwohl war sie nicht die glücklichste Frau von der Welt, denn man sah sie oft heiße Tränen vergießen und sie sprach ständig von ihrem Tode.« Aber die Maintenon neigte überhaupt dazu zu sagen, sie wünschte, sie wäre tot. Ihrem Bruder gegenüber äußerte sie dies nur einmal, worauf seine Erwiderung die Runde bei den entzückten Hofleuten machte – »Warum? Hat Gottvater versprochen, Sie dann zu heiraten?«

Erst Ende Juni gewann die Maintenon Ludwigs Gunst wieder, doch schon am 2. Juli war alles vergessen, und der König nahm seine Besuche in St-Cyr wieder auf:

2. Juli 1698: »Ich glaube, ich werde an der Komplet in St-Cyr teilnehmen können, wenn Sie das billigen, und wir gehen nachher zusammen zurück ... wenn Sie einverstanden sind, suchen Sie doch ein paar Damen aus, die uns begleiten, und lassen mich Ihre Wünsche wissen, damit ich mich danach richten kann.«

St-Cyr wieder besuchen zu können, muß Ludwig fast ebenso beglückt haben wie die Versöhnung mit seiner Gemahlin, denn dort fand er nicht nur tiefste Zufriedenheit, sondern erlebte eine religiöse Erbauung, wie sie inmitten des formalen Prunks der Kapelle in Versailles nicht möglich war. Die Vergnügungssucht, versicherte Mme de Maintenon, sei bei ihm verschwunden, Alter und Frömmigkeit hätten ihn zu ernsthaftem Nachdenken über die Eitelkeit seiner früheren Freuden veranlaßt. Nur widerwillig veranstaltete er jetzt Feste und Theateraufführungen und klagte ihr, daß er durch seine Stellung gezwungen sei, an Vergnügungen teilzunehmen, die er nicht mehr als solche empfand. Nirgends könne er so beten wie in St-Cyr, gestand er, wo die Ordnung, das Schweigen und die Ruhe ihn erhoben und freudig stimmten. Die Damen von St-Louis hatte er daran gewöhnt, mit ihm auf vertrautem Fuße zu verkehren und unbefangen zu plaudern, die Kinder dahin gebracht, ihn als einen alten Freund zu betrachten; oft konnte man ihn im Sommer unter einem Baum im Garten sitzen sehen, ein kleines Mädchen auf den Knien, das sich so zwanglos mit ihm unterhielt wie kaum je mit den eigenen Eltern. Wenn eines der jungen Mädchen heiratete, sprach Ludwig mit ihr, bevor er den Ehevertrag unterzeichnete; denn der Nimbus, der ihn umgab, war so groß, daß seine Unterschrift soviel wie eine Mitgift galt.

Vor Ende Juli hatte die Maintenon sich mit weiblicher Elastizität von dem Schreck erholt, den ihr Ludwig in der Fénelon-Angelegenheit eingejagt hatte, und ihre Rolle als Schutzengel wieder übernommen; nicht immer erfolgreich. In einem Blatt an ihren *directeur* bekannte sie im Juli, sie habe in einer Unterhaltung mit dem König über seine Verschwendung beim Bauen »sein Mißfallen erregt«. Sie bedaure, ihn unnütz gekränkt zu haben. Er baue wieder in Marly, und die neuen Arbeiten sollten 9000 Pfund kosten. Marly würde bald ein zweites Versailles sein, aber man könne nichts tun, als beten und sich gedulden.

Ludwig glaubte vielleicht, es seiner Würde schuldig zu sein, seiner Gemahlin einen Verweis zu erteilen, aber offenbar nahm er sich ihre Vorhaltungen zu Herzen. Denn als ihm ein paar Tage später Pontchartrain vorschlug, die Gebäude auf der Place Vendôme abzureißen und den Platz nach einem Mansartschen Entwurf neu aufzubauen, antwortete er trocken, alle Herren in den Ministerien seien darauf aus, etwas zu tun, das ihren Namen der Nachwelt überlieferte; geschickterweise redeten sie der Bevölkerung ein, es sei der König, der an diesen Eitelkeiten hänge; er beabsichtige nicht, noch einmal darauf hereinzufallen.

Am 15. April starb einer der größten Männer eines großen Jahrhunderts, Jean Racine; Ludwigs Verhalten während seiner letzten Krankheit und nach seinem Tode widerlegt eindeutig die Legende, daß Racine in ›Ungnade‹ gefallen sei. Vom 15. März an, als es hieß, der Dichter läge in den letzten Zügen, bis zu seinem Ende ließ Ludwig, der so ungern an den Tod erinnert wurde und jeder Berührung mit ihm aus dem Wege ging, sich täglich nach seinem Geschichtsschreiber erkundigen; auch erfüllte er den letzten Wunsch des Sterbenden, in Port-Royal begraben zu werden. Bald nach seinem Tod verbrachte Ludwig eine Stunde mit Boileau, Racines ältestem Freund; er eröffnete die Unterhaltung mit den Worten: »Wir beide haben einen guten Freund verloren.« Am 7. Mai setzte er Racines Witwe eine Pension von 175 Pfund aus.

Im August ereignete sich ein seltsamer Vorfall, der eines der kleineren Rätsel des Regimes bleibt. Der Schmied der kleinen Stadt Salon in der Provence erschien in Versailles und erbat eine Privataudienz beim König, um eine äußerst wichtige Sache mit ihm zu besprechen; durch seine Hartnäckigkeit erreichte er es schließlich, vorgelassen zu werden. Er sagte, er habe die verstorbene Königin Maria Theresia gesehen und mit ihr gesprochen, sie sei ihm in hellem Licht auf einem dunklen Weg erschienen und habe ihm eine Botschaft an den König aufgetragen und, als Beweis für die Wahrheit, ihm ein Geheimnis anvertraut, das niemand als der König wissen könne. Ludwig war zweimal mit dem Mann allein und unterhielt sich jedesmal über eine Stunde mit ihm. Dann gab er ihm ein Geldgeschenk, bezahlte ihm die Kosten der Rückreise nach Salon und befahl dem Intendanten der Provence, dafür zu sorgen, daß es dem Mann für den Rest seines Lebens an nichts fehle. Alles, was je von dieser Geschichte ans Tageslicht kam, haben wir von Ludwig selbst; der Marschall de Durat, der mit dem König so stand, daß er offen mit ihm sprechen konnte, versuchte an dem Tag nach der ersten Unterhaltung, als sie zusammen jagten, etwas aus Ludwig herauszubekommen. Durat schnitt das Thema an, indem er das gewöhnliche Sprichwort zitierte, »wenn der Mann nicht verrückt sei, sei der König nicht edel«. Darauf blieb der König stehen, was er selten beim Gehen tat, wandte sich zu dem Marschall und sagte: »Wenn dem so ist, bin ich nicht edel, denn ich habe längere Zeit mit diesem Schmied gesprochen. Er redete äußerst vernünftig und ich kann Ihnen die Versicherung geben, daß er nicht im mindesten verrückt ist.« Diese Worte sprach er »mit betontem Ernst, der die Anwesenden überraschte«.

Ludwig ist häufig wegen seiner Verschwendung getadelt worden, aber allzuoft vergessen die gleichen Kritiker seine Bemühungen, zu sparen; man nehme zum Beispiel den Haushaltsplan für 1700, in dem gegenüber 1699 die Ausgaben für die Armee um 500000 Pfund, für die Marine um 200000 Pfund und für die Galeeren um 150000 Pfund niedriger erscheinen. In Versailles lehnte er es ab, weiterhin Änderungen zu bezahlen, die die Hofleute in ihren Zimmern hatten vornehmen lassen. Mag dies zunächst nur als eine auf den äußeren Schein berechnete Einsparung wirken, wie sie in demokratischen Haushaltsplänen so beliebt ist, so ergibt sich bei näherer Untersuchung doch, daß 1699 die Ausgaben dieser Art in zehn Wochen 5 000 Pfund betragen hatten.

1699 hatte Ludwig Versailles endgültig über; von Tag zu Tag glich es immer weniger einem Schloß als vielmehr einer Stadt, wo es von Leuten wimmelte, die dort nichts zu suchen hatten. Im Frühjahr 1700 mußten zum Beispiel fünfzig Schweizer dafür eingesetzt werden, Bettler aus den Gängen zu vertreiben. Selbst der König gestand offen, daß Versailles seine Mängel habe.

Aber trotz seiner mannigfachen Tätigkeit und seiner ruhelosen Reisen von einem Palast zum andern konnte Ludwig seine Depression nicht abschütteln; er bemerkte bei der Bevölkerung eine veränderte Stimmung, die in zunehmendem Maße kritisch gegen seine Herrschaft eingestellt war, und die Bedeutung von Fénelons *Télémaque* entging ihm nicht. Seine ungeheure Beliebtheit war darauf zurückzuführen, daß es überall als eine Satire auf Ludwigs Regierung aufgefaßt wurde. Die Maintenon ist immer das beste Barometer für die Gemütsverfassung des Königs, und ihre damaligen Berichte an Noailles klingen pessimistisch. Der König wünsche, daß die Religion sich nach ihm richte, nicht er nach der Religion; er hänge an den äußeren Formen, nicht aber am Geist. Nie werde er eine Prozession oder ein Fasten versäumen, doch verstünde er nicht, daß Kasteiung und wahre Reue not tue.

Seit dem Ende des Krieges hatte Ludwig mit der ihm eigenen Geduld und Geschicklichkeit daran gearbeitet, einen Vertrag für die bevorstehende Teilung des spanischen

Reichs zu entwerfen, mit dem ganz Europa zufrieden sein würde. Im März wurde schließlich ein Vertrag ratifiziert, nach dessen Bedingungen ein Habsburger der österreichischen Linie König von Spanien werden, während Frankreich verschiedene Gebiete als Entschädigung erhalten sollte, vor allem einen großen Teil Norditaliens und Siziliens. Die Spanier wurden natürlich bei dieser Aufteilung ihrer Besitzungen nicht gefragt, aber es war in Versailles und in Wien bekannt, daß sie heftig gegen jede Teilung waren.

Daß Ludwig seinem alten Feind, dem Kaiser, den größeren Teil des Gebiets zubilligte, war überraschend, vielmehr, es wäre überraschend gewesen, wenn man sicher sein könnte, daß er es aufrichtig meinte. Aber nach Villars, dem glänzendsten von Ludwigs vielen diplomatischen Militärs, glaubte der französische König nicht im Ernst, daß der Kaiser sich an den Vertrag halten würde; und da der Kaiser genau das gleiche Mißtrauen gegen Ludwig hegte, begannen beide, sich auf einen Kampf einzurichten, den beide als unvermeidlich ansahen. Der Kaiser hatte tatsächlich nur unterzeichnet, weil er glaubte, der Vertrag werde seine früheren Bundesgenossen enger mit seinen Interessen verknüpfen, wenn es zum Kriege käme, und Ludwig unterzeichnete, weil er meinte, seine offenbare Mäßigung werde dazu beitragen, eine sich anbahnende Koalition gegen Frankreich zu verhindern.

Das war die Lage, als am 1. November 1700 um drei Uhr nachmittags Karl II. von Spanien in Madrid starb, ohne Kinder zu hinterlassen. Mit seinem Tode hatte man seit seiner Geburt im Jahre 1661 jederzeit gerechnet; daß er bis 1700 lebte, war fast ein Wunder. Sohn eines in mittleren Jahren stehenden kranken Vaters und der fünfzehnjährigen Nichte dieses Vaters, hatte er Philipps IV. Leiden geerbt; mit vier Jahren war er so hilflos wie ein kleines Kind und mit fünfunddreißig ein Greis. Er konnte weder richtig essen noch sprechen, und abgesehen von der ererbten Krankheit litt er an Wassersucht und Epilepsie.

Was sich ereignen würde, wenn der Stamm der spanischen Habsburger erlosch, war seit vierzig Jahren die Hauptsorge jedes Kabinetts in Europa; seit 1679 hatte sich die Lage zugespitzt, weil sich nach Karls Vermählung herausstellte, daß er keine Kinder erzeugen konnte. Nach 1680 wurde kaum ein Zug auf dem europäischen Schachbrett getan, der nicht von der stets im Hintergrund sich abzeichnenden wichtigen Frage der spanischen Erbfolge beeinflußt gewesen wäre. Ein Hauptfehler in der auswärtigen Politik Ludwigs XIV. bestand darin, daß er, obwohl er die äußerste Wichtigkeit der spanischen Frage ebensogut wie seine Rivalen erkannte, für den Augsburger Krieg, auf den er sich eingelassen hatte, um einer angeblichen Einkreisung zu entgehen, Mittel vergeudete, die er sich offensichtlich für den größten Kampf seines Reichs hätte aufsparen müssen. Ludwigs Vorgehen wirft die Frage auf, ob die Einkreisung Frankreichs im Jahre 1688 wirklich nur ein Mythos war.

Am 9. November traf ein Kurier aus Madrid mit der Nachricht vom Tode des spanischen Königs in Versailles ein und brachte ein Exemplar von Karls Testament mit, in dem er sein großes Reich dem Duc d'Anjou, Ludwigs zweitem Enkel, vermachte, aber mit der Bedingung, daß, falls Anjou sich weigere, das gesamte Reich anzunehmen, es dem österreichischen Bewerber angeboten – mit andern Worten, unter keinen Umständen aufgeteilt werden sollte.

In seinem Testament entkräftete Karl den Verzicht seiner Halbschwester, der Gemahlin Ludwigs XIV., auf einen Anteil an der spanischen Erbschaft durch die Behauptung, dieser Verzicht hätte nur gelten sollen für einen Nachkommen der Königin in gerader Linie, der König von Frankreich werden würde. Dieser Prinz sei der Herzog von Burgund, der älteste Enkel, und deshalb sei der unbestreitbare gesetzliche Erbe der zweite Enkel der verstorbenen Königin, der Duc d'Anjou. Der Kurier, der dieses wichtige Dokument brachte, scheint gegen Mittag in Versailles eingetroffen zu sein. Ludwig sagte daraufhin die für den Nachmittag angesetzte Jagd ab und berief um drei eine Ratssitzung in Mme de Maintenons Zimmer, bei der sie zugegen war. Die Lage wurde bis sieben Uhr besprochen und dann die Sitzung aufgehoben.

10

Die woche zwischen der berühmten Ratssitzung am 9. November und Ludwigs Entscheidung am 16. war die wichtigste seiner langen Regierung. Während dieser Zeit behielt der König seine Gedanken für sich und niemand konnte erraten, wie er sich entscheiden werde; selbst seine Töchter nicht, die am 13. nur die unverbindliche Bemerkung zu hören bekamen, welchen Weg er auch einschlage, er sei sicher, von vielen verurteilt zu werden. Heute wissen wir, daß seine Entscheidung damals schon getroffen war, denn am 14. schrieb er seinem Gesandten im Haag, er habe das Für und Wider des Festhaltens an dem Teilungsvertrag oder der Anerkennung des Testaments erwogen. Wenn er an dem Vertrag festhielte, würde er sein Königreich vergrößern und die Macht des Hauses Österreich schwächen, aber er sehe auch voraus, daß es sehr schwierig sein werde, die ihm nach dem Vertrag zustehenden Gebiete friedlich in Besitz zu nehmen; die Voraussetzung, um den Vertrag durchzuführen, sei die Eroberung des gesamten spanischen Reichs vor seiner Aufteilung – das aber würde zu einem Krieg führen, dessen

Ende nicht abzusehen sei. Um es kurz zu sagen, er habe sich entschlossen, das Testament anzuerkennen; kämpfen müsse er sicher in jedem Fall, also geradesogut für den ganzen Kuchen wie für ein Stück davon.

Am 16. November wurde in Versailles die vielleicht theatralischste Szene einer theatralischen Regierung aufgeführt. Das *lever* des Königs war gerade zu Ende und die Höflinge befanden sich außerhalb seines Privatgemachs, als zu ihrem Erstaunen beide Flügel der Tür aufgestoßen wurden und Ludwig sie aufforderte, möglichst alle hereinzukommen. Dort fanden sie den Duc d'Anjou vor; Ludwig nahm ihn bei der Hand und sprach: »Meine Herren, ich stelle Sie dem König von Spanien vor; seine Geburt berief ihn auf den Thron. Es ist Gottes Wille.« Dann wandte er sich an seinen Enkel mit den Worten: »Werden Sie ein guter Spanier. Das ist jetzt Ihre erste Pflicht. Aber erinnern Sie sich, daß Sie auch Franzose sind, und erhalten Sie das Bündnis zwischen unsern beiden Nationen.«

Der neunzehnjährige Jüngling, der auf so dramatische Weise der allerchristlichste König Philipp V. geworden war, »hatte schon die Allüren eines Königs von Spanien angenommen«. Dies ist der milde Ausdruck, den ›Madame‹ benützt, um zu sagen, daß er die schlaffe Müdigkeit ›Monseigneurs‹, seines Vaters, geerbt hatte. Er lachte fast nie, sprach sehr selten und hatte stets den Mund offen, außer wenn ihm jemand sagte, er möge ihn zumachen; er war der wenigst intelligente von den Brüdern, aber ein wahrheitsliebender junger Mann von reinem Lebenswandel; sein einziges Laster war die Trägheit. Aber selbst wenn er klug und von überschäumender Tatkraft gewesen wäre, unterstützt von fähigen Beratern, so hätte er sich in den nächsten paar Jahren in einer unmöglichen Lage befunden. Denn er war nicht sein eigener Herr; Ludwig mochte noch so tröstlich Europa von der völligen Trennung der französischen und der spanischen Krone sprechen, die durch die Verzichtserklärung garantiert sei, seine häufigen Briefe an seinen Enkel beweisen, daß das nur Schaumschlägerei war.

In diesen Briefen erscheint Ludwig als der Geschäftsmann, der einen halb bankrotten Konzern gekauft, seinen Enkel als Leiter eingesetzt hat und in zunehmendem Maße über die Trägheit und Untüchtigkeit enttäuscht ist, mit der der junge Mann die Befehle und Ratschläge der Hauptgeschäftsleitung in Versailles behandelt. Philipps örtliche Berater besorgte ihm Ludwig aus Paris, nachdem er eine kurz und bündig gehaltene Depesche der französischen Gesandtschaft in Madrid studiert hatte; auf seine Frage nach den Beschäftigungen und Besitztümern der führenden spanischen Edelleute erhielt er die Antwort: »Beschäftigungen – Müßiggang; Besitztümer – Stolz, Elend und die Pocken.«

Ludwig drängte Philipp, schleunigst seine Erbschaft anzutreten; am 4. Dezember machte sich der neue König von Sceaux, dem Landsitz des Duc du Maine, auf die Reise nach Madrid. Vorher gab es noch einen höchst bewegten Auftritt, sogar ›Monseigneur‹ war gerührt; nach wiederholtem Abschiednehmen geleitete Ludwig den jungen König zu seinem Wagen, und Philipp fuhr an die Grenze, bis zum letzten Augenblick von einer dichtgedrängten Menge umgeben, in der »man nur Seufzer hörte und nur Taschentücher vor tränenüberströmten Augen sah«.

Philipp hatte, bevor er aus Sceaux abreiste, ein Privatgespräch mit Ludwig gehabt, und wir kennen den Hauptinhalt der Befehle, die er damals bekam. »Achten Sie die Männer«, sagte Ludwig, »die aus guten Gründen das Risiko, Ihnen zu mißfallen, auf sich nehmen. Vernachlässigen Sie nie die Geschäfte um des Vergnügens willen. Fassen Sie nie übereilte Entschlüsse, sondern hören Sie immer Ihren Staatsrat an, bevor Sie sich entscheiden. Sagen Sie nie etwas, das jemanden verletzen kann. Nehmen Sie keine Geschenke von Ihren Untertanen an oder, wenn Sie es tun müssen, schenken Sie dem Geber etwas viel Wertvolleres. Und vor allem dürfen Sie niemals einen Günstling oder einen Premierminister haben.«

Die Leichtigkeit, mit der er im Januar 1701 Philipp in Madrid eingesetzt hatte, scheint Ludwig überzeugt zu haben, daß die gute alte Zeit, wo er ganz Europa seinen Willen diktiert hatte, zurückgekehrt sei; anders läßt sich sein vorschnelles und herausforderndes Verhalten in einer so heiklen Lage wie der damaligen nicht erklären. Es waren kaum sechs Wochen vergangen, seit er der Welt die Versicherung gegeben hatte, die Trennung zwischen den französischen und spanischen Bourbonen sei vollständig; am 1. Februar unterzeichnete er Dokumente, die Philipp V. und seinen Erben ihren Platz in der französischen Thronfolge sicherten. Am 5. Februar nutzte er es aus, daß England und Holland wie gewöhnlich völlig unvorbereitet für einen Krieg waren, und ließ seine großartige Armee auf die Niederlande los. Am Ende des Monats hatte er Luxemburg, Namur,

Mons, Charleroi, Ath, Oudenarde, Nieuport und Ostende, kurz, alle wichtigen Plätze besetzt, aus denen man ihn im vorigen Krieg nach neunjährigem Kampf vertrieben hatte. Hiermit nicht zufrieden, mußte er Europa noch mehr gegen sich aufbringen, indem er die alte Spitzfindigkeit von 1667 erneut vorbrachte: er handele nur als Sachverwalter für seinen Enkel, bis der neue König von Spanien selbst seine Maßnahmen zur Besetzung der spanischen Niederlande treffen könne; danach würden alle französischen Soldaten von spanischem Boden zurückgezogen werden. Am 17. April wurde Ludwig in seiner anmaßenden Politik dadurch bestärkt, daß England Philipp V. anerkannte, trotz Wilhelms III. Bemühungen, sein Land zum Krieg gegen Frankreich zu treiben. Ludwig befand sich wirklich in einer äußerst günstigen Lage: zwar im Krieg mit dem Reich, aber einem Reich, das durch den Abfall Bayerns und Kölns geschwächt war, und dessen Verbindungen nach Italien durch Ludwigs Bündnis mit dem Herzog von Savoyen unterbunden waren; und selbst auf der Höhe seiner Macht war das Reich nie ein ebenbürtiger Gegner für Ludwigs Frankreich.

Vielleicht hätte England sich auch jetzt noch neutral oder schlimmstenfalls als lauer Feind verhalten, trotz der am 7. September unterzeichneten antifranzösischen Großen Allianz, wenn Ludwig sich nicht unbekümmert eine seiner ritterlichen Gesten erlaubt und dadurch das unkriegerische England zur Weißglut der Empörung gebracht hätte. Am 13. September besuchte er den sterbenden Jakob II. in St-Germain und versicherte ihm, er könne ohne Sorge um den Prinzen von Wales sterben, denn Frankreich werde ihn als König von England, Schottland und Irland anerkennen. Drei Tage danach starb Jakob II. und Ludwig anerkannte den Thronprätendenten feierlich als Jakob III., wobei er offenbar vergaß oder keine Rücksicht darauf nahm, daß er selbst im Vertrag von Ryswick Wilhelm II. anerkannt hatte, und daß vor noch nicht drei Monaten das englische Parlament im Thronfolgegesetz die Stuarts für immer vom Thron ausgeschlossen hatte. Das war eine französische Dreistigkeit, mit der sich England nicht gut abfinden konnte.

Es war ein tragisches Jahr für Ludwig in seinem Familienleben und auf politischem Gebiet. Er verlor seinen geliebten, lasterhaften, geschwätzigen, ihm herzlich zugetanen Bruder, den lächerlichen ›Monsieur‹, der am 9. Juni in St-Cloud an einem Schlaganfall starb. Etwas in Ludwig starb mit ihm, denn mit ›Monsieur‹ verlor er den einzigen Menschen, zu dem er über Anna von Österreich sprechen konnte, der die Erinnerungen an jenen alten Hof teilte, der jetzt selbst den Brüdern so unglaublich fern zu liegen schien. Zugleich verlor er den einzigen Mann, mit dem er in völliger Vertrautheit lebte. Der König, sagte St.-Simon, hatte ›Monsieur‹ im Privatleben immer die Freiheit eines Bruders zugestanden und ihn in der Öffentlichkeit mit allerhand Gunstbezeugungen und Rücksichtnahmen als Bruder behandelt, wobei er jedoch dafür sorgte, daß er keine zu wichtige Persönlichkeit würde.

Eine erfreuliche Folge von Philipps Tod war die Versöhnung von Ludwig und Philipps Witwe. ›Madame‹ berichtet, der König habe sie am 12. Juni aufgesucht und, wenngleich selbst äußerst bekümmert, alles getan, um sie zu trösten; am gleichen Tage ließ Mme de Maintenon sie wissen, daß dies die beste Gelegenheit sei, sich mit dem König zu versöhnen. Darauf erbat ›Madame‹ eine Unterredung mit der Maintenon und bekannte ihr, sie habe sie lange gehaßt, weil sie sie aus der Gunst des Königs verdrängt habe; doch wolle sie das Vergangene zum Dank für die Freundschaft der Maintenon vergessen – »sie riet mir, ganz offen mit dem König zu sprechen. Ich befolgte ihren Rat. Der König umarmte mich, bat mich, das Vergangene vergangen sein zu lassen und versprach, mir wieder seine Gunst zu schenken. So endete alles aufs glücklichste.«

Der König stand jetzt im dreiundsechzigsten Lebensjahr, aber für ihn konnte es kein Nachlassen in seiner Lebensweise geben; im Gegenteil, die Last wurde schwerer. Vor siebenundvierzig Jahren hatte er sich damit gebrüstet, daß er täglich sechs bis sieben Stunden arbeitete. Jetzt hielt er nicht nur an der hergebrachten Tageseinteilung fest, sondern hatte seinen zusätzlichen Aufgaben die angenehme Zeit zwischen fünf und zehn Uhr abends geopfert. Auch nahm er den Krieg nicht zum Vorwand, um sich von den zeremoniellen königlichen Pflichten zu befreien; so besuchte er zum Beispiel am 14. Juli die Invaliden, um seinen alten Soldaten beim Mittagessen zuzusehen.

Ein liebenswerter Zug in Ludwigs Charakter, diese Fürsorge für die Invaliden. Aber als er anfing alt zu werden, traten andere, weniger sympathische Züge hervor; besonders sein Haß gegen die Jansenisten, der schnell zur fixen Idee wurde. Ein Brief der Mme de Maintenon an den Kardinal de Noailles aus diesem Jahr vermittelt einen abstoßenden Eindruck von der Hexenjagd-Atmosphäre bei

Hof im Jahre 1701. Der König, schrieb sie, wisse, daß Noailles direkte und indirekte Beziehungen zu Personen in Rom unterhalte, die fanatische Anhänger der Jansenisten seien. Alles, so warnte sie den Kardinal, komme dem König zu Ohren, und er verdächtige Noailles nicht ohne Grund – »er selbst hat mir gestattet, Ihnen diese Warnung zukommen zu lassen; das ist ein deutliches Zeichen seiner Rücksichtnahme auf Sie«.

Das Jahr 1702 gewährt uns bedeutsame Einblicke in die Unrichtigkeit von Ludwigs Behauptung, Philipp V. sei ein nationaler König und stehe auf eigenen Füßen:

Versailles, 26. Februar 1702. Sie sprechen das Verlangen, an der italienischen Front zu kämpfen, mit so großem Eifer aus, daß ich nicht zweifeln kann, meine Zustimmung dazu habe Ihnen Freude gemacht.

10. September ... niemand anders als ich kann Ihnen folgendes sagen ... ich bekenne, mit welcher Sorge ich sehe, daß es Ihnen an Mut fehlt, gegen ein so häßliches Laster (wie die Trägheit) anzukämpfen. Ich weiß, daß es Sie herabzieht und daß Sie ihm nachgeben, sobald es sich darum handelt, Erörterungen über die Staatsgeschäfte anzuhören und sich den Staatsgeschäften zu widmen. Es tut mir leid, es sagen zu müssen, aber ich bin überzeugt, daß die Briefe, die ich von Ihnen bekomme, und sogar die, die Sie der Königin schicken, von Louville diktiert sind ... glauben Sie nicht, daß die Öffentlichkeit das nicht erfährt; Ihre Untertanen wußten es früher als ich ...

5. Mai 1703 ... ich weiß nicht, warum Sie mich wegen Ihrer Furcht vor Entscheidungen um Rat fragen. Ich habe Sie oft gedrängt, sie zu überwinden. Ich würde mich freuen zu hören, daß Sie als der Herr sprechen, nicht aber, daß andere Ihnen die Entscheidung selbst in Kleinigkeiten abnehmen. Es wäre fast besser, wenn Sie beim Handeln nach Ihren eigenen Entschlüssen Fehler machten, als daß Sie die Fehler vermeiden, indem Sie sich am Gängelband führen lassen.

Militärisch war es für Ludwig ein schlechtes Jahr. Im Februar wurde Villeroi, der besser einen Kotillon anführen konnte als eine Armee, in Cremona überrascht und gefangengenommen; ganz Frankreich machte sich über ihn lustig. Sehr zum Ärger Ludwigs, der äußerst rücksichtsvoll und höflich von seinem alten Freunde sprach und noch einige Zeit fortfuhr, ihn zu unterstützen. Es war sehr menschlich, daß er einem Mann zu Hilfe kam, der im Louvre mit ihm zusammen unterrichtet worden und der Vertraute seiner frühen Liebesaffären gewesen war; aber es machte Ludwigs Herzen mehr Ehre als seinem Verstand.

Am 15. Mai erklärten England und Holland Frankreich den Krieg. Im Oktober führte ein unglücklicher Feldzug zum Verlust von Lièges und dem größten Teil von Geldern; bei Hof gab es nichts als Trübsal und Vorwürfe. Ein von der Front zurückgekehrter jüngerer Offizier berichtet, daß die Generäle in Versailles über die Vorwürfe murrten, mit denen der König sie bei der Rückkehr empfangen hatte. Marschall Catinat habe wohl sein Handwerk verlernt; Marschall de Boufflers, für gewöhnlich ein besonderer Günstling, wurde getadelt; Tallard mußte hören, daß er unvorsichtig gewesen sei.

Das einzige wirklich positive Faktum war der Tod Wilhelms III.; er starb am 19. März. Doch auch dies Ereignis bedeutete weniger, als man zunächst annahm; denn Wilhelms Lebenswerk war getan, als er im Jahre 1701 die große Koalition gegen Ludwig geschmiedet hatte, und zwar so fest, daß die Große Allianz allen Zerreißproben standhalten sollte, bis sie Frankreich an den Rand des Abgrunds gebracht hatte. Militärisch bedeutete Wilhelms Tod für Ludwig einen Nachteil, denn seine Feinde wurden dadurch von dem schlechtesten General Europas befreit.

Mehr und mehr suchte Ludwig Erholung von den Sorgen dieses deprimierenden Sommers bei seinem Liebling, der Herzogin von Burgund. Diese hatte eine Vorliebe für Trianon gefaßt, wo sie, wie später Marie-Antoinette, an der Meierei Vergnügen fand; Ludwig und sein Hof begaben sich oft abends dorthin.

So reizend die Herzogin war, wir teilen das Erstaunen des Hofs über die Freiheiten, die sie sich gegen den König herausnahm; als Beispiel möge ihr Verhalten in einer Julinacht des Jahres 1702 dienen. Erst fuhr sie zu einem privaten Ball in Paris – darüber hätte Ludwig bei jedem andern die Stirn gerunzelt – und tanzte bis fünf Uhr morgens; danach stattete sie überraschend den *halles*, dem Pariser Hauptmarkt, einen Besuch ab, dann hörte sie die Messe, fuhr nach Versailles zurück und weckte den König, um ihm alles zu erzählen. Ein Staatsminister mit den wichtigsten Nachrichten würde sich das zweimal überlegt haben. Und Ludwig war entzückt, sie zu sehen.

Das Jahr 1703 brachte dem König keine Entspannung. Im Januar brach in den Sevennen ein von den Alliierten geschürter Hugenottenaufstand aus; im Sommer wurde

Villars' Plan, eine französische Armee die Donau abwärts zu führen, durch seine Streitigkeiten mit dem Kurfürsten von Bayern zunichte gemacht; Marlborough vertrieb die Franzosen aus Köln; im September ließen Savoyen und Portugal Ludwigs Sache im Stich. Nicht die geringste Sorge bereitete ihm der Aufstand in den Sevennen, den seine Ratgeber als ein »Strohfeuer« bezeichneten. Montrevel, der sich durch nichts als vornehme Geburt auszeichnete, wurde entsandt, um die Ordnung wiederherzustellen, und wählte das einfache Verfahren, daß er seinen Truppen völlige Freiheit gab, jeden zu töten, von dem sie meinten, er sehe wie ein Aufrührer aus. Dies hatte lediglich dahin geführt, daß die Camisards, wie die Aufrührer genannt wurden, ihr Leben teuer verkauften und mit jedem Priester, der ihnen in die Hände fiel, auf das grausamste verfuhren. 1704 wurde Montrevel durch Villars ersetzt, der augenblicklich kein Amt bekleidete, da er bei Ludwig nicht beliebt war; und das mit gutem Grund, denn dieser derbe, glänzendbegabte, joviale und prahlerische Gaskogner war seiner Zeit voraus, ein Skeptiker und, was schlimmer war, völlig unbeeindruckt von dem Gottesgnadentum der Könige und dem Glanz der Höfe. Ihm war die religiöse Frage, die den Aufstand verursacht hatte, gleichgültig, und er verlegte sich daher auf eine Politik der Verständigung. Im Hochsommer hatte er nicht nur den Aufruhr unterdrückt, sondern eine Begegnung zwischen dem Führer der Aufständischen, Cavalier, und dem König zustande gebracht. Das war eine erstaunliche Leistung; daß Ludwig bei seinem Stolz und seiner Frömmelei dazu bewogen wurde, einem aufrührerischen und ketzerischen zweiundzwanzigjährigen

Bäcker eine Audienz zu gewähren, spricht Bände für Villars' diplomatisches Geschick. Das Zusammentreffen war der Höhepunkt im Leben des Bäckers, und daher die Unterhaltung mit dem König viel zu lang, als daß sie hier wiedergegeben werden könnte; »Seien Sie in Zukunft vernünftiger, das wird besser für Sie sein«, sagte Ludwig, als er ihn nach einem erfolglosen Bekehrungsversuch entließ.

Am 2. August traf Ludwig ein vernichtender Schlag; bei Sonnenaufgang hatte seine Rheinarmee unter Tallards Befehl sich zur Schlacht aufgestellt; ihr rechter Flügel lehnte sich an das Dorf Blenheim an der Donau; auf der andern Seite des Donauzuflusses Nebel standen die Alliierten unter Marlborough und Prinz Eugen; bei Einbruch der Dunkelheit war Tallard gefangen und hatte die Hälfte seiner Armee verloren, unter anderm 9 000 Mann der besten französischen Infanterie, die in dem Dorf Blenheim eingeschlossen waren. Die 1 200 gefangenen Offiziere mochten wohl zueinander sagen: »Oh, que dira le roi!«; denn Blenheim war mehr als eine verlorene Schlacht, es war das Ende einer Epoche. Seit Condés Sieg bei Rocroi vor mehr als einem halben Jahrhundert war Frankreich unumstritten die erste Militärmacht der Welt gewesen, und diese Stellung sollte es erst unter Napoleon wiedergewinnen. Bourbonische Armeen würden sich wieder tapfer schlagen und niemals mutiger als in den paar nächsten Jahren, aber das alte Vertrauen in den Sieg, das für eine Armee von größtem Wert ist, war dahin.

Und was sagte der König? Diesmal konnte er seine Trauer und Entrüstung nicht verbergen und beklagte sich offen, »wie gering seine Generale seinen Ruhm achteten«.

Er setzte zwei Generalquartiermeister und vierzehn Brigadegenerale ab. Ihm muß das Herz stillgestanden haben, als er sich das volle Ausmaß des Unglücks klarmachte; er hatte sich am 1. August als Herr einer siegreichen, tief in das Reich vorstoßenden Armee zur Ruhe begeben, und vor dem nächsten Sonnenuntergang stand er vor der lebenswichtigen Frage, wie er das westliche Rheinufer verteidigen sollte; und selbst dazu galt es, eine neue Armee aufzustellen mitten in einem erschöpfenden Feldzug. Der heitere Prunk, mit dem in Marly am 12. August die Geburt eines Sohnes der Herzogin von Burgund gefeiert wurde, wird ihn kaum aufgeheitert haben, denn selbst das Volk begriff schon das volle Ausmaß seiner Demütigung; das müssen für Ludwig bittere Gedanken gewesen sein. Auch in St-Cyr fand er nicht mehr wie früher Trost; statt von seinen kleinen Freundinnen mit Blumen im Haar, mit Gesang und Tanz begrüßt zu werden, oblag es jetzt ihm, den tränenüberströmten Mädchen, deren Väter und Brüder in der Schlacht gefallen waren, schwachen Trost zu spenden. Man kann sich vorstellen, daß sein Antlitz bei der Nachmittagsandacht »voll tiefer Trauer und demütigster Entsagung« war.

Zudem bedrückte ihn unablässig das fast hoffnungslose Problem, Ausgaben und Einnahmen einander anzunähern; erschwert wurde es durch seine eigene Theorie, die er für wirtschaftlich richtig hielt, während sie in Wahrheit ein politisches Überbleibsel aus der Zeit der Fronde war, nämlich daß es gefährlich sei, sich Einnahmen aus Anleihen zu verschaffen. Da größere Steuereinnahmen nicht erzielt werden konnten, verfiel er darauf, das Defizit durch Vermehrung und Verkauf unnötiger Ämter zu decken; das führte zu einem *circulus vitiosus*, da als Verlockung den Käufern Steuerbefreiung versprochen wurde. Der Finanzminister Pontchartrain verstand die Lage nicht besser als Ludwig selbst; denn er bemerkte heiter: »Jedesmal, wenn Euer Majestät ein Amt schaffen, schickt uns Gott einen Narren, der es kauft.« Aber nichts zeigt deutlicher die wirtschaftliche Naivität Ludwigs und seiner Berater als die erstaunliche Maßnahme im Dezember 1706: sie entdeckten, es gebe »zu viel Korn im Königreich« und verkauften den Überschuß an den Feind, »um dafür eine Menge Geld nach Frankreich zu bringen«.

Auf der Ausgabenseite war Ludwig zu kleinlichen Sparmaßnahmen gezwungen, die seinen Stolz tödlich verletzten; zum Beispiel mußte er in Marly Tee, Kaffee, Kerzen und Schreibmaterial für seine Gäste abschaffen; infolge dieser kriegsbedingten Sparsamkeit »saßen die Besucher schweigend bei Tisch wie im Refektorium eines Klosters; niemand dachte im Traum daran, zu sprechen oder zu lachen«. Strenge Sparsamkeit ging Hand in Hand mit dem aufreibenden Bemühen, den Nachbarn gegenüber einen gewissen Schein aufrechtzuerhalten. Ob zu Recht oder zu Unrecht, ihm schien es nötig, die Vergnügungen und Unterhaltungen während des Winters fortzusetzen, um seinen Untertanen Mut zu machen und seinen Feinden zu zeigen, wie wenig ihm ihre Siege anhaben konnten.

1706 war wieder ein Unglücksjahr für Frankreich; am 11. Mai wurde Villeroi bei Ramillies geschlagen und der Zusammenbruch führte zum Verlust der Niederlande; im Juni proklamierten die Alliierten den Erzherzog Karl zum

König von Spanien; die verlorene Schlacht von Turin führte im September zu Ludwigs Vertreibung aus Piemont; und im Oktober wurden die französischen Friedensvorschläge vom Feinde schroff zurückgewiesen. Der schwerste dieser Schläge war natürlich die Niederlage bei Ramillies, die Ludwig mannigfache Trübsal bereitete, Entsetzen über die verzweifelte Lage, in der er sich befand, Kummer, daß es die stümperhafte Unfähigkeit seines alten Freundes Villeroi war, die ihn soweit gebracht hatte, und schließlich Enttäuschung über die traurige Nachricht, daß bei Ramillies sogar die Garderegimenter »sich sehr schlecht gehalten« hatten. Aber Ludwig brachte es trotz seines brennenden Schmerzes fertig, nach außen über alles – mit Ausnahme des Verhaltens seiner Garde – ruhig zu erscheinen; nur darüber sprach er mit Bitterkeit. Hingegen verteidigte er immer noch Villeroi, obwohl die Armee einmütig und offen gegen seine weitere Verwendung protestierte. Es ist eine Ironie des Schicksals, daß Ludwig von seinem Prinzip, nie einen Günstling zu haben, gerade für den Mann eine Ausnahme machte, der ihn fast seine Krone kostete. Wie man auch Ludwigs Verhalten als König in der Angelegenheit Villeroi beurteilen mag, über die Duldsamkeit und Freundlichkeit des Menschen Ludwig kann es nur eine Meinung geben. Im Juni bat er Villeroi, seinen Abschied zu nehmen und versprach ihm, bei der Veröffentlichung zu erklären, der Marschall habe auf seinen eigenen dringlichen Antrag die Genehmigung erhalten, den Oberbefehl in Flandern abzugeben; er fügte hinzu, er werde stets für ein Opfer dankbar sein, das für ihn selbst schmerzlicher als für Villeroi sei. Der Marschall war töricht genug, zu erwidern, er sei weder krank noch verwundet und könne sich nicht die Schande antun, ohne vernünftigen Grund den Abschied zu nehmen. Selbst danach schrieb ihm Ludwig noch drei- oder viermal, und zwar immer in demselben freundschaftlichen Ton. Als aber der Marschall auf seinen letzten Appell anmaßend erwiderte, der König könne ihn seines Kommandos entheben, dürfe aber nicht erwarten, daß er ihm auf halbem Wege entgegenkomme, wurde Ludwig ärgerlich und entließ ihn. Mme de Maintenon schrieb: »Ich habe den König nie bewegter gesehen als bei der Maßnahme, zu der er gezwungen wurde«; M. de Villeroi, fügte sie hinzu, sei jetzt verzweifelt und nur mit allzuviel Recht, es sei die nagende und bittere Verzweiflung eines Mannes, der sich bewußt eine Schande zugezogen habe, die sein König ihm mit allen Mitteln hatte ersparen wollen.

Das Jahr 1707 wurde mit neuen Sparmaßnahmen eröffnet. Die ›Söhne‹ und ›Töchter Frankreichs‹ erhielten nicht die üblichen Neujahrsgeschenke, der König schlug sein eigenes von 35 000 Pfund in neuen Goldmünzen aus, und die Pension der Montespan wurde von 10000 Pfund jährlich auf 7 200 herabgesetzt; ein Tropfen im Ozean, aber diese Einsparungen machten einen günstigen Eindruck auf die Öffentlichkeit.

Aller Augen waren jetzt auf Ludwig gerichtet, der weiterhin seine Rolle vollendet spielte; was ihn das kostete, wußte nur er allein. Fest, ruhig, gleichmütig und freundlich, war er peinlich darauf bedacht, seine gewohnte Tageseinteilung innezuhalten, und selbst eine so nahestehende Beobachterin wie Mme de Maintenon erklärte, wenn sie es nicht besser wüßte, würde sie glauben, er habe keine Sorgen. Aber das Beispiel des Königs konnte den Trübsinn nicht bannen, der jetzt über seinem Hof hing; Trauer, Langeweile und Mißtrauen herrschten, Schmähschriften wurden in Umlauf gesetzt und nahmen täglich an Zahl und Niedertracht zu. Ein grausamer Schlag für Ludwig muß es gewesen sein, zu erfahren, daß die schlimmsten Schmähschriften von seiner eigenen Tochter, ›Madame la Duchesse‹, stammten.

Am 30. März 1707 starb einer der wenigen noch lebenden großen Männer aus Ludwigs früheren und mittleren Jahren, der Marschall Vauban; er war der hervorragendste Militäringenieur seiner Zeit, und ihm verdankte der König zum großen Teil den militärischen Ruf, den er bei seinen alljährlichen Belagerungen erworben hatte. Wir erwähnen seinen Tod hier, um den gegen Ludwig erhobenen Vorwurf der Undankbarkeit zu entkräften; es wird behauptet, der König habe Vauban in Ungnade dahinsiechen lassen, weil er im Jahre 1700 sein *Projet d'une Dîme Royale* veröffentlicht hatte. Tatsächlich befahl Ludwig, als er von Vaubans hoffnungslosem Zustand hörte, seinem eigenen Leibarzt, sich sofort zu dem Marschall zu begeben, und sprach im Ton großer Hochachtung und Freundschaft von ihm: es habe den Anschein, als ob er einen Mann verlieren solle, der seinen König und sein Land liebte.

Militärisch ließ sich das Jahr etwas besser an als 1706. Am 25. April errang Berwick, der Befehlshaber in Spanien, den Sieg von Almanza, der die Frage entschied, wer in jenem Lande König sein sollte – bei dieser Schlacht traf es sich seltsam, daß die siegreichen Franzosen unter dem Befehl eines Engländers und die besiegten Engländer unter dem eines Franzosen standen. In Flandern verteidigte sich Vendôme nicht ohne Erfolg, Villars hatte die feindlichen Linien bei Stolhofen durchbrochen und fiel in Deutschland ein. Aber andrerseits waren Prinz Eugen und der Herzog von Savoyen in der Provence einmarschiert; Ludwig hatte Italien räumen müssen, um die für ihn lebenswichtigen Fronten zu verstärken.

Am Freitag, den 27. Mai, starb zu Bourbon mit sechsundsechzig Jahren Mme de Montespan; sie war eine echte Mortemart bis an ihr Ende. Bis zum letzten Augenblick, sagt St-Simon, war sie vollendet schön und die beste Gesellschafterin von der Welt; die Anmut ihres Betragens ließ ihren Hochmut übersehen, da sie beides zu vereinen wußte. Nichts glich ihrer Unterhaltungsgabe, die nach St-Simon aus Witz, Eleganz und der rücksichtsvollsten Höflichkeit wunderbar gemischt war. Sie hatte eine seltsame Art, sich auszudrücken, und schien eine besondere, ihr eigentümliche Sprache zu sprechen, aber so hielt es ihre ganze Familie, auch ihr Bruder (der Duc de Vivonne) und ihre Schwestern (die Äbtissin von Fontevrault und Mme de Thianges). Der Memoirenschreiber tadelt dann Ludwig wegen seiner Gefühllosigkeit bei der Nachricht vom Tode seiner früheren Geliebten. Vielleicht darf man St-Simon daraus keinen Vorwurf machen, denn er war erst fünf Jahre alt, als der Vergiftungsskandal ausbrach, und wußte nicht, welchen Abscheu und Ekel Ludwig bei den Enthüllungen von Athénaïs' Treiben empfunden hatte. Ludwigs Gefühllosigkeit war begründet, nicht aber sein Ärger, daß seine unehelichen Kinder ihre Mutter betrauerten;

denn sie kannten so wenig wie St-Simon ihren wahren Charakter. Eine Folge ihres Todes bestand darin, daß d'Antin, ihr ehelicher Sohn, den sie immer im Hintergrund gehalten hatte, eine bedeutende Persönlichkeit bei Hof wurde; fünfundzwanzig Jahre peinlicher Unterwürfigkeit hatten ihm bisher nichts eingebracht als den Posten des Gouverneurs von Orléans, nun aber besuchte ihn Ludwig in seinem Landhaus, Petit Bourg, und machte ihn im Juni zum Generaldirektor der Bauten.

1708 erwog Ludwig ernstlich, ob er persönlich den Oberbefehl in Flandern übernehmen sollte, und unterließ es wahrscheinlich nur aus der Erwägung, daß er unmöglich Chamillard das Kriegsministerium allein anvertrauen konnte; auch hier hielt Ludwig einen unfähigen Mann, dessen Unfähigkeit ihm bekannt war, indes nicht, wie bei Villeroi, aus persönlicher Zuneigung; »Chamillard«, sagte der König in diesem Jahr zu Berwick, »glaubt mehr zu wissen als alle andern Generäle, während er in Wahrheit nicht das geringste versteht«. Was immer der Grund gewesen sein mag, es war für Ludwig ein Glück, daß er den Plan aufgab, denn andernfalls hätte er am 11. Juli bei Oudenarde offiziell den Oberbefehl gehabt und wäre persönlich für die Niederlage verantwortlich gemacht worden.

Oudenarde schien zunächst der Gnadenstoß für Frankreich zu sein; abgesehen von Vendômes geschlagenem Heerhaufen versperrte nichts den Weg nach Paris; hätte man Marlborough gestattet, die Festung Lille zu umgehen und auf die französische Hauptstadt loszumarschieren, so hätte er Paris bestimmt erobert; aber zum Glück für Ludwig lehnte Wien es ab, ein so neuartiges Verfahren gutzuheißen, und bestand darauf, Lille müsse erobert werden, ehe ein weiterer Vormarsch versucht würde. Die Stadt wurde im Oktober eingeschlossen; Boufflers verteidigte sie glänzend und hielt sich bis Mitte Dezember. Als er sich schließlich ergab, hatte die Eroberung die Alliierten 15 000 Mann gekostet.

Selbst Oudenarde konnte Ludwig nicht zur Verzweiflung bringen. Am 14. August schrieb Mme de Maintenon einen pessimistischen Brief an Mme des Ursins, die französische Beraterin des Königs von Spanien in Madrid, und schloß mit der Bemerkung, die Ursins kenne Ludwig XIV. zu gut, um seine Gefühle nach denen seiner Mme de Maintenon zu beurteilen; so wenig der König ihr einen Bruchteil seines Mutes einflößen könne, vermöge sie ihn mit ihrer Angst anzustecken.

Der Fall von Lille im Dezember war etwas anderes. Die Maintenon übermittelte Mme des Ursins die traurige Nachricht und bemerkte, der König sei ganz gebrochen, eine seiner frühesten Eroberungen in Feindeshand zu sehen; diese schöne Stadt, so durch und durch französisch, geplündert von all den Nationen, die einmarschiert waren. Nicht weniger empfinde er die Schande, daß er nichts zum Entsatz der Stadt hatte unternehmen können. Sie fügte hinzu, sie fürchte die Wirkung, die das auf den König haben werde, um so mehr, als er sich bemühe, sie zu verbergen. Die Niederlage von Oudenarde führte unter anderm dazu, daß Villars, der, milde ausgedrückt, nicht einer der bescheidensten Generäle in französischen Diensten war und die ihm zudiktierte Aufgabe des »Kleinkriegs« überhatte, am 23. August an Mme de Maintenon schrieb:

»Ich beehre mich, Madame, Ihnen folgendes mitzuteilen: als ich mich vom König verabschiedete, erlaubte ich mir, ihm zu sagen, daß, wenn eine größere Kampfhandlung in Flandern stattfinden sollte, ich mir schmeichelte, daß die Truppen mein Erscheinen am Morgen der Schlacht freudig begrüßen würden . . . ich glaube wirklich, Madame, wenn dieser Feldzug zu Ende ist, wird ein Eilbote Seiner Majestät mich nach Flandern rufen.«

Und für den Fall, daß die Maintenon nicht laut genug in sein Horn blasen sollte, tat er es im Winter nach seiner Rückkehr in Versailles selber; er hörte sich den Bericht des Königs über das Unglück in Flandern an und bemerkte dann mit Achselzucken: »Sire, Villars kann nicht überall sein.«

In der allgemeinen Trübsal konnte sich Ludwig nur damit trösten, daß er Boufflers königlich belohnte und nichts unterließ, was dem Helden des Tages Freude machen konnte. Boufflers erhielt Zutritt zu den königlichen Gemächern, er selbst wurde zum Herzog und Pair gemacht und seinem zwölfjährigen Sohn gegen alles Herkommen die Nachfolge in seines Vaters Amt als Gouverneur von Flandern zugesichert. Boufflers verdiente das alles, denn als er sich erbot, Lille zu verteidigen, war er ein kranker alter Mann und setzte bei diesem Wagnis den Ruf aufs Spiel, den er während eines Lebens harten Dienstes erworben hatte.

Wenngleich Ludwig müde war, von bösen Träumen gepeinigt wurde und ständig an Schlaflosigkeit litt, hielt seine bewunderungswürdige Konstitution die Last aus, die er zu tragen hatte; er sah mit siebzig Jahren um zehn Jahre jünger aus, als er war und hielt sich immer noch gern im Freien auf. Mme de Maintenon schrieb um diese Zeit nach Madrid, wie sie den König um die luftigen und sonnigen spanischen Gärten beneide. Licht und Luft seien die beiden Dinge, die Ludwig zumeist erfreuten; er habe mehr Bäume gepflanzt als irgend jemand, aber immer darauf bestanden, die Äste zu beschneiden, damit sie keinen Schatten würfen. Von Sorge gequält, vernachlässige er doch nicht die kleinen Höflichkeiten, die ihn bei so vielen Menschen beliebt machten und dazu beitrügen, sie über seine Selbstsucht hinwegzutäuschen. So gab er im Januar 1709 einen Besuch in Trianon auf, weil er am Vortage auf dem Wege nach Marly bemerkt hatte, daß die Leibgardisten seines Gefolges unter der strengen Kälte litten.

Die Finanzlage war zu einem Alpdruck geworden; in diesem Frühjahr mußte sich Ludwig, der immer noch unbedingt gegen Staatsanleihen war und kein Geld borgen konnte, aufs Betteln verlegen. Eines Nachmittags gegen fünf Uhr schritt er gemächlich den Weg entlang den *Pavilions*, in denen er seine Gäste in Marly unterbrachte, und als er an den Pavillon kam, den Desmarets, der Kontrolleur der Finanzen, bewohnte, trat der Minister zusammen mit Samuel Bernard, dem reichsten Bankier Europas, heraus. Der König begrüßte beide, dann wandte er sich an Bernard und sagte, da er Marly noch nicht gesehen habe, werde es ihm ein Vergnügen sein, ihn herumzuführen. Bernard zeigte sich natürlich äußerst beglückt über diese Ehre, und während des Rundgangs erläuterte der König ihm alles Sehenswerte und unterhielt den Finanzmann mit der ihm eigenen unnachahmlichen Liebenswürdigkeit. Der König bekam sein Darlehen, und Bernard erfuhr nie, daß seine ›zufällige‹ Begegnung mit dem König von Ludwig und Desmarets sorgfältig geplant worden war.

So war der Bankrott für den Augenblick abgewendet, aber überall herrschte Niedergeschlagenheit; in den Ministerien, im Kabinett des Königs und bei Hof, wo eine Massenneurose einsetzte. Die Nerven waren zum Zerreißen gespannt, man verlangte ständig nach Nachrichten von der Front als dem einzigen Beruhigungsmittel, das vorübergehend Erleichterung verschaffen konnte; selbst schlechte Nachrichten waren der Tortur vorzuziehen, überhaupt nichts zu erfahren. Achtundvierzig-Stunden-Gebete wurden überall dargebracht; die Herzogin von Burgund harrte ganze Nächte in der Kapelle aus und erschöpfte ihre Damen durch Nachtwachen. Alles Kartenspielen hörte auf, selbst die Unterhaltung erlahmte, und die Höflinge schämten sich voreinander, weil jedem die Angst vom Gesicht abzulesen war; wenn man ein Pferd vorbeitraben hörte, rannten alle zum nächsten Fenster, ohne zu wissen warum. Diese Gemütsverfassung führte zu einer Flut von unbegründeter Kritik, die den König fast an die Grenzen seiner Selbstbeherrschung brachte. Die Höflinge, schrieb Mme de Maintenon, seien unerträglich; sie kritisierten alles, was geschah, ohne selbst einen einzigen konstruktiven Vorschlag zu machen; wenn es nach ihr ginge, befänden sich alle diese Nörgler entweder in der Armee oder in ihren Gouvernements. Auch die Frauen sollten besser abgeschoben werden, denn sie seien womöglich noch schlimmer als die Männer: kaum eine, die nicht militärische Ratschläge gebe, die Anordnungen der Generäle kritisiere und jeden

Schritt des Königs verurteile. Und wenn der arme Ludwig versuche, seinem Hofe etwas Mut einzuflößen oder sich für ein bis zwei Stunden aus der unerträglichen Atmosphäre entferne, so werde ihm das als Unrecht zur Last gelegt. Er habe, sagte ein gewohnheitsmäßiger Krittler, vorübergehende Anfälle von Heiterkeit und Festigkeit, die eher überraschend als erbaulich seien. Wenn sein ganzer Hof besorgt auf den Ausgang einer Schlacht warte, so mache er die Menschen wild, indem er jage oder spazierengehe. Unser Gewährsmann fügt hinzu, er wünsche vielleicht zu zeigen, daß er seine Sorgen nicht für so wichtig halte, um ihretwegen seine Gewohnheiten zu ändern, vielleicht aber empfinde er sie nicht tief genug, um seine übliche Tageseinteilung aufzugeben.

Schließlich kam, um das Unglück voll zu machen, ein unsagbar strenger Winter, der nur sehr langsam dem schrecklichsten Frühling wich, den Europa seit 106 Jahren erlebt hatte.

11

IM JAHRE 1709 lag Gottes Hand schwer auf Frankreich. Ludwig fing an, durch Elend und Demütigung für einen Teil der Schuld zu büßen, die er durch Anmaßung und Stolz in den letzten vierzig Jahren auf sich geladen hatte. Die Lage an der Front war erschreckend, aber die Friedensbedingungen der Alliierten waren so untragbar, daß Ludwig selbst jetzt sich nicht entschließen konnte, sie anzunehmen. Und daß nur ja dem Volk kein Leiden erspart bliebe, begann das Jahr mit der strengsten und längsten Frostperiode seit Menschengedenken. An der ganzen Kanalküste war das flache Wasser mit einer Eisschicht bedeckt, dick genug, um schwere Lastwagen zu tragen; Samen und Wurzeln verdarben in der Erde, Schulen und Theater wurden geschlossen, alles Arbeiten im Freien hörte auf; die Wassermühlen liefen nicht mehr, Reisende wurden auf den Straßen und Vögel auf den Feldern tot aufgefunden; Brot und Wein gefroren in geheizten Speisezimmern. Fast alle in diesem Frühjahr geborenen Kinder starben, für die Zeit zwischen dem 5. Januar und dem 2. Februar wurde die Anzahl der durch Hunger und Kälte verursachten Todesfälle allein in Paris und Umgebung auf 24000 geschätzt. Die Leute starben wie Fliegen im Herbst, sagte ›Madame‹ im März. Im April herrschte in der Hauptstadt Skorbut und die Pest drohte auszubrechen. Es war kein Geld für die Einfuhr von Korn da und unüberlegte, von der Panik diktierte Erlasse zur Sicherung der Vorräte führten wie gewöhnlich zur Entstehung eines Schwarzen Marktes, der die Preise noch höher trieb. Zwischen Februar und Oktober schnellten die Kornpreise gewaltig in die Höhe, ohne daß die Löhne entsprechend erhöht worden wären; das verhinderte zweifellos eine Inflation, führte aber zum Tod von Tausenden, die sich mit gekochtem Gras und Baumrinden nicht am Leben zu erhalten vermochten.

Sogar Ludwig gab zu, daß das Wetter außergewöhnlich war; am 9. Januar ging er den ganzen Tag nicht aus und erklärte, solange diese schreckliche Kälte dauere, werde er das Haus nicht verlassen. Fast einen Monat hindurch gezwungen, zu Hause zu bleiben, sei er sehr mißgestimmt, schrieb Mme de Maintenon, und leide aus Mangel an Bewegung an ständigen Kopfschmerzen. Ende April erkannten auch die Höflinge, in welch erschreckenden Zustand Frankreich geraten war, man sprach in Marly nur über das allgemeine Elend. Kein Arbeiter, so berichtet man, zeigte sich besorgter über die Ernteaussichten und die steigenden Lebenshaltungskosten als die Höflinge; und in der Tat waren sie höchst unmittelbar daran interessiert, denn wer von ihnen überhaupt ein Einkommen hatte, bezog es von seinen Gütern. Und täglich gelangten Nachrichten über Lebensmittelunruhen nach Marly.

Es sollte noch schlimmer kommen. Der Juli brachte gewaltige Hagelstürme und Überschwemmungen, die den Wein und das Korn zerstörten, soweit sie den strengen Frost überstanden hatten; im August war das Land am Rande einer Revolution und, eine böse Vorbedeutung für das Herrscherhaus, ein Hungermarsch nach Versailles fand statt. Der König hörte von seinem Fenster aus das Volk auf den Straßen gröhlen. Dreiste Ansprachen wurden gehalten voll wilder Anklagen gegen seine Regierung und ihn persönlich; die Leute hetzten sich gegenseitig auf, dies nicht länger zu ertragen, denn Schlimmeres als bisher könne ihnen nicht geschehen. In Paris war die Lage noch kritischer; Brot konnte ohne Bewachung durch eine Leibgarde nicht transportiert werden, auch kam es zu einem gefährlichen Versuch, das Haus des Polizeipräsidenten zu stürmen. ›Monseigneur‹, das beliebteste Mitglied der königlichen Familie, wagte nicht mehr, durch die Straßen zu fahren, und Mme de Maintenon konnte es nicht riskieren, sich außerhalb Versailles' zu zeigen; im September bekamen selbst die reichsten Leute die Not zu spüren.

In den Provinzen war die Lage ebenso schlecht wie in der Hauptstadt; im Juli trafen erschreckende Nachrichten ein aus dem Languedoc; eine der jetzt häufigen Lebensmittelausschreitungen schien sich zu etwas Ernsterem zu entwickeln, ein Schweizer Regiment erhielt Befehl, auf die Menge zu schießen und verweigerte rundweg den Gehorsam. Ludwig, außerstande strafend einzuschreiten, mußte im Gegenteil ein väterliches Edikt erlassen, durch das die Steuern im Languedoc um 85 000 Pfund herabgesetzt wurden. Diese Geste war weniger wohlwollend als sie schien, denn in Wahrheit waren die Steuereinnahmen fast vollständig versiegt und der König war zu außerordentlichen Maßnahmen genötigt, um seine letzte Armee im Feld zu erhalten. Im Juni versuchte er erfolglos die Kronjuwelen zu verpfänden, drei Monate zuvor hatte er seine Untertanen aufgefordert, ihr Silber zur Münze zu bringen, und obgleich er selbst mit gutem Beispiel voranging, blieb die Reaktion schwach.

Von Mme de Maintenon erfahren wir, wie Ludwig auf seine schreckliche Lage reagierte; sie bemerkt zunächst, sie gebe sich über den Anteil des Königs an der Verantwortung für das Unglück, das Frankreich heimgesucht hatte, keiner Täuschung hin. Wir müssen, so schrieb sie, das Geschehene als von Gott kommend betrachten; der König sei zu stolz gewesen, Gott habe ihn gedemütigt, um seine Seele zu retten; Frankreichs Grenzen seien zu weit und vielleicht ohne Recht ausgedehnt worden, Gott habe beschlossen, es auf ein engeres Gebiet zu beschränken. Dann schildert sie ihre eigenen Prüfungen im Zusammenleben mit dem König in seinem jetzigen Zustand. An seinen schlechten Tagen mußte sie seinen Gram, seine Depression und seine Grillen verscheuchen und ihm die Tränen trocknen, die er nicht mehr zurückhalten konnte. Das Schlimmste von allem war, daß sie sich anstrengen mußte, kein bedrückendes Schweigen aufkommen zu lassen, denn Ludwig selbst trug jetzt nichts zur Unterhaltung bei. Obwohl er sich verzweifelt bemühte, in der Öffentlichkeit gefaßt zu erscheinen, glückte es ihm nicht immer. Sein Gesicht sah »verwüstet« aus, und bei einer Staatsratssitzung beschrieb ihn sein Außenminister Torcy als »völlig gebrochen und gramgebeugt«. Nichtsdestoweniger verlor er in diesem schrecklichen Jahr niemals völlig den Mut und die Würde, was selbst St-Simon zu dem Bekenntnis zwang, jetzt endlich habe er den Titel ›Louis Le Grand‹ verdient, den man ihm zu früh beigelegt habe.

So schrecklich die Zustände im Lande waren, sie bildeten nicht die einzige, nicht einmal die hauptsächliche Sorge Ludwigs und seiner Minister. Da war der Zustand der Armee in Flandern, der letzten Armee, die Ludwig aufstellen konnte. Schon im Herbst 1708 hatte Boufflers, als er von der Front zurückkam, dem König deutlich gesagt, es müsse unter allen Bedingungen Frieden geschlossen werden, und seitdem hatte sich die Lage erheblich verschlimmert. Die Speicher waren leer, Getreide war offenbar zu keinem Preis zu bekommen, die Offiziere aßen Schwarzbrot und viele trugen nichts unter ihren Uniformröcken, weil sie ihr Leinenzeug für Lebensmittel verkauft hatten; und alle, Offiziere wie Mannschaften, »waren bereit, vor dem Namen Marlborough den Hut abzunehmen«. Tatsächlich war die Armee schon besiegt, bevor ein Schuß fiel. In dieser verzweifelten Lage griff Ludwig zu dem Mittel, das ganz Frankreich forderte: er rief Villars zu sich und gab ihm das Oberkommando in Flandern.

Villars Stunde war gekommen. Vielleicht erkannte er allein, welch furchtbare Verantwortung die ihm anvertraute Aufgabe bedeutete und was für kümmerliche Mittel ihm zur Verfügung standen. Er war sich auch darüber klar, daß er Heiterkeit und Zutrauen zeigen mußte, obwohl die Sorgen ihn zermürbten. Sein einziges Aktivum war seine unbegrenzte Beliebtheit bei den Truppen, und das nützte er aufs äußerste, selbst nach modernen demokratischen Begriffen über die Grenzen des Möglichen hinaus. Was aber sollte Ludwigs Frankreich von einem Oberbefehlshaber halten, der sich Tag und Nacht zwischen seinen Leuten aufhielt, mit einfachen Soldaten scherzte und sie auf den Rücken klopfte? Er machte es sich zur Gewohnheit, einen Teil der Nacht in den Quartieren der Leute zu verbringen, um ein Gläschen Schnaps mit ihnen zu trinken und ihnen Geschichten zu erzählen. Man muß nur Rigauds Portrait von Villars studieren, um sich die Art der Geschichten vorzustellen, die er erzählte; und wie gut muß er sie erzählt haben!

Selbst die Hungersnot kam Villars nicht ganz ungelegen, denn das in den Provinzen verbreitete Gerücht, bei der Armee gebe es Brot, veranlaßte einen Andrang neuer Rekruten, so daß er schließlich mit gefechtsstarken Regimentern ins Feld ziehen konnte. Vorausgesetzt, daß er überhaupt ins Feld ziehen konnte. Die Maintenon berichtete ihrer Vertrauten in Madrid, sie habe soeben von Villars erfahren, daß er aus Mangel an Vorräten, Munition, Geld und allem Notwendigen nicht glaube, daß er sich auf einen Feldzug einlassen könne; wenn aber er so spreche, der stets voller Zuversicht, Mut und Unternehmungslust sei, so müsse es denkbar schlecht stehen. Villars schrieb ihr am 25. Juni von der Front: »Ich brauche meine ganze Entschlossenheit, um nach solchen Nächten, wie ich sie verbringe, einen heiteren und ruhigen Eindruck zu machen.« Aber nur gegen Mme de Maintenon äußerte er sich so rückhaltlos, dem Kriegsminister schrieb er in leichtfertig ironischem Ton, an dem der König kaum Geschmack gefunden haben kann:

27. Juli. Man gewöhnt sich an alles, aber die Gewohnheit, nicht zu essen, ist schwer zu erwerben.

12. August. Da wir keinen Frieden bekommen können, müssen wir zur Muttergottes von Hau-Zu um Hilfe beten.

Der Kampfgeist der Truppe wurde im September wunderbar gestärkt, als Boufflers sich mit seltener Selbstverleugnung nach Flandern begab, um als ›Freiwilliger‹ unter Villars zu dienen; das heißt, er verzichtete auf seinen Rang und sein Dienstalter, um sich bei irgendeiner Aufgabe, die der Oberbefehlshaber bestimmen sollte, nützlich zu machen. So trat Frankreichs letzte Hoffnung guten Muts Marlborough und Eugen am 11. September bei Malplaquet entgegen. Ludwig hatte gehofft, eine Schlacht zu vermeiden, aber Villars war sie willkommen; er setzte berechtigtes Vertrauen auf seine neue Armee in Flandern. Zugegebenermaßen war Malplaquet technisch eine französische Niederlage, denn die Verbündeten blieben im Besitz des Schlachtfelds, aber sonst gewannen sie herzlich wenig. Sie verloren allein 20000 Mann, während Frankreich in völliger Ordnung Rückzugsgefechte lieferte und nur Verluste von 8000 Toten und Verwundeten hatte. Vor allem aber hatte Villars seinen Landsleuten gezeigt, daß Marlborough nicht unbesiegbar war; in Zukunft würde keine französische Armee in der Gewißheit einer Niederlage gegen »Malbrouk« in die Schlacht gehen, wie das zu Villerois Zeit der Fall gewesen war.

Aber Villars, der in der Schlacht selbst schwer verwundet worden war, gab sich keiner Selbsttäuschung über das von ihm Erreichte hin; er sah deutlich, daß ein Endsieg unmöglich war, und als er auf einer Tragbahre in Versailles eintraf, waren die ersten Worte, die er an Mme de Maintenon richtete, daß Frankreich Frieden um jeden Preis brauche. Ludwig ließ sich durch den halben Sieg von Malplaquet ebensowenig täuschen wie sein Marschall; nur verwarf er daraufhin den Rat seiner Minister, angesichts der voraussichtlichen Pläne der Alliierten den Sitz der Regierung nach Südfrankreich zu verlegen.

Das Jahr 1710 begann mit weiteren Sparversuchen Ludwigs; zwei erschütternde Tatsachen enthüllen seine damalige finanzielle Lage: die Maintenon berichtete einer Freundin, sie habe beim Schatzamt nicht genug Kredit für einen Vorschuß von vierzig Pfund; und im Mai lehnte ein Pariser Zeughändler es ab, Ludwig Bettücher anders als gegen Barzahlung zu liefern.

Aber wenn der König auch nicht vierzig Pfund für die Maintenon aufbringen konnte, so hatte er doch immer noch eine Kleinigkeit übrig, wenn es sich darum handelte, Kindern eine Freude zu machen. Am 25. Januar lud Ludwig alle Kinder vom Hof zu einer Kasperlevorstellung ein, bei der der dreijährige Duc de Bretagne, Burgunds ältester Sohn, Ehrengast war.

Diese Dinge gewährten Ludwig indes nur vorübergehend Linderung an Tagen, die in Trübsal begannen und in Verzweiflung endeten. Nach der Staatsratssitzung vom 19. Februar notierte Torcy in seinem Tagebuch, die Lage sei schrecklich; es gebe weder Geld noch Kredit; Offiziere und Soldaten gingen elendiglich zugrunde; es gebe keine Vorräte und keine Möglichkeit, welche zu beschaffen. Er sehe nicht, wie die Armee ins Feld rücken oder gar einen

Feldzug überstehen könne. Das Treffen vom 30. April habe gezeigt, daß alles noch schlechter stünde, als man dachte. Die Infanterie sei kampfunfähiger als zu der Zeit, wo sie die Winterquartiere bezogen hatte, Kavallerie und Infanterie glichen mehr Gespenstern als lebendigen Menschen; die wenigen Pferde, über die die Kavallerie noch verfüge, stürben vor Hunger. Am 21. Mai habe sich die materielle Lage etwas gebessert, aber um den Kampfgeist der Offiziere sei es schlecht bestellt; sie redeten nur von der Schwäche ihrer Bataillone, deren stärkstes auf 350 Mann zusammengeschmolzen war. Torcy schloß mit dem Satz: »Unter solchen Umständen sehen wir einer Entscheidungsschlacht hundert Meilen von Paris entfernt entgegen.«

Auch die Nachricht, daß die Friedenskonferenz in Gertruydenburg zu tagen begonnen hatte, brachte Ludwig keinen Trost; er wußte wohl, daß bei Frankreichs jetziger Lage die Rolle seiner Abgesandten darauf beschränkt sein würde, die Bedingungen anzunehmen, die die Alliierten ihnen zu diktieren beliebten. Und selbst Torcy wußte seinem Herrn nichts Tröstlicheres zu sagen, als daß jede Bedingung, über die man sich in der gegenwärtigen Situation einigte, angesehen werden müsse wie ein Versprechen, das man einem Attentäter in einem dunklen Walde gäbe. Man hätte glauben sollen, daß der Leidenskelch des unglücklichen Königs jetzt voll war; aber im Juni kam es zu einer theologischen Krise. Hier ist nicht der Ort, die Angelegenheit der sogenannten »Konstitution« zu erforschen, eine Entwicklungsphase in den endlosen jansenistischen Streitigkeiten; wir erwähnen sie nur um zu zeigen, wie der bestürzte und verzweifelte König sich zu einer verwickelten und beinahe unlösbaren Frage stellte. Damals, sagte Torcy, war nichts einfacher, als einen Feind beim König schlecht zu machen. Man brauchte ihm nur eine Neigung zum Jansenismus oder eine entfernte Bekanntschaft mit einem Oratorianer nachzusagen. Dadurch wurde ein Mann, der nie auch nur von der Gnadenlehre hatte sprechen hören, zum Ketzer und persönlichen Feind des Königs und zum Störer des öffentlichen Friedens. Und die königliche Ungnade war noch vergleichsweise milde, wenn der Betreffende und seine Familie nur von jeder Gunst ausgeschlossen wurden. Hier zeigt sich Ludwig von der schlechtesten Seite, als frömmelnder und unduldsamer Vertreter jenes starren Formalismus, der an Stelle des echten Christentums jetzt in Versailles herrschte.

Während des ganzen Sommers verharrte Villars in Flandern vorsichtig in der Defensive, und, wie Torcy bitter bemerkte, galt es als gute Nachricht, daß es einer Armee von 80000 Mann gelungen war, eine Schlacht zu vermeiden.

Dann begab sich am 24. August in London etwas, das Ludwig und sein schwer bedrängtes Land retten sollte: das Whig-Ministerium wurde gestürzt.

Anna und ihre neue Tory-Regierung ersehnten genau wie Ludwig einen Frieden um jeden Preis, und die Art, wie sie ihn zu erreichen suchten, trug viel dazu bei, dem Spott über das »perfide Albion« Nahrung zu geben; denn England schied zwar offiziell erst im Juli 1712 aus dem Kriege aus, wurde aber in Wirklichkeit von dem Augenblick an, als die Tories die Macht übernahmen, zum heimlichen Verbündeten Frankreichs; England erniedrigte sich unglaublicherweise so weit, daß es Annas Befehle an ihren Oberkommandierenden an der Front seinem Gegner Villars mitteilte; im Januar 1711 eröffnete es geheime Verhandlungen mit Ludwig hinter dem Rücken seiner Bundesgenossen.

Sodann wirkte es sich für Ludwig günstig aus, daß am 17. April der Kaiser starb. Sein Nachfolger wurde der Erzherzog Karl, der Kandidat der Verbündeten für die spanische Krone. Dies Ereignis räumte das letzte Argument der Whigs für die Fortsetzung des Krieges aus; denn warum sollte England seine Kräfte vergeuden, damit Spanien statt von Versailles von Wien regiert würde?

Die Nachricht vom Tode des Kaisers löste bei Ludwig kein Bedauern aus; als sie eintraf, hatte er selbst einen Verlust zu verwinden: ebenfalls am 17. April war ›Monseigneur‹ zu Meudun an den Pocken gestorben. Ludwigs Verhalten entkräftet das auch damals noch im Umlauf befindliche Gerücht, er könne seinen Erben nicht leiden und halte ihn sich vom Leibe. Während ›Monseigneur‹, ohne Bewußtsein, im Sterben lag, weilte der König in dem Zimmer seines Sohnes, »saß auf einem Sofa und zitterte vom Kopf bis zu den Füßen«; als alles vorüber war, begab er sich nach Marly und verbrachte dort dreieinhalb Stunden im heftigsten Schmerz. ›Madame‹, die zu den wenigen gehörte, die ihn begleiten durften, berichtet, sie habe den König am nächsten Morgen gesehen, und er sei so mitgenommen gewesen, daß es »einen Stein hätte erweichen können«. Aber er murrte nicht und sprach zu allen traurig und ergeben; er hatte ständig Tränen in den Augen und mußte von Zeit zu Zeit ein Schluchzen unterdrücken.

›Madame‹ sagt, sie habe gefürchtet, der König würde selbst krank werden, »denn er sah sehr elend aus«.

Wenngleich England jetzt fast als Verbündeter angesehen werden konnte, zog sich der Krieg weiter hin, aber unter günstigeren Bedingungen für Ludwig; am 28. Juli meldete Villars, seine Infanterie sei ziemlich stark, fraglos stärker als während der letzten drei Jahre; einen Monat später erfuhr man zur allgemeinen Freude, daß die feindlichen Offiziere nicht mehr bezahlt, ihre Schuldscheine nur mit einem Diskont von fünfunddreißig Prozent eingelöst würden und ihre Regimentszahlmeister vor dem Bankrott stünden.

Es gelang Villars, die Kampfperiode ohne Mißgeschick zu überstehen, und im September traf Prior in Versailles ein, um über Friedensbedingungen zu verhandeln; übrigens machte er persönlich den besten Eindruck auf Ludwig, der eine große Zuneigung zu ihm faßte.

Unnötig zu sagen, daß die ruhelose und neugierige kleine Herzogin von Burgund bald herausbekam, was vor sich ging, und Großpapa Ludwig und ›Tante‹ Maintenon ihre Ansichten über die Lage zum besten gab:

»Sie hörte sie eines Abends freundlich über die englische Regierung sprechen und mischte sich ein: ›Tante, es ist nicht zu leugnen, daß England unter einer Königin besser regiert wird als unter einem König, und wissen Sie auch warum?‹ Während des Sprechens flatterte und hüpfte sie im Zimmer herum; ›weil unter einem König das Land in Wahrheit von Frauen regiert wird und unter einer Königin von Männern‹. Seltsamerweise lachten beide und stimmten ihr völlig bei.«

Das ist unser Abschied von der reizenden Herzogin, deren unerwarteter Tod am 12. Februar 1712 Ludwig den größten Schmerz seit dem Tode seiner Mutter im Jahre 1666 bereitete. Seit ihrem Eintreffen bei Hof als junges Mädchen war sie ihm stets unentbehrlich gewesen. Er bewies ihr gegenüber eine seltene Selbstlosigkeit; so bestand er darauf, daß sie ihn verließ, um an Bällen und Gesellschaften teilzunehmen, obwohl er zugegebenermaßen alles langweilig fand, wenn sie nicht da war. Schon wenn sie aus irgendeinem Grunde beim Abendessen der Familie fehlte, war Ludwig ernster und schweigsamer als gewöhnlich. Die Herzogin erwies ihm, anders als seine Töchter, stets jede Rücksicht und machte nur taktvoll von ihrem Vorrecht Gebrauch, den Hof zu verlassen; wenn sie sich zu einer Gesellschaft begab, suchte sie ihn vor dem Weggehen und beim Nachhausekommen auf. Oder wenn sie zu spät zurückkam, ging sie morgens als erstes zu ihm, um ihm das Allerneueste zu erzählen, was sie in der vergangenen Nacht gehört hatte. Sie war seine einzige Freude, denn dank ihrer Heiterkeit vermochte sie ihn immer abzulenken und zu amüsieren, wenn er noch so sorgenvoll war. Mit ihrem Tode wurde es Nacht um den alten König.

Am 18. Februar morgens um halb neun starb auch der Herzog von Burgund, während seine Frau schon im Nebenzimmer feierlich aufgebahrt lag. Derselbe Wagen brachte ›Frankreichs Hoffnung‹ und seine Herzogin auf ihrer letzten Reise nach St-Denis; und am 11. März wurde ihr ältester Sohn, der Herzog der Bretagne, neben ihnen in der königlichen Gruft bestattet.

Ludwig war so betäubt von Gram über den Verlust der

Herzogin, daß ihn die weiteren Tragödien, die so schnell auf ihren Tod folgten, kaum zu erschüttern schienen. Aber er mußte sich aufraffen, um der Panik zu begegnen, die in der Hofgesellschaft ausgebrochen war. Alle drei Opfer hatten dieselben Symptome gezeigt und bei jedem mußten die Ärzte bekennen, daß ihnen die Todesursache rätselhaft sei; es scheint Scharlach gewesen zu sein. In einer Gesellschaft, deren unwillkürliche Reaktion auf jede undiagnostizierte Krankheit die Furcht vor Gift war, brach eine Massenhysterie aus.

Der Herzog von Orleans wurde zum Sündenbock der Gesellschaft ausersehen: er dilettierte als Chemiker – also machte er sich durch systematische Vergiftungen den Weg zum Thron frei; zuerst hatte er ›Monseigneur‹, den Thronerben, umgebracht, nun den Herzog von Burgund und dessen ältesten Sohn; danach würde das noch lebende Kind des verstorbenen Herzogs an die Reihe kommen und dann Ludwig XIV.; so würde Philipp schließlich legitimer König von Frankreich werden. In dieser allgemeinen Panik erkannten nur die besonnensten Köpfe, wie absurd der Gedanke war, daß der träge und gutmütige Philipp die Krone überhaupt begehren, geschweige denn versuchen sollte, sie auf so schreckliche Weise zu erlangen. Denn für Orléans, der schon ein typischer, freidenkender Prinz des achtzehnten Jahrhunderts war, bedeutete das Gottesgnadentum der Königswürde nur einen bequemen Vorwand, um Leuten wie ihm den Genuß eines bevorzugten Lebens ohne Pflichten zu ermöglichen; er fühlte sich sehr wohl an den Stufen des Throns, aber ihn selbst zu besteigen hätte ihm Unbehagen bereitet. Ludwig durchschaute mit dem ihm eigenen Scharfblick die tadelnswerten Ansichten seines Neffen ziemlich genau. Er schätzte ihn nicht, aber er war gerecht und überzeugt, daß Orléans kein Giftmischer sei; er weigerte sich hartnäckig, Verleumdungen seines Neffen hingehen zu lassen. Doch konnte er den Leuten nicht den Mund stopfen, und dieser absurde Verdacht hing dem unglücklichen Philipp für den Rest seines Lebens an.

Als Prior eintraf, hatte Ludwig das Gefühl, endlich in Sicherheit zu sein, und trotz seines Kummers scheint das Bewußtsein, daß Frankreich tödlicher Gefahr entronnen war, ihn verjüngt zu haben. In den Briefen Mme de Maintenons taucht ein ungewohnter Schimmer von Optimismus auf. Im Sommer berichtete sie, Ludwig habe keine unruhigen Nächte mehr, sondern wache nach sieben Stunden festen Schlafs wie ein Kind auf; mit seinen vierundsiebzig Jahren gehe er in Fontainebleau in der Tageshitze aus und marschiere, von Pferden und Hunden umgeben, im Geschwindschritt auf den Sandwegen des Waldes. Er erfreue sich jetzt einer besseren Gesundheit als mit vierzig Jahren.

Aber die Höflinge mit ihren Luchsaugen betrachteten die Gesundheit des Königs weniger zuversichtlich als Mme de Maintenon. Am 27. Oktober speiste der König früh zu Versailles und fuhr dann nach Marly, um spazierenzugehen. Unterwegs bemerkte man, daß er zum erstenmal in seinem Leben im Wagen einschlief. Auch bei einer musikalischen Abendgesellschaft in den Gemächern der Maintenon sah er übermüdet aus. Schon bereiteten sich weit vorausschauende Höflinge im stillen auf die Zeit vor, da Versailles nicht mehr der Mittelpunkt Frankreichs sein würde. Der Comte de Toulouse und auch d'Antin kauften sich im Winter prächtige Häuser an der Place des Victoires; die Tatsache, daß diese beiden Männer, die zwangsläufig so viel in der nächsten Umgebung des Königs waren, Häuser in der Stadt erworben hatten, gab bei Hofe zu mancherlei Betrachtungen Anlaß.

Die allgemeine Friedenskonferenz wurde zwar am 12. Januar 1712 in Utrecht eröffnet, und geheime Waffenstillstandsbedingungen zwischen Frankreich und England im Mai unterzeichnet; trotzdem mußte Ludwig noch mit den Kaiserlichen und den Holländern rechnen, und er war sich nur zu klar darüber, daß, wenn er einen bedeutenden Rückschlag in Flandern erlitt, all seine Feinde sich wieder auf ihn stürzen würden. Deshalb ließ er am 12. April Villars kommen:

Ludwig: Wie sehr ich mich auf Sie verlasse, geht deutlich daraus hervor, daß ich Ihnen die Sicherheit meines Reichs anvertraue; immerhin kann sich das Glück von Ihnen abwenden. Was würden Sie mir persönlich raten zu tun, wenn Sie eine Niederlage erlitten?

Villars (zögert)

Ludwig: Dann werde ich Ihnen meine Ansicht sagen. Alle wünschen, daß ich mich nach Blois begebe und nicht den feindlichen Vormarsch auf Paris abwarte, der Ihrer Niederlage folgen würde. Aber ich weiß sehr wohl, daß Armeen von der Größe der Ihrigen nie so vollständig vernichtet werden, daß nicht die meisten Regimenter hinter der Somme wieder zusammengestellt werden könnten. Ich würde mich dann nach Péronne oder St-Quentin begeben, soviel Truppen sammeln, wie ich auftreiben kann, und einen letzten Versuch machen, bei dem Sie und ich entweder zusammen fallen oder den Staat retten würden; denn nie werde ich zugeben, daß der Feind sich meiner Hauptstadt nähert.«

Darauf antwortete Villars, stets mehr Soldat als Hofmann, ernst, er freue sich, das zu hören; ein großer König könne keinen edleren Tod wählen.

Am 24. Juli griff Villars die österreichisch-holländische Armee unter Prinz Eugen an und besiegte sie; das war der erste unbestreitbar bedeutende Sieg, den Frankreich seit dem Ausbruch dieses unglücklichen Krieges auf einem wichtigen Kriegsschauplatz davontrug. Aber nun, da er endlich errungen war, brachte er auch die Entscheidung; die Holländer nahmen die Bedingungen an, über die sich Anna und Ludwig schon als Basis weiterer Verhandlungen geeinigt hatten; obwohl das Reich erfolglos, aber eigensinnig bis 1714 weiterkämpfte, hatte Ludwig das Gefühl, er habe nun beinahe Frieden. Im Oktober beendete Villars einen ruhmreichen Feldzug durch die Einnahme von Douai, Bouchain und Le Quesnoy.

In diesem Jahr, das Ludwig soviel Trauer in seiner Familie gebracht hatte, war ihm ein kleiner Trost vergönnt, nämlich eine Aussöhnung mit seinem alten Freund Villeroi; beide hatten sie sehnlichst, aber in stolzer Zurückhaltung herbeigewünscht, denn beide waren nun in dem Alter, wo es keine Zukunft mehr gibt und wo man nach einem alten erprobten Kameraden verlangt, um in seiner Gesellschaft die Vergangenheit, die heiterer ist als die Gegenwart, noch einmal zu durchleben. Villeroi war jetzt der einzige Überlebende der ganzen glänzenden Schar, die den König in den »schönen Jahren« umgeben hatte; er steckte voll alter Geschichten aus ihrer Jugendzeit, sagt St-Simon, die dem König immer große Freude bereiteten; er kannte alle Neuigkeiten der Stadt und des Hofes, er konnte über Musik und Jagd reden, kurz, sein Gedächtnis war wie ein großer Speicher.

Mme de Maintenon, die wußte, daß Villeroi den König besser amüsieren konnte als irgendein anderer, brachte die Versöhnung zustande, und zwar vermutlich ein bis zwei Tage vor Burgunds Tod. Jedenfalls sahen am Todestage die Gäste in Marly zu ihrem Erstaunen Marschall de Villeroi auftauchen, und der König begrüßte ihn so freundlich und herzlich, wie es ihm in seiner gegenwärtigen Betrübnis und Niedergeschlagenheit möglich war. Villeroi verließ den Hof nicht mehr und erfreute sich als einziger Mann für den Rest seines Lebens des freien Zugangs zu Mme de Maintenons Gemächern.

Aber auch Villerois Gesellschaft trug nur wenig dazu bei, die Wolken zu vertreiben, die über dem weitläufigen Palast von Versailles hingen; das ganze Gefüge des Hofs begann nach dem Tode der Herzogin von Burgund zu verfallen. Im Palast wurde es einsam, und die Anwesenheit daselbst war jetzt Pflicht, nicht Vergnügen; es wurde Mode, daß jede Prinzessin und jede große Dame sich ein kleines »Lusthaus« hielt, und hier spielte sich nun das gesellschaftliche Leben ab, das früher seinen Mittelpunkt in Versailles gehabt hatte.

Ludwig war des eisigen Zeremoniells überdrüssig, hinter dem er sich verschanzt hatte; er, der früher den königlichen Prunk so genoß, machte sich jetzt nichts mehr aus feierlichen Empfängen und empfand es als lästigen Zwang, wenn er an seinem Hof den Gastgeber spielen mußte; war das aber unvermeidlich, so erfüllte er seine Aufgabe dennoch mit Anmut und Würde. Einen immer größeren Teil seiner Zeit verbrachte er in den Gemächern der Maintenon – er hatte sich angewöhnt, dort privat mit ihr zu speisen, wobei nur ein Diener aufwartete – oder in Gesellschaft des zweijährigen Dauphin, des späteren Ludwigs XV. Seine Gouvernante brachte ihn nach Marly, damit der König die Freude hätte, ihn laufen zu sehen.

In vieler Beziehung war Ludwig mit fünfundsiebzig noch derselbe wie fünfzig Jahre zuvor; er ging sechs bis sieben Stunden hintereinander auf die Hirschjagd, sagt Mme de Maintenon, und wenn er nach Hause kam, aß er zuviel und verbrachte lange Zeit bei Tisch. Und die jetzt achtundsiebzigjährige war empfindlicher denn je dagegen, daß man die Ehre, mit Ludwig zusammenzusein, nur genießen konnte, wenn man bereit war zu frieren – und zwar mit freudiger Miene, denn man mußte alles, was zum Wohlbefinden des Königs oder zu seinem Behagen beitrug, ebenfalls gutfinden. In einem Brief aus Marly vom August klagt sie Mme des Ursins, man dürfe in Gesellschaft des Königs Unbequemlichkeiten nicht beachten; ihm komme es nur auf Größe, Pracht und Symmetrie an; Zugluft störe ihn nicht angesichts der ästhetischen Befriedigung, die zwei einander genau gegenüberliegende Türen gewährten; so habe er ein Gemach mit vier riesigen Türen und zwei gewaltigen Fenstern besonders gern. Der August sei unfreundlich, fuhr sie fort, und sie alle frören – außer dem König, der aber bestehe darauf, daß alle Frauen Sommer-

Schloß Versailles

Ludwig XV. (1710–1774)

kleider trügen. Nicht besser war es in Fontainebleau, wohin Ludwig seinen Hof im September verlegte. Mme des Ursins, schrieb die Maintenon, solle ja nicht meinen, daß sie einen Wandschirm vor ihr großes Fenster stellen dürfe; nach Ludwigs Ansicht störten Wandschirme die Symmetrie eines Zimmers – »so muß ich denn symmetrisch zugrunde gehen«.

Wahrscheinlich hatte Mme de Maintenon recht, wenn sie sagte, Ludwig äße zu viel; aber sie hätte hinzufügen müssen, daß er im Gegensatz zu seiner Familie zwischen den Mahlzeiten nie etwas zu sich nahm und im Trinken außergewöhnlich mäßig war. Fast während seines ganzen Lebens trank er nur Burgunder und Wasser, den Wein nie ungemischt, Liköre, Tee, Kaffee oder Schokolade überhaupt nicht. Das einzige, was man ihn gelegentlich zwischen den Mahlzeiten nehmen sah, waren ein paar Zimtplätzchen, die er sich beim Nachtisch in die Tasche steckte, wenn er Zwieback für seine Hunde sammelte.

Der Krieg zog sich noch hin, aber schleppend, denn alle Kriegsteilnehmer waren erschöpft und die Generäle sahen den Streit aus ihren Händen in die der Diplomaten übergehen. Im März fand sich Ludwig bereit, von den Herzögen de Berri und d'Orléans öffentliche Erklärungen zu beschaffen, daß sie auf ihre Rechte auf den spanischen Thron verzichteten; dies und Philipps V. Verzicht auf seine Rechte in Frankreich, der im vorangegangenen Juli bekanntgegeben worden war, stellte die Alliierten zufrieden. Jetzt aber gefährdete Ludwigs blinder Religionseifer das Zustandekommen des Friedens, den er so dringend brauchte; von März bis Mai kämpften die Staatsmänner auf beiden Seiten um die Hugenotten im Ausland. Ludwig lehnte Konzessionen für seine ketzerischen Untertanen entschieden ab und drang damit durch; allerdings entließ er nach der Unterzeichnung des Friedens von Utrecht am 11. April aus persönlicher Gefälligkeit für die Königin Anna alle Hugenotten, die auf den Galeeren arbeiteten. Denn um diese Zeit waren seine Beziehungen zu Anna fast zärtlich; im April bot sie ihm den Hosenbandorden an, und Ludwig lehnte ihn aus Rücksicht auf die Gefühle des unglücklichen ›Jakobs III.‹ in St-Germain dankend ab; aber um ihr nicht an Höflichkeit nachzustehen, schickte er der englischen Königin einen Rollstuhl.

Von seinen andern Lasten befreit, konnte Ludwig jetzt etwas mehr Zug in den Krieg mit dem Reich bringen. Vor Jahresende hatte Villars Landau und Freiburg genommen, und im Frühling 1714 wurde dem Kaiser klar, daß er sich auf einen hoffnungslosen Kampf eingelassen hatte; am 6. März wurde zu Rastatt der Friede zwischen Frankreich und dem Reich unterzeichnet.

Aber wenn auch jetzt nach außen Frieden herrschte, so war die Situation im Lande doch alles andere als friedlich. Ludwig hatte sich auf den ermüdenden Kampf um die Annahme der *Bulle Unigenitus* eingelassen – ein kirchenpolitischer Streit, dessen Darlegung hier zu weit führen würde.

Noch einen schweren Schlag mußte Ludwig über sich ergehen lassen: sein jüngster Enkel, der Duc de Berri, starb am 11. Mai 1714 an den Folgen eines Jagdunfalls; als ob dieser Tod das Signal wäre, auf das der König gewartet hatte, zog er sich von da an vollständig vom Hofleben zurück, und zwar sowohl in seinen Gedanken wie in seinem Tun: »Als ich König war . . .«, sagte er jetzt, wenn er der Maintenon und Villeroi eine Geschichte aus der alten Zeit erzählte. Aber Gewohnheit und Selbstzucht fesselten ihn weiter an seinen Schreibtisch, und in seiner amtlichen Eigenschaft sollte er bis zum Ende König von Frankreich bleiben. Auch war seine Weigerung, seinem Hof zuliebe den ›Grand Monarque‹ zu spielen, nicht darauf zurückzuführen, daß seine erstaunliche körperliche Leistungsfähigkeit nachgelassen hätte. An irgendeinem Tag dieses Frühjahrs jagte er sieben Stunden und begab sich dann so frisch, als ob er gar nichts getan hätte, zu einem Konzert in den Gemächern der Maintenon. Zweimal in der Woche nahm er noch an Hetzjagden teil, an den andern Tagen ging er entweder auf die Jagd oder spazieren; an vier Abenden hörte er Musik oder wohnte der Aufführung eines der ernsteren Stücke Molières bei; alles dies neben seinem üblichen Pensum an schriftlicher Arbeit, Staatsratsitzungen und Audienzen.

Im Alter treten die ausgeprägten Eigenschaften besonders deutlich hervor; Ludwigs stärkste Empfindung war von jeher seine Liebe zu Kindern, besonders zu seinen eigenen unehelichen Abkömmlingen; sie verführte ihn in diesem Sommer zu dem angreifbarsten Schritt seines Lebens. In seinem Testament bestimmte er, daß die unehelichen Söhne und ihre männlichen Nachkommen nach Ausfall aller Erben der legitimen Linie Bourbon nachfolgeberechtigt sein sollten. Es ist nicht bekannt, ob Ludwig selbst in die Präambel seines Testaments den Passus einfügte, der König werde zu dieser Entscheidung durch die Sorge bewogen, seinem Volk die Schrecken eines

Streits um die Thronfolge zu ersparen; aber wer sie auch verfaßt haben mag, der Versuch einer Rechtfertigung war eitel Spiegelfechterei. Auch der eifrigste Anhänger des Absolutismus muß zugeben, daß die Königswürde ein unveräußerliches Gut und kein Privateigentum ist, über das man durch Testament verfügen könnte. Die bestechenden Argumente, die in dem Testament vorgebracht wurden, täuschten niemand, nicht einmal die unteren Schichten der Bevölkerung. Ludwig brachte zwar sein Parlament dazu, die Gesetzmäßigkeit seiner Bestimmung zu bestätigen, aber das geschah mit vielen inneren Vorbehalten; niemand glaubte, daß der König in einer Frage von so weitgehender Bedeutung das letzte Wort habe. Nicht einmal Ludwig selbst, der sich erinnerte, wie seines Vaters Testament vier Tage nach Ludwigs XIII. Tod ein wertloser Fetzen geworden war. Aus den letzten Worten, die er über diesen Gegenstand an den geliebten Duc du Maine richtete, ergibt sich, wie gut der König Frankreich und seinen eigenen Sohn verstand:

»Sie wissen, wie groß ich Sie auch mache, nach meinem Tode werden Sie nichts sein, und es wird bei Ihnen liegen, sich alles, was ich getan habe, zunutze zu machen – *wenn Sie können.*«

Zu Beginn des Jahres 1715 machte sich bei Ludwig gelegentlich sein Alter fühlbar. Unverändert jedoch hielt er fest an seinem Haß gegen den Jansenismus und verschaffte sich genaue Kenntnis dessen, was vorging; im April lenkte er die Aufmerksamkeit seines Polizeikommandeurs darauf, daß es in Paris drei Priester gebe, deren Predigten leicht jansenistisch anmuteten – »und Seine Majestät sind erstaunt, etwas so Wichtiges von andern Leuten als seinem Polizeichef zu erfahren«. Die ermüdendsten Pflichten seines Amts erfüllte er noch unentwegt, zum Beispiel berührte er am 28. Juni nach der Messe zweitausend Kranke und sagte zu jedem: »Der König berührt dich, möge Gott dich heilen.«

Ende Juli machte Ludwigs Gesundheit seinen nächsten Freunden Sorge; er war nicht ernstlich krank, aber in ein paar Wochen ein alter Mann geworden; im August erkannten selbst Leute, die wie St-Simon auf die Informationen der Kammerdiener angewiesen waren, daß der König nicht mehr lange zu leben hatte. Nach einer Hetzjagd, die seine letzte sein sollte, hatte er am 10. Marly aufgesucht, dort Anweisung gegeben, wie man einige Statuen aufstellen sollte und um sechs Uhr sein geliebtes Marly verlassen – für immer. Als er nach Versailles zurückkam, war er so erschöpft, daß er sich nur mit Mühe und unter Schmerzen bis zu seinem Betstuhl schleppen konnte. Aber am nächsten Morgen hatte er sich genügend erholt, um die übliche Staatsratssitzung abzuhalten und nach dem Essen nach Trianon zu fahren; es war sein Abschied von Wind und Sonne, die er so geliebt hatte, denn er sollte nie mehr ins Freie gehen. Am 12. gab er zwar zu, daß er Schmerzen im linken Bein habe, bestand abends aber darauf, Mme de Maintenon in ihren Gemächern aufzusuchen. Es war sein letzter Gang; die Maintenon sah, daß er vollkommen erschöpft war, und wußte, dies sei der Tod, mochten die Ärzte noch so entschieden das Gegenteil versichern. Wahrscheinlich argwöhnte Ludwig es auch, aber er kämpfte weiter mit jenem verbissenen Mut, den er von Anna von

Österreich geerbt hatte; am 13. ließ er sich zum Thronsaal tragen, um dem persischen Gesandten eine Abschiedsaudienz zu erteilen – während der ganzen Feierlichkeit stand er ohne gestützt zu werden. Aber am 14. konnte er seinen Zustand weder sich noch seiner Umgebung länger verheimlichen. Nach einer schlechten Nacht hörte er die Messe, speiste im Bett und blieb dort bis fünf Uhr. Dann ließ er sich in Mme de Maintenons Zimmer tragen. Am 18. erklärte er sich, wenn auch ungern, damit einverstanden, daß Fagon, sein Leibarzt, in seinem Zimmer schlafe, und zwar nur, weil Mme de Maintenon am Ende ihrer Kräfte war. Selbst krank und jetzt achtzig Jahre alt, hatte sie tagsüber Ludwig Trost zugesprochen und nachts auf einer Matratze neben seinem Bett in leichtem Schlummer gelegen. Was auch ihre wahren Gefühle für den König gewesen sein mögen – und das werden wir nie erfahren –, ihr Verhalten während seiner letzten Tage war untadelig. Der 20. August, ein Dienstag, war der Anfang des Endes, denn von nun an verließ Ludwig sein Zimmer nicht mehr; am 21. war er zu krank, um die Parade der Leibgarde auch nur vom Balkon aus abzunehmen, und beauftragte den Duc du Maine damit; am 24. stellte man an seinem linken Bein den Brand fest. An diesem Tag half ihm die Maintenon, einige alte Papiere zu vernichten, zwischen denen sich ein Rosenkranz fand – »Behalten Sie ihn«, sagte Ludwig, »nicht als Reliquie, sondern damit er Sie immer an mich erinnert.«

Am 25. ging es Ludwig viel schlechter; aber es war das Fest des hl. Ludwig, und der Umstand, daß er im Sterben lag, schien dem König kein ausreichender Grund, von der üblichen Feier dieses Tages abzusehen. Er bestand darauf, daß das gewohnte Zeremoniell beobachtet werde, daß die Trommeln und Oboen wie sonst vor seinem Fenster spielten, sobald er erwacht sei, und daß ein Orchester von vierundzwanzig Geigen während seines Mittagessens im Nachbarzimmer konzertierte. Im Lauf des Tages fanden sich Ludwig, die Maintenon, sein Leibchirurg Mareschal und Fagon zusammen, um zu überlegen, ob ein letzter verzweifelter Versuch, das von Brand befallene Bein zu amputieren, unternommen werden sollte.

Ludwig: Glauben Sie, durch diese Operation mein Leben retten zu können?

Mareschal: Sire, ich habe nur wenig Hoffnung.

Ludwig: Dann hat es keinen Sinn, daß ich sie über mich ergehen lasse. (Sich an Villeroi wendend) Leben Sie wohl, mein alter Freund, wir müssen scheiden.

Nachdem das geregelt war, ließ er den Duc d'Orléans kommen und sagte zu ihm:

»Mein lieber Neffe, in meinem Testament habe ich Ihnen alle Rechte gesichert, die Ihnen nach Ihrer Geburt zustehen. Ich lege Ihnen den Dauphin ans Herz; dienen Sie ihm so treu, wie Sie mir gedient haben ... ich empfehle alle meine Diener, hohe und niedrige, Ihrer Güte ... ich bitte Sie, lassen Sie sie nicht in ihren Nöten im Stich ... und erinnern Sie sich an mich. Ich habe, soweit ich konnte, die klügsten und gerechtesten Maßnahmen zum Wohl des Staates getroffen, aber man vermag nicht alles vorauszusehen, und wenn irgend etwas (in meinem Testament) geändert werden muß, handeln Sie so, wie Sie es für das Beste halten.«

Um sieben Uhr abends erschienen die Maintenon und

ihre Damen im Gemach des Königs, wo sich sein Orchester zu einem Konzert zusammenfand, aber die Gäste waren kaum hereingekommen, als Ludwig einschlief. Er wachte bald wieder auf, seine Gedanken waren wirr, aber er nahm sich zusammen, entschuldigte sich wegen seiner Unhöflichkeit und sagte, es sei Zeit für ihn, die Sterbesakramente zu empfangen. Die Damen wurden entlassen, Kardinal de Rohan und Pater Le Tellier traten ein und er unterhielt sich lange mit ihnen, während die Maintenon sich entfernte, da sie die Tränen nicht länger zurückhalten konnte; sie kam gerade rechtzeitig wieder, um Ludwig sagen zu hören: ». . . und Sie beide werden dafür vor Gott die Verantwortung tragen.« Dann spendete Rohan die Sakramente und Ludwig sagte zu ihm: »Ich habe lange gelebt, aber wie wenig für Gott«.

Am 26. verabschiedete sich Ludwig von seinen Hofleuten mit folgenden Worten:

»Meine Herren, ich muß Sie um Verzeihung bitten, daß ich Ihnen ein so schlechtes Beispiel gegeben habe. Ich danke Ihnen für Ihre Dienste und Ihre immer wieder bewiesene treue Anhänglichkeit. Es tut mir leid, daß ich nicht soviel für Sie habe tun können, wie ich gewollt hätte; die schlechten Zeiten müssen mir zur Entschuldigung dienen . . . ich fühle, daß die Erregung mich übermannt; ich sehe, daß auch Sie bewegt sind. Leben Sie wohl, meine Herren. Ich hoffe, Sie werden manchmal an mich denken, wenn ich nicht mehr bin.«

In einer letzten Unterredung mit Villeroi ernannte er diesen zum Gouverneur des Dauphin oder ›des jungen Königs‹, wie er jetzt sagte. Er ordnete an, daß das Kind nach seinem Tode in die reinere Luft von Vincennes gebracht werden und dort bleiben sollte, bis Versailles gründlich desinfiziert worden wäre. Als Villeroi aus dem Zimmer gegangen war, rief Ludwig seine Bedienten, die sogleich das Zimmer füllten; sie fielen alle auf die Knie, »voll Kummer, einen so guten Herrn zu verlieren«, wie einer von ihnen berichtet. Die Bettvorhänge wurden zurückgezogen, und Ludwig dankte allen für die ihm bewiesene Treue; wenn er einen von ihnen gekränkt habe, bitte er um Verzeihung. Vor dem Abschied ermahnte er die höheren Bedienten, die niedrigen freundlich und gerecht zu behandeln, »wie ich selbst es getan habe, so gut ich konnte«.

Am 27. sprach er mit seinen schwierigen Familienmitgliedern zum letztenmal in der Rolle des häuslichen Friedensstifters, die er immer mit so viel gesundem Menschenverstand und Geduld gespielt hatte; er ermahnte sie eindringlich, in Eintracht und Frieden zu leben und sagte scherzend zu ›Madame‹: »Diese Mahnung gilt nicht Ihnen, denn Sie bedürfen ihrer nicht; ich meine die andern Prinzessinnen.«

Es ging jetzt schnell mit Ludwig zu Ende, aber er war während des ganzen Tages bei Bewußtsein; an seinem Bett saß Mme de Maintenon. Bruchstücke ihrer Unterhaltung bewahrte sie für die Damen von St-Cyr:

Ludwig: Ich habe immer sagen hören, man entschlösse sich schwer zu sterben; jetzt, wo ich in dieser furchtbaren Lage bin, finde ich den Entschluß nicht schmerzlich.

Maintenon: Es ist schwer, sich zum Sterben zu entschließen, wenn man seine Beziehungen zu den Mitmenschen nicht geordnet hat oder Haß im Herzen trägt oder eine Wiedergutmachung unterlassen hat.

Ludwig: Wiedergutmachung bin ich keiner Privatperson schuldig und wegen der, die ich dem Staat schulde, vertraue ich auf die Gnade Gottes.

Dies berichtete die Maintenon den Damen und fuhr fort, der König habe ihr dreimal Lebewohl gesagt. Beim erstenmal versicherte er ihr, daß der Tod ihm nur deshalb Kummer bereite, weil er sie verlassen müsse, und äußerte dann seufzend, sie würden bald wieder vereinigt sein. Beim zweitenmal bat er sie um Verzeihung, daß er sie nicht glücklich gemacht habe; geliebt und hochgeschätzt habe er sie aber stets. Beim drittenmal zeigte er sich besorgt wegen ihrer Stellung in der Welt nach seinem Tode, ließ den Duc d'Orléans kommen und vertraute sie seinem Schutz an; er ersuchte ihn, alles zu tun, worum sie für sich selbst, ihre Verwandten und ihre Freunde bitten würde; er sei ganz sicher, daß sie die Güte des Regenten nicht mißbrauchen werde.

In der Nacht schlief der König etwas, war aber häufiger wach, und die Anwesenden sahen, wie er ständig die Hände zum Gebet faltete. Er sprach alle Gebete, die ihm aus gesunden Tagen vertraut waren; man beobachtete, daß er sich beim *confiteor* an die Brust schlug.

Mme de Maintenons Gegner sagen ihr gern nach, daß sie ihren Gatten leichtfertig im Stich ließ, sobald er am 28. August das Bewußtsein verloren hatte; es trifft zu, daß sie die Nacht in St-Cyr verbrachte. Aber sie hatte sich erst aus Versailles entfernt, als die Ärzte ihr versicherten, der König würde nicht wieder zur Besinnung kommen; als er am

29. doch das Bewußtsein wiedererlangte, eilte sie auf ihren Posten zurück. Während des Tages hatte Ludwig gelegentliche Augenblicke der Klarheit, wo er sie erkannte; einmal sagte er: »Madame, es ist sehr mutig von Ihnen, angesichts eines solchen Schauspiels hier zu bleiben«. Am Sonnabend den 31., dem letzten Tag seines Lebens, war er bis elf Uhr nachts bewußtlos. Dann wurde er durch die Sterbegebete geweckt und sprach sie so laut nach, daß seine Stimme über denen der Priester und der anderen Anwesenden zu hören war; er erkannte sogar den Kardinal de Rohan und sagte zu ihm: »Das ist die letzte Gnade der Kirche.« Das waren die letzten Worte, die Ludwig an einen Sterblichen richtete; in der Nacht hörte man ihn dann noch mehrmals sagen *nunc et in hora mortis*; und wenige Minuten vor dem Ende: »Hilf mir, o mein Gott, eile mir zu helfen!«

Er starb am Sonntag, den 1. September, morgens um dreiviertel acht, drei Tage vor seinem siebenundsiebzigsten Geburtstag; er war zweiundsiebzig Jahre, drei Monate und achtzehn Tage König von Frankreich gewesen, die längste Regierungszeit der europäischen Geschichte.

Fast 250 Jahre sind seit Ludwigs XIV. Tode vergangen, aber noch heute ist seine Gestalt umstritten. Nicht einmal jene sind zu einem endgültigen Urteil gelangt, die sich vorwiegend oder ausschließlich mit dem Herrscher befaßt haben. Geradezu verwirrend aber ist die Fülle widersprüchlicher Meinungen, wenn es sich um den Menschen handelt. Ein gerechter, gütiger Mann, der sich bemühte, das von ihm als recht Erkannte zu tun? Eine aufgeblasene Mittelmäßigkeit? Ein brutaler und selbstsüchtiger Tyrann? Alle diese Ansichten bestärken uns nur in dem Gefühl, daß dieser in sich widerspruchsvolle Charakter nicht auf eine einfache Formel gebracht werden kann.

Für Ludwig war es verhängnisvoll, daß er in eine Welt geboren wurde, wo jeder, von seiner Mutter angefangen, in ihm nicht nur den Dauphin sah, sondern ein Wunderwesen, bestimmt, Frankreich zu retten. Einen Halbgott kann man nicht in Zucht nehmen, und gegen Ludwigs Mängel gab es kaum Mittel, wie sie bei gewöhnlichen Sterblichen angewandt werden. Zum großen Teil mußte er seinen Charakter aus der Erfahrung bilden; es sind seine Erfolge, die uns dabei in Erstaunen setzen, nicht sein Versagen. Oft zeigte er sich stolz, selbstsüchtig und anmaßend, doch ebensooft konnte er selbstlos und bescheiden sein.

Lassen wir seinen Stolz auf der Seite – er ist mehr ein Merkmal des Herrschers als des Menschen. Ludwigs Selbstsucht hatte ihre Wurzeln darin, daß man ihn in seiner Jugend vergötterte. Eigentlich war sie bloß die bis ins Mannesalter bewahrte kindlich-naive Überzeugung, was ihm zusage, müsse auch seiner Umgebung gefallen.

Ferner darf man nicht vergessen, daß es vornehmlich die Briefe der Maintenon sind, die zum Beweis von Ludwigs Selbstsucht dienen. Nun ist aber, wie Johnson sagt, niemand bereit, sich ständig tadeln zu lassen; und mag die Maintenon Ludwig auch nicht ständig getadelt haben, jedenfalls mißbilligte sie häufig sein Verhalten. Wem aber könnte Gerechtigkeit widerfahren, wenn sein Charakter der Nachwelt durch die Briefe seiner Frau an eine Vertraute überliefert würde, in denen sich die kleinen Ärgernisse des Tages spiegeln? Gewiß konnte Ludwig selbstsüchtig sein, zum Beispiel als er ›Mademoiselle‹ zugunsten des Duc du Maine beraubte; aber auch aus dieser Transaktion, die die einzige ihrer Art während seiner Regierung war, zog er keinen persönlichen Vorteil. Und dieser selbstsüchtige Mann gab im Rat ständig seine Stimme gegen sich selbst ab, wenn er und seine Untertanen in finanziellen Fragen kollidierten.

Seine Anmaßung können wir außer acht lassen, denn auch sie war eine Eigenschaft des Königs, und seine Königswürde beschäftigt uns hier nur gelegentlich. Es sei denn, der Leser wolle es ihm als Anmaßung anrechnen, daß er vor den Augen der Königin mit seinen Mätressen groß auftrat; ich würde das aber als Selbstsucht aus Unempfindlichkeit gegen die Gefühle anderer bezeichnen.

Seine Mildtätigkeit, sagt Spanheim, beruhte auf Eitelkeit. Mag sein, aber er übte sie so ausdauernd wie überlegt; und wenn Spanheim stets Almosen gegeben hat, ohne die geringste Selbstzufriedenheit zu fühlen, dann war er besser als die meisten Menschen.

Man ist heute nicht geneigt, in Ludwig einen großen oder guten oder gar genialen Menschen zu sehen; und doch war er dies alles in weit höherem Maße als mancher andere, den die Nachwelt milder beurteilte. Er hatte gewisse Grundsätze, an denen er unbeirrbar festhielt; als *père de famille* von 20000 Kindern bemühte er sich ehrlich um die unlösbare Aufgabe, mit dem veralteten Wirtschaftsapparat, der ihm zur Verfügung stand, sie alle satt zu machen. Und als Haupt des Hauses Bourbon erwies er seiner Familie so viel Güte und Großmut wie selten ein Fürst. Vielfach bezeugt ist sein angeborener Gerechtigkeitssinn, seine stets gleiche Gelassenheit. Und etwas von wahrer Größe bekundet sich in der Großherzigkeit, mit der er den Verleumdern seines Regimes begegnete. Wir müssen uns stets vergegenwärtigen, daß sein ganzes Privatleben sich wie unter einem Vergrößerungsglas abspielte, durch das eine Schar eifersüchtiger und oft undankbarer Männer und Frauen blickte, die ihre Eindrücke aufzeichneten. Einer so kritischen Betrachtung haben, so scheint mir, wenige Gestalten in der Geschichte besser standgehalten. Belastet durch seine Erziehung, seine absolute Herrschergewalt und die Schmeichelei seiner Umgebung, dennoch in seinem Wesen unverbogen, braucht Ludwig den Vergleich mit keinem Fürsten zu scheuen, über dessen Leben wir so genau unterrichtet sind.

ANHANG

ZEITTAFEL

1638	*5. September: Louis-Dieudonné, Dauphin von Frankreich, als Sohn von Ludwig XIII. und Anna von Österreich in Saint-Germain-en-Laye geboren.* 20. September: Maria Theresia von Österreich, Infantin von Spanien, geboren. Bündnis Frankreich—Schweden.
1639	27. Juli: Spanische Truppen nehmen Turin ein. 3. Dezember: Mazarin verläßt Rom und geht endgültig nach Frankreich. 21. Dezember: Jean Baptiste Racine geboren.
1640	30. Mai: Peter Paul Rubens gestorben. 8. August: Die Spanier müssen Arras aufgeben. *21. September: Philipp I., Herzog von Orléans, der Bruder Ludwigs XIV., geboren.* Regierungsantritt Friedrich Wilhelms von Brandenburg, des »Großen Kurfürsten«.
1641	16. Dezember: Ernennung Mazarins zum Kardinal. Die Parlamente (= Gerichte) in Frankreich verlieren das Recht, gegen königliche Edikte Einspruch zu erheben.
1642—1646	Bürgerkrieg in England.
1642	8. Januar: Galileo Galilei gestorben. *3. Juli: Maria d'Medici, Großmutter Ludwigs XIV., in Köln gestorben.* Verschwörung von Cinq Mars und de Thou gescheitert. September: Hinrichtung der Anführer. 4. Dezember: Kardinal Richelieu gestorben. Ludwig XIII. beruft Mazarin in den Staatsrat.
1643	4. Januar: Isaac Newton geboren. *14. Mai: Ludwig XIII. gestorben. Für den minderjährigen Ludwig XIV. übernimmt seine Mutter Anna von Österreich die Regentschaft.* Leitender Minister wird Mazarin. 19. Mai: Der Herzog von Enghien siegt bei Rocroi über die Spanier.
1644	29. Juli: Papst Urban VIII. gestorben. 3./5. August: Sieg der Herzöge Enghien und Turenne bei Freiburg.

	15. September: Innozenz X. zum Papst gewählt. *6. Oktober: Königin Elisabeth von Spanien, Tante Ludwigs XIV., gestorben.*
1645/46	Auseinandersetzungen zwischen Frankreich und Papst Innozenz X.
1645	Französischer Sieg von Nördlingen. 16. August: Jean de La Bruyère geboren.
1646	*15. März: Mazarin zum Ersten Erzieher Ludwigs XIV. ernannt.* 1. Juli: Gottfried Wilhelm Leibniz geboren.
1647	18. November: Pierre Bayle geboren.
1648—1653	Fronde-Kämpfe.
1648	20. August: Frankreich siegt über die Spanier bei Lens. 26. August: Verhaftung Broussels. Beginn der Parlamentsfronde in Paris. 24. Oktober: Westfälischer Friede. Ende des Dreißigjährigen Krieges. Ein Großteil des Elsaß kommt zu Frankreich, ebenso Metz, Toul und Verdun.
1649	*5. Januar: Ludwig XIV. und sein Hof fliehen nach Saint-Germain.* 30. Januar: Karl I. von England wird abgesetzt und in London hingerichtet. England unter Oliver Cromwell Republik. *11. März: Friede von Rueil zwischen König und Parlament.*
1650	Fronde der Prinzen von Geblüt. 11. Februar: René Descartes gestorben.
1651	6./7. Februar: Mazarin muß aus Paris fliehen. 6. August: François Fénelon geboren. *6. September: Ludwig XIV. wird nach dem Gesetz volljährig.* 9. Oktober: Britische Navigationsakte. Waren dürfen nach England ausschließlich auf englischen Schiffen eingeführt werden. *12. Dezember: Der König beordert Mazarin zurück an den französischen Hof.* Prinz Louis II. Condé verbündet sich mit den gegnerischen Spaniern.
1652—1654	Erster Seekrieg zwischen England und Holland.

1652	27. Mai: Elisabeth Charlotte (»Lieselotte«) von der Pfalz geboren. 12. August: Mazarin auf Druck der Fronde abberufen. *21. Oktober: Ludwig XIV. kehrt nach Paris zurück und wird begeistert empfangen.* *Der König läßt Kardinal de Retz inmitten des Hofes verhaften.*
1653	3. Februar: Mazarin wieder in Paris. Ende der Fronde-Kämpfe. Dezember: Oliver Cromwell wird Lord Protector von England, Schottland und Irland.
1654	*7. Juni: Ludwig XIV. in Reims gekrönt.*
1655—1660	Erster Nordischer Krieg.
1655	7. Januar: Papst Innozenz X. gestorben. 7. April: Kardinal Chigi wird als Alexander VII. Nachfolger auf dem Stuhl Petri. Schließung der jansenistischen Schulen in Frankreich.
1656	*Ludwig XIV. lernt Marie Mancini kennen.* Offizielle Verurteilung der jansenistischen Lehre.
1657	11. Februar: Bernard de Fontenelle geboren. 3. März: Vertrag von Paris zwischen Frankreich und dem England Cromwells. 2. April: Kaiser Ferdinand III. gestorben. *7. Mai: Ludwig XIV. nimmt an der Belagerung von Montmédy teil.*
1658	28. März: Vertrag von Paris verlängert. 23. Juni: Französische und englische Truppen nehmen Dünkirchen ein. *29. Juni: Ludwig XIV. an Typhus erkrankt.* *1.—7. August: Krankenaufenthalt in Calais.* 3. September: Oliver Cromwell gestorben. Leopold I. zum römisch-deutschen Kaiser gewählt. Erster Rheinbund zwischen Frankreich und mehreren deutschen Fürsten. Unruhen in nahezu allen französischen Provinzen. *Dezember: Scheinverhandlungen in Lyon um die Heirat zwischen Ludwig XIV. und Marguerite von Savoyen. Daraufhin bietet Spanien die Hand seiner Infantin Maria Theresia an.*

1659	7. November: Pyrenäenfrieden zwischen Frankreich und Spanien. Frankreich gewinnt das Roussillon, die Cerdagne, das Artois und Teile Lothringens. *Ehevertrag über die Heirat Ludwigs XIV. mit Maria Theresia, Infantin von Spanien.* *Ludwig XIV. trennt sich von Marie Mancini.* Prinz Louis II. Condé rehabilitiert.
1660	*2. Februar: Gaston, Herzog von Orléans, Onkel Ludwigs XIV., gestorben.* *März: Ludwig XIV. nimmt das aufständische Marseille ein. Beseitigung der Provinzautonomie.* 3. Mai: Friede von Oliva. Ende des ersten Nordischen Krieges. *9. Juni: Ludwig XIV. heiratet Maria Theresia, spanische Infantin.* Auf Beschluß des englischen Parlaments wird die Monarchie wiederhergestellt. Karl II. aus dem Hause Stuart König von England.
1661	Brand im Louvre. 9. März: Kardinal Mazarin in Vincennes gestorben. *Ludwig XIV. übernimmt die Selbstregierung.* Colbert Leiter des Finanzwesens und der Wirtschaftspolitik, Louvois Kriegsminister. Vorrangstreit in London. *Der König läßt Fouquet verhaften und ungerechtfertigt verurteilen. Das Verbannungsurteil wandelt er in lebenslängliche Haft.* *1. November: Ludwig Dauphin geboren.* *Louise de La Vallière wird Mätresse Ludwigs XIV.* Große Hungersnot in Frankreich.
1662	Defensivbündnis Holland-Frankreich. 19. August: Blaise Pascal gestorben. *10. November: Anna Elisabeth, Tochter Ludwigs XIV., geboren (gestorben am 30. Dezember).* Hungersnot in fast allen Provinzen Frankreichs. Aufstände. Beginn des Schloßbaus in Versailles.
1663/64	Krieg der Türkei gegen Österreich.
1663	Neugründung der »Académie des Inscriptions et Belles-Lettres«. Lionne Außenminister. *19. Dezember: Ludwigs natürlicher Sohn Philippe geboren.*

1664—1667	Zweiter Seekrieg Englands gegen Holland.
1664	*Ludwig XIV. wird Pate eines Kindes von Molière.* Gründung der französischen Ostindienkompanie durch Colbert (aufgelöst 1674). Colbert wird Oberintendant der Königlichen Bauten. Vertreibung der Nonnen von Port Royal. Erweiterung des Rheinbundes. *16. November: Maria Anna, zweite Tochter Ludwigs, geboren (gestorben am 26. Dezember).*
1665	*7. Januar: Ludwigs zweiter natürlicher Sohn Charles geboren.* Colbert zum »Contrôleur général des Finances« ernannt. September: Erstaufführung von Molières »L'Amour médecin«. *Ludwig XIV. gesteht dem Dichter daraufhin eine Pension zu und stellt dessen »Troupe du Roi« unter seinen persönlichen Schutz.* 17. September: Philipp IV. gestorben. Karl II. wird König von Spanien. 19. November: Nicolas Poussin gestorben. *Dezember: Philippe, erster natürlicher Sohn Ludwigs und der Louise de La Vallière, gestorben.*
1666	*20. Januar: Anna von Österreich, Mutter Ludwigs XIV., gestorben.* *Mai: Ludwigs zweiter natürlicher Sohn Charles gestorben.* *17. Oktober: Marie Anne, erstes Fräulein von Blois, Ludwigs natürliche Tochter, geboren.* Gründung der französischen Akademie der Wissenschaften (»Académie des Sciences«) in Paris. Colbert auch zum Marineminister ernannt. *Ludwig lernt Françoise de Mortemart, Marquise de Montespan, kennen.* Frankreich greift als Bundesgenosse Hollands in den Krieg mit England ein. Newton entdeckt das Gravitationsgesetz.
1667/68	*Ludwig XIV. erhebt Erbansprüche auf den spanischen Thron.* Devolutionskrieg Frankreichs gegen Spanien.
1667	*2. Januar: Marie Therese, Tochter Ludwigs XIV., geboren.*

	22. Mai: Alexander VII. gestorben. 20. Juni: Clemens IX. wird Papst. *Juli: Die Marquise de Montespan wird Mätresse des Königs.* *Oktober: Louis, Graf von Vermandois, als viertes natürliches Kind von Ludwig XIV. und Louise de La Vallière geboren.* Französische Truppen fallen in Flandern ein. Beginn des Devolutionskrieges. *»Ordonnance civile« (»Code Louis«), Zivilprozeßrecht Ludwigs XIV.* Friede von Breda. Ende des englisch-holländischen Krieges.
1668	23. Januar: Haager Tripel-Allianz zwischen Holland, England und Schweden gegen Frankreich. *5. August: Ludwigs Sohn Philipp geboren.* 10. November: François Couperin geboren. Friede von Aachen zwischen Frankreich und Spanien. Rückgabe der Franche-Comté an Spanien. »Kirchenfriede«. Vorläufige Beilegung des Jansenisten-Streits.
1669	*Françoise de Montespan kommt mit einem Sohn nieder, der nur kurze Zeit lebt.* *Madame Scarron, spätere Gräfin von Maintenon, übernimmt die Erziehung der natürlichen Kinder Ludwigs XIV. in der Rue Vaugirard.* 4. Oktober: Rembrandt gestorben. 9. Dezember: Papst Clemens IX. gestorben. Wiederaufnahme der Hugenottenverfolgungen in Frankreich. Kreta von türkischen Truppen eingenommen.
1670	Vertrag von Dover: Frankreich und England verbünden sich gegen Holland. Lothringen von französischen Truppen besetzt. *31. März: Louis Auguste, späterer Herzog von Maine, natürlicher Sohn Ludwigs, geboren.* 29. April: Clemens X. zum Papst gewählt. *16. Mai—2. Juni: Madame (Henriette von England) und ihr Bruder Karl II. von England unterzeichnen einen Geheimvertrag, den »Großen Plan«.* *30. Juni: Henriette von England, Schwägerin Ludwigs XIV., gestorben.* *»Ordonnance criminelle«, Strafprozeßrecht Ludwigs XIV.*

1671 *10. Juli: Philipp, Sohn Ludwigs, gestorben.*
21. November: Philipp d'Orléans heiratet in zweiter Ehe Lieselotte von der Pfalz.

1672—1678 Zweiter Eroberungskrieg Frankreichs gegen Holland.

1672—1674 Dritter Seekrieg Englands gegen Holland.

1672 Louvois in den Staatsrat berufen. Le Tellier wird Kanzler, Arnauld de Pomponne Außenminister.
Wilhelm III. von Oranien Statthalter in Holland.
1. März: Marie Therese, Tochter Ludwigs XIV., gestorben.
17. März: England erklärt Holland den Krieg.
6. April: Frankreich tritt in den Krieg gegen Holland ein. Französische Truppen besetzen Teile des Landes. Durch Öffnung der Deiche verhindern die Holländer ein weiteres Vorrücken.
14. Juni: Ludwig Franz, Sohn Ludwigs XIV., geboren (am 4. November gestorben).
Louis-César, Graf von Vexin, natürlicher Sohn Ludwigs, geboren.

1673 Ausweitung zum europäischen Krieg. Koalition zwischen dem Deutschen Reich, Spanien und Lothringen gegen Frankreich.
Englische Testakte: Katholiken sind von Staatsämtern ausgeschlossen.
17. Februar: Molière gestorben.
Auf Anordnung Ludwigs XIV. müssen die Parlamente alle Erlasse des Königs sofort einregistrieren.
1. Juni: Ludwigs dritte natürliche Tochter Louise Françoise geboren.

1674 *Januar: Madame Scarron, die Erzieherin der natürlichen Kinder Ludwigs XIV., kommt an den Hof.*
19. April: Louise de La Vallière zieht sich vom Hof zurück und tritt als Schwester »Louise de La Miséricorde« in das Karmeliterinnenkloster in der Rue d'Enfer ein.
Wilhelm III. von Oranien wird Erbstatthalter in den Niederlanden.
Johann III. Sobieski König von Polen.

1675 16. Januar: Louis de Saint-Simon geboren.
28. Juni: Schlacht von Fehrbellin. Der Große Kurfürst von Brandenburg besiegt die mit Frankreich verbündeten Schweden.

1676	*Louise Marie, natürliche Tochter Ludwigs XIV., geboren.* 22. Juli: Clemens X. gestorben. 21. September: Innozenz XI. zum Papst gewählt.
1677	21. Februar: Spinoza gestorben. *25. Mai: Françoise Marie, zweites Fräulein von Blois, natürliche Tochter Ludwigs, geboren.*
1678	13. Februar: Gent ergibt sich. 27. Februar: Ypern eingenommen. 10. August: Friede zu Nijmwegen zwischen Frankreich und Holland. Die Franche-Comté, Teile Flanderns und des Hennegaus werden Frankreich zugeschlagen. 17. September: Friedensschluß zwischen Frankreich und Spanien. *September: Mademoiselle de Fontanges (Marie Angélique Scoraille de Roussilles) wird Mätresse.*
1679—1683	*Ludwig XIV. ruft die Reunionskammern ins Leben.*
1679	24. Januar: Christian Freiherr von Wolff geboren. 4. Dezember: Thomas Hobbes gestorben. Friede zu Saint-Germain zwischen Ludwig XIV. und dem Großen Kurfürsten. Colbert de Croissy Außenminister. Offizielle Wendung gegen den Jansenismus. Beginn der Hugenottenverfolgungen. Habeas Corpus-Akte in England erlassen. Verhaftungen sind nur noch auf richterlichen Beschluß möglich.
1680	*Skandal um die Giftmordaffäre. Auch Madame de Montespan wird in diesem Zusammenhang genannt.* *7. März: Ludwig Dauphin heiratet Maria Anna von Bayern.* 17. März: La Rochefoucauld gestorben. *Madame de Maintenon leitet Ludwig XIV. zu religiöser Einkehr an.* Verschärfung des Regalienstreits. Einführung der Dragonnaden.
1681	*28. Juni: Mademoiselle de Fontanges gestorben.* September: Straßburg von Frankreich annektiert. *Louise Marie, natürliche Tochter Ludwigs XIV., gestorben.* Der Canal du Midi fertiggestellt.

1682 16. Mai: Der Hof zieht um nach Versailles.
6. August: Ludwig, Herzog von Burgund, Sohn von Ludwig Dauphin, geboren.
23. November: Claude Lorrain gestorben.
19. Dezember: Bossuets »Vier gallikanische Artikel«. Eigenrechte und Unabhängigkeit der französischen Kirche bestätigt.
La Salle erforscht das Mississippi-Gebiet (Louisiana).

1683—1699 Zweiter Krieg der Türkei gegen Österreich und Polen.

1683 14. Juli: Türkische Truppen unter Großwesir Kara Mustafa stehen vor Wien.
30. Juli: Königin Maria Theresia von Frankreich gestorben.
6. September: Jean Baptiste Colbert gestorben.
12. September: Der Sieg am Kahlenberg über die Türken ermöglicht den Entsatz Wiens.
25. September: Jean Philippe Rameau geboren.
19. Dezember: Philipp, Herzog von Anjou, Sohn Ludwigs Dauphin, geboren.
Louis, Graf von Vermandois, und Louis-César, Graf von Vexin, natürliche Söhne Ludwigs XIV., gestorben.

1684 Heilige Liga zwischen Österreich, Polen und Venedig unter dem Protektorat von Papst Innozenz XI. gegen die Türken.
Waffenstillstand von Regensburg und Vertrag mit Spanien. Straßburg und Luxemburg bleiben in französischer Hand.
12. Juni: Ludwig XIV. heiratet heimlich die Marquise de Maintenon.
1. Oktober: Pierre Corneille gestorben.
10. Oktober: Jean-Antoine Watteau geboren.

1685 6. Februar: Karl II. von England gestorben.
Jakob II. wird Nachfolger.
23. Februar: Georg Friedrich Händel geboren.
21. März: Johann Sebastian Bach geboren.
18. Oktober: Edikt von Nantes (1598) durch das Revokationsedikt von Fontainebleau aufgehoben. Die französischen Protestanten verlieren alle Rechte der Religionsausübung. Massenflucht der Hugenotten.

1686 Augsburger Allianz gegen Frankreich.
23. Februar: Ludwig XIV. unterzieht sich der »Großen Operation«.
6. Mai: Ewiger Friede zwischen Rußland und Polen. Rußland tritt der Heiligen Liga gegen die Türken bei.
31. August: Karl, Herzog von Berry, Sohn Ludwigs Dauphin, geboren.
8. November: Edikt von Potsdam.

1687 22. März: Jean-Baptiste Lully gestorben.

1688—1697 Pfälzischer Krieg Ludwigs XIV.

1688 9. Mai: Friedrich Wilhelm von Brandenburg, der Große Kurfürst, gestorben. Friedrich III. Nachfolger.
24. Oktober: Einnahme und Zerstörung Heidelbergs durch Ezéchiel de Mélac.
Wilhelm von Oranien landet in England. Beginn der zweiten englischen Revolution, der »Glorious Revolution«.
Jakob II. von England wird abgesetzt und flieht nach Frankreich.

1689 18. Januar: Montesquieu geboren.
Februar: Wilhelm III. von Oranien wird aufgrund einer Parlamentsakte König von England, Schottland und Irland.
13. Februar: Declaration of Rights in England erlassen. Grundlegung des englischen Parlamentarismus.
Verwüstung der Pfalz durch französische Truppen.
Endgültiger Bruch des Königs mit »Madame«.
Große Allianz gegen Frankreich.
12. August: Innozenz XI. gestorben.
6. Oktober: Alexander VIII. zum Papst gewählt.
Regierungsantritt des russischen Zaren Peter I., des Großen.
Pierre Jurieus »Lettres pastorales« (seit 1686).
Le Vassors »Soupirs de la France esclave«.

1690 *20. April: Maria Anna von Bayern, Dauphine, gestorben.*
Wilhelm III. von England besiegt am Boyne Jakob II., der seinen Thron zurückgewinnen will.

1691 1. Februar: Papst Alexander VIII. gestorben.
16. März: Madame de Maintenon erhält die Leitung des Damenstifts St.-Cyr.
Endgültiger Bruch mit Marquise de Montespan.

12. Juli: Innozenz XII. wird Nachfolger auf dem Stuhl Petri.
16. Juli: Louvois gestorben.

1692 19.—22. Mai: Seeschlacht bei La Hogue. Vernichtende Niederlage der französischen Flotte gegen die vereinigten Seestreitkräfte Englands und Hollands.

1693 25. Mai: Madame de La Fayette gestorben.
Beginn der Teuerung und des »großen Sterbens« (Höhepunkt 1694) in Frankreich.
Rücknahme der »Gallikanischen Artikel«. Aussöhnung mit Rom.

1694 21. November: François-Marie Arouet (Voltaire) geboren.
Gründung der Bank von England.

1695 14. April: Jean de La Fontaine gestorben.
21. April: Ein Edikt Ludwigs XIV. schützt die Kirche vor Eingriffen der Parlamente und bringt den niederen Klerus in Abhängigkeit der Bischöfe.
Einführung der ersten Kopfsteuer (bis 1698, 1701 erneuert).
Quesnels »Réflexions morales sur le Nouveau Testament« erschienen.

1696 Colbert de Torcy Außenminister, Arnauld de Pomponne kehrt in den Staatsrat zurück.
10. Mai: La Bruyère gestorben.
17. Juni: Johann III. Sobieski von Polen gestorben. August II. von Sachsen, der Starke, wird im Jahr darauf polnischer König.
25. August: Separatfriede zwischen Savoyen und Frankreich.
Komplott gegen Wilhelm von Oranien aufgedeckt.

1697 11. September: Prinz Eugen besiegt die Türken bei Zenta.
20. September: Friede zu Ryswijk zwischen Frankreich und Spanien, England und Holland. Ende des dritten Eroberungskrieges Ludwigs XIV. gegen die Pfalz. Frankreich behält allein Straßburg.
Der Herzog von Burgund, Ludwigs Enkel, heiratet Marie-Adelheid von Savoyen-Sardinien.
Bayles »Dictionnaire historique et critique« (1695/97).

1699 26. Januar: Friede von Karlowitz zwischen Österreich-Ungarn, Polen, Venedig und der Türkei. Un-

	garn mit Siebenbürgen, Kroatien und Teile Sloweniens fallen an Österreich. 24. April: Jean Baptiste Racine gestorben. Pontchartrain wird französischer Kanzler. Papst Innozenz XII. verurteilt den Quietismus.
1700—1721	Zweiter Nordischer Krieg.
1700	3./14. Juli: Russisch-türkischer Friede. 15. September: Gartenarchitekt André Le Nôtre gestorben. 27. September: Papst Innozenz XII. gestorben. 1. November: Karl II. von Spanien kinderlos gestorben. *Ludwig XIV. erhebt ebenso wie Kaiser Leopold I. Erbansprüche. Ludwigs XIV. Enkel Philipp von Anjou wird als Philipp V. König von Spanien.* 23. November: Clemens XI. wird Papst. Vaubans »Dîme royale« veröffentlicht.
1701—1714	Spanischer Erbfolgekrieg.
1701	18. Januar: Kurfürst Friedrich III. von Brandenburg als Friedrich I. »König in Preußen«. *9. Juni: Philipp I., Herzog von Orléans, Bruder Ludwigs XIV., gestorben. »Madame« söhnt sich mit Ludwig aus.* 16. September: Der vertriebene englische König Jakob II. Stuart in St. Germain gestorben. Sein Sohn wird von Frankreich als Jakob III. anerkannt. Große Haager Allianz zwischen England, Holland, Österreich, Preußen, Hannover und Portugal gegen Frankreich.
1702—1710	Aufstand der Camisarden (Hugenotten) in den Cervennen.
1702	19. März: Wilhelm III. von Oranien gestorben. Anna, Tochter Jakobs II. und Schwägerin Wilhelms III., wird Königin von England. Das Deutsche Reich tritt der Großen Allianz bei.
1703	Beitritt Savoyens zur Großen Allianz gegen Frankreich. 29. September: François Boucher geboren. Gründung von Petersburg.
1704	12. April: Jacques Bénigne Bossuet gestorben. *25. Juni: Ludwig, erster Sohn von Ludwig, Herzog von Burgund, geboren.*

August: Prinz Eugen und Marlborough besiegen die französischen Truppen bei Höchstädt und Blenheim.
28. Oktober: John Locke gestorben.
England erobert Gibraltar.

1705 *13. April: Ludwig, erster Sohn von Ludwig, Herzog von Burgund, gestorben.*
5. Mai: Kaiser Leopold I. gestorben. Josef I. folgt ihm auf den Thron.
Päpstliche Bulle »Vineam Domini«, die den Jansenismus verdammt.

1706 Französische Niederlagen bei Ramillies und Turin. Verlust der Niederlande und Italiens.
25. Juni: Erzherzog Karl wird von den Alliierten zum König von Spanien proklamiert.
28. Dezember: Pierre Bayle gestorben.

1707 *8. Januar: Ludwig, zweiter Sohn von Ludwig, Herzog von Burgund, geboren.*
30. März: Marschall Vauban gestorben.
25. April: Ein französisch-spanisches Heer siegt bei Almanza über die Alliierten.
27. Mai: Madame de Montespan gestorben.
Union Englands und Schottlands unter der Bezeichnung Großbritannien.
Denis Papin baut ein Dampfschiff.

1708 Französische Niederlage bei Oudenarde. Fall von Lille.
Desmarets wird Finanzminister.
Baumeister Jules Hardouin-Mansart gestorben.

1709 Frühjahr: 24000 Menschen sterben in Paris und Umgebung an Hunger und Kälte. Epidemien. Unruhen, die bis zum September andauern.
Französische Niederlage von Malplaquet.
Port Royal, das Zentrum des Jansenismus, wird aufgehoben und 1710/11 zerstört.

1710 *15. Februar: Ludwig, dritter Sohn von Ludwig, Herzog von Burgund, der künftige Ludwig XV., geboren.*
Hungersnot, Unruhen in Frankreich.
Einführung des »Dixième«, einer allgemeinen Steuer.
10. Dezember: Sieg bei Villaviciosa. Philipp V. erhält Spanien zurück.

1711 13. März: Nicolas Boileau-Despréaux gestorben.
14. April: Ludwig Dauphin, Sohn Ludwigs XIV., gestorben. Ludwig, Herzog von Burgund, der Enkel des Königs, wird Thronfolger.
17. April: Joseph I. gestorben. Karl VI. folgt ihm auf den Kaiserthron.
26. April: David Hume geboren.
Päpstliche Bulle »Unigenitus« gegen Glaubenssätze Quesnels.
Fénelons »Plans de gouvernement«.

1712 24. Januar: Friedrich II. von Preußen in Berlin geboren.
12. Februar: Marie-Adelheid von Savoyen-Sardinien, Herzogin von Burgund, gestorben.
18. Februar: Ludwig, Herzog von Burgund, gestorben.
8. März: Der fünfjährige Ludwig, Herzog von Bretagne, gestorben. Sein zweijähriger Bruder Ludwig, Herzog von Anjou, wird Thronfolger.
28. Juni: Jean-Jacques Rousseau in Genf geboren.
8. Dezember: Lieselotte von der Pfalz gestorben.

1713 25. Februar: Friedrich I. in Berlin gestorben. Friedrich Wilhelm I. wird König von Preußen.
März/April: Friede zu Utrecht zwischen Frankreich, England und Preußen. Philipp V. als König von Spanien anerkannt. Die Spanischen Niederlande kommen an Österreich, Sizilien wird Savoyen zugesprochen. Die Herzöge von Berry und Orléans verzichten auf alle Rechte in Spanien, Philipp V. erhebt keine Ansprüche auf französisches Gebiet.
19. April: Pragmatische Sanktion Kaiser Karls VI.: Regelung der Erbfolge im Hause Habsburg.
5. Oktober: Denis Diderot geboren.

1714 6. März: Friede von Rastatt zwischen Frankreich und dem Kaiser.
Mai: Karl, Herzog von Berry, an den Folgen eines Jagdunfalls gestorben.
2. Juli: Christoph Willibald von Gluck geboren.
1. August: Königin Anna von England gestorben. Personalunion England-Hannover. Georg I. wird König.
7. September: Friede von Baden zwischen dem Deutschen Reich und Frankreich.

Edikt Ludwigs XIV., das den bereits legitimierten Bastarden ein Recht auf Thronfolge zuerkennt.
Testament Ludwigs XIV.
Saint-Pierres »Traité de paix perpétuelle« erschienen.

1715—1718 Türkisch-österreichischer Krieg.

1715 7. Januar: Fénelon gestorben.
Wiederaufleben der Protestantenverfolgungen.
1. September: Ludwig XIV. in Versailles gestorben. Sein Urenkel Ludwig XV. wird König. Herzog Philipp von Orléans, der Neffe Ludwigs XIV., übernimmt für ihn die Regentschaft.

TAFEL I
HAUS VALOIS/BOURBON

Karl V. a. d. H. Valois
*1337 †1380
1364 Kg. v. Frkr.

Ludwig XI.
*1423 †1483
1461 Kg. v. Frkr.
⚭ (2.) Charlotte v. Savoyen
*vor 1443 †1483

Ludwig, Hzg. v. Orléans
*1371 †1407
⚭ Valentine Galeazzo v. Mailand
*1366 †1408

Karl, Hzg. v. Orléans
*1391 †1495
⚭ (3.) Marie v. Cleve
*1426 †1486

Johanna
*1464 †1505

Karl VIII.
*1470 †1498
1483 Kg. v. Frkr.
⚭ Anna v. Bretagne
*1476 †1514

4 weitere K.

Ludwig XII.
*1462 †1515
1498 Kg. v. Frkr.

2 weitere K.

⚭ (1., ⚮ 1498)

Karl, Gf. v. Angoulême
*1459 †1496
⚭ Luise v. Savoyen
*1476 †1531

(2.)
⚭

Franz I.
*1499 †1547
1515 Kg. v. Frkr.

...S.
*1508
†jung

Renate
*1510 †1575
⚭ Hercules II.
Este
Hzg. v. Ferrara
*1508 †1559

Claudia
*1499 †1524

(1.)
⚭

Ludwig IX.
*1215 †1270
1226 Kg. v. Frkr.

Könige v.
Frankreich

Herzöge v. Bourbon
u. Vendôme

Luise
*1515
†1517

Charlotte
*1516
†1524

Franz
*1517
†1536

Heinrich II.
*1519 †1559
1547 Kg. v. Frkr.
⚭ Katharina v. Medici
*1519 †1589

Karl V.
*1337
†1380
1364 Kg. v. Frkr.
(s. oben)

Anton v. Bourbon
*1518 †1562
1555 Kg. v. Navarra

⚭ Johanna v. Albret
Kgn. v. Navarra
*1528 †1572
(T. v. Heinrich II.
v. Albret und
Margarete v. Angoulême
(s. rechts)

Heinrich IV.
*1553 erm. 1610
1562 Kg. v. Navarra
1589 Kg. v. Frkr.

⚭ (1., ⚮ 1599) Margarete
(Margot)
*1553
†1615

(2.) Maria v. Medici
*1573 †1642

Franz II.
*1544 †1560
1559 Kg. v. Frkr.
⚭ Maria Stuart
① *1542 hinger. 1587
(T. v. Jakob V. v.
Schottland, s. o.)

Elisabeth
(Isabella)
*1545 †1568

①

SPANISCHE UND ÖSTERREICHISCHE HABSBURGER

Johann
*1404 †1467
1407 Gf. v. Angoulême
⚭ Margarete v. Rohan
†nach 1496

6 weitere K.

Philipp I. »d. Schöne« ⚭ Johanna »d. Wahnsinnige«
Ehzg. v. Österreich
*1478 †1506
1504 Kg. v. Kastilien

Johanna »d. Wahnsinnige«
*1479 †1555
1504 Kgn. v. Kastilien
1516 Kgn. v. Aragon

2 weitere K.

Eleonore
*1498 †1558
⚭ (1.) Emanuel
Kg. v. Portugal
*1469 †1521

Karl I. (V.)
*1500 †1558
1516 Kg. v. Kastilien
u. Aragon
1519 Ks.
1556 abged.
⚭ Isabella v. Portugal
*1503 †1539

Ferdinand I.
*1503 †1564
1526 Kg. v. Böhmen u. Ungarn
1531 dt. Ks.
1556 Ks.

3 weitere K.

Margarete
*1492 †1549
⚭ (1.) Karl IV., Hzg. v. Alençon
*1489 †1525
(2.) Heinrich II. v. Albret
Kg. v. Navarra
*1503 †1555

nat. T. Margarete
*1522 †1586
(Mutter: Katharina von den Gheynst)

(2.)
⚭

nat. S. Don Juan d'Austria
*1547 †1578
(Mutter: Barbara Blomberg)

Magdalena
*1520 †1537
⚭ Jakob V. Stuart
*1512 †1542
1513 (24) Kg. v. Schottland
⚭ (2.) Maria Guise
*1515 †1560
1542 Rgn. v. Schottland

Karl, Hzg. v. Orléans
*1522 †1545

Margarete
*1523 †1574
⚭ Emanuel
Philibert
v. Savoyen
*1528 †1580

Philipp II.
*1527 †1598
1556 Kg. v. Spanien
1580 Kg. v. Portugal

Maria
*1528 †1603
⚭ Maximilian II.
*1527 †1576
1562 dt. Ks.
1564 Ks.

Ferdinand
†1530

Johanna
*1537 †1573
⚭ Johann v.
Portugal
*1537 †1554

Claudia
*1547 †1575
⚭ Karl II. v.
Lothringen

Karl IX.
*1550 †1574
1560 Kg. v. Frkr.
⚭ Elisabeth
*1554 †1592
(T. v. Ks.
Maximilian II.,
s. rechts)

Heinrich III.
*1551 †1589
1573/4 Kg. v. Polen
1574 Kg. v. Frkr.
⚭ Luise v. Lothringen
*1553 †1601

Franz
*1555 †1584
1566 Hzg. v. Alençon
1576 Hzg. v. Anjou

3 weitere K.,
†jung

(3.)
⚭

② ③ ④

①

(2.) **Ludwig XIII.**
*1601 †1643
1610 Kg. v. Frkr.

(2.) Elisabeth
*1602 †1644

(2.) Marie Christine
*1606 †1663
ꝏ Victor-Amadeus I. v. Savoyen
*1587 †1637

(2.) Nikolaus
*1607 †1611

(2.) Gaston, Hzg. v. Orléans
*1608 †1660
ꝏ (1.) Marie v. Bourbon-Montpensier
*1605 †1627
(2.) Margarete v. Lothringen
*1615 †1672

(2.) Henriette
*1609 †1669
ꝏ Karl I. Stuar
*1600 †164
1625 Kg. v. England

Karl Emanuel II.
*1634 †1675
1637 Hzg. v. Savoyen

Margarete
*1635 †1663
ꝏ Rainutio II. v. Parma
*1630 †1694

5 weitere K.

Könige v. England
a. d. H. Stuart bis 1714

ꝏ

(1.) ꝏ

Ludwig XIV.
***1638 †1715**
1643 Kg. v. Frkr.
ꝏ (2.) Françoise d'Aubergine
*1635 †1718
1674 Gfn. v. Maintenon
ꝏ (1.) Paul Scarron †1660

Philipp I.
*1640 †1701
1660 Hzg. v. Orléans
ꝏ (1.) Henriette v. England
*1644 †1670
(T. v. Karl I. Stuart, s. o.)
(2.) Elisabeth Charlotte v. d. Pfalz
*1652 †1712

Maria Theresia
*1638 †1683

Balthasar
*1629 †1646

6 weitere K.

(1.) ꝏ

Ludwig, Dauphin
*1661 †1711
ꝏ Maria Anna v. Bayern
*1660 †1690

Anna Elisabeth
*u.†1662

Maria Anna
*u.†1664

Marie Therese
*1667 †1672

Philipp
*1668 †1671

Ludwig Franz
*u.†1672

(1.) Marie Luise
*1662 †1689

Ludwig, Hzg. v. Burgund
*1682 †1712
ꝏ Marie Adelheid v. Sardinien
*1685 †1712

② Philipp, Hzg. v. Anjou
*1683 †1746
1700 als Philipp V. Kg. v. Spanien

Ludwig, 1. Hzg. v. Bretagne
*1704 †1705

Ludwig, 2. Hzg. v. Bretagne
*1707 †1712

Ludwig XV.
*1710 †1774
1715 (23) Kg. v. Frkr.
ꝏ Maria Leczinska
*1703 †1768

②

③

④

(4.) ⚭

Anna
*1549
†1580

Rudolf II.
*1552 †1612
1575 Kg.
1576 Ks.

Elisabeth
*1554 †1592
⚭ Karl IX.
v. Frankreich
*1550 †1574

Matthias
*1557 †1619
1612 Ks.

Isabella
(Klara Eugenia)
*1566 †1633
⚭ Albrecht
Ehzg. v. Österreich
*1559 †1621

Katharina
*1567 †1597
⚭ Karl Emanuel I.
Hzg. v. Savoyen
*1562 †1630

Ferdinand
*1571
†1578

Karl
*1573
†1575

Diego
*1575
†1582

Philipp III.
*1578 †1621
1598 Kg. v. Spanien
⚭ Margarete
*1584 †1611
(T. v. Ehzg. Karl v. Österreich)

Marie
*1580 †1583

Anna
*1601
†1666

Philipp IV.
*1605 †1665
1621 Kg. v. Spanien

Maria Anna
*1606 †1646
⚭ Ferdinand III.
*1608 †1657
1636 dt. Kg.
1637 Ks.

Karl
*1607
†1632

Ferdinand
*1609 †1641
1619 Kardinal
1634 Statth.

3 weitere K.,
† jung

nat. S.
Don Juan d'Austria
*1629 †1679
(Mutter: Maria Calderono)

(2.) ⚭

Maria Anna
*1635 †1696

Ferdinand IV.
*1633 †1654
1653 dt. Kg.

Leopold I.
*1640 †1705
1658 Ks.
⚭ (2.) Claudia Felizitas
v. Österreich
*1653 †1676
(3.) Eleonore v. d. Pfalz
*1655 †1720

3 weitere K.,
† jung

3 weitere
K., † jung

Karl II.
*1661 †1700
1665 Kg. v. Spanien
⚭ (2.) Maria Anna v. d. Pfalz
*1667 †1740

Margarete
*1651 †1673

(1.) ⚭

(1.)
3 weitere
K.

(2.)
Philipp II.
*1674 †1723
(s. Tafel II)

(2.)
2 weitere K.

Röm.-dt. Kaiser bis 1806
Kaiser v. Österr. bis 1918

(1.) ⚭

Karl, Hzg. v. Berry ⚭ Marie Louise
*1686 †1714
Frl. v. Valois
*1695 †1719
(s. Tafel II)

TAFEL II
MÄTRESSEN UND NATÜRLICHE KINDER LUDWIGS XIV.

(1.) Louise Françoise Le Blanc La Baume
Frl. v. La Vallière, Hzgn. v. Vaujours
*1644 †1710
1667 Hzgn.

Philippe
*1663
†1665

Charles
*1665
†1666

Marie Anne
1. Frl. v. Blois
*1666 †1739
⚭ Louis Armand I.
Prz. v. Conti
*1661 †1685

Louis
Gf. v. Vemandois
*1667 †1683

...S.
*1669
†bald

Louis Auguste
*1670 †1736
1673 Hzg. v. Maine
⚭ Louise
Frl. v. Charolais
*1676 †1753
(T. v. Henri Jules, Prz. v. Condé)

Louis-César
Gf. v. Vexin
*1672 †1683

Louise Françoise
Frl. v. Nantés
*1673 †1743
⚭ Louis III.
Prz. v. Condé
*1668 †1710
S. v. Henri Jules,
Prz. v. Condé)

(Herzöge v. Condé)

Marie Anne
Gabrièle
*1690 †1760
Äbtissin

Louis Henri
*1692 †1740
⚭ (1.) Maria Anna
*1689 †1720
(T. v. François Louis
Prz. v. Conti)
(2.) Karoline v. Hessen-
Rheinfels-Rotenburg)
*1714 †1741

Louise Elisabeth
*1698 †1775
⚭ Louis Armand II.
Prz. v. Conti
*1695 †1727
(S. v. François Louis,
Prz. v. Conti)

6 weitere K.

(2.)
Louis
*1736 †1818
⚭ (1.) Charlotte v. Rohan-Soubise
*1737 †1760
(2.) Katharina v. Brignole

(1.)
Marie
*1755
†1759

(1.)
Louis
*1756 †1830

(1.)
Louise
*1758 †1824
Nonne

⚭ (⦶ 1780)

Louis
*1772 †1804
⚭ Charlotte v. Rohan-Rochefort
*1786 †1841

Anmerkungen zu Tafel I u. II

① Vgl. Heyne Biographien Bd. 28
Elisabeth I. von England,
Stammtafel Haus Tudor.

② Fortsetzung s. Heyne Biographien Bd. 31
Ludwig XVI., Ergänzungstafel Spanische Bourbonen.

③ Vgl. ebenda.

(2.) Louise (-Athénaïs) de Rochechouart
Frl. v. Tonnay-Charente
*1640 †1707
(T. d. Hzg. v. Mortemart)
⚭ (1., ⚮ 1674) Louis Henri
Pardeilhan de Gondrin
Gf. v. Montespan u. Antin

Louise Marie
Frl. v. Tours
*1676 †1681

Françoise Marie
2. Frl. v. Blois
*1677 †1749
⚭ Philippe II.
Hzg. v. Chartres
*1674 †1723
1701 Hzg. v. Orléans
1715 Rg. v. Frkr.

Louis Alexandre
Gf. v. Toulouse
*1678 †1737
⚭ Marie de Noailles

(Herzöge v. Orléans)

(Herzöge v. Conti)

Marie Luise
Frl. v. Valois
*1695 †1719
⚭ Karl
Hzg. v. Berry
*1686 †1714
(S. v. Ludwig
Dauphin
*1661 †1711)

Louis
*1703 †1752
⚭ Auguste v.
Baden-Baden
*1704 †1726

Louise Elisabeth
Frl. v. Montpensier
*1709 †17. .
⚭ Ludwig I.
*1707 †1724
(3) 1724 Kg. v. Spanien
(vgl. Heyne Biogr. Bd. 31,
Ludwig XVI., Erg.-Tafel)

Philippine
Elisabeth
Frl. v. Beaujolais
*1714
†1734

Louise-Diane
Frl. v. Chartres
*1716 †1736
⚭ Louis François I.
Prz. v. Conti
*1717 †1776
(S. v. Louis Armand II.,
Hzg. v. Conti)

2 weitere
K.

Karl
*u.†1713

Marie Luise
*u.†1714

Louis Philippe I.
*1725 †1785
⚭ (1.) Louise
*1726 †1759
(T. v. Louis Armand II.
Hzg. v. Conti)
(2.) Charlotte de la Haye
*1737 †1806

Louise
Magdalene
*u.†1726

Louis François II.
*1734 †1814
⚭ (⚮ 1774) Fortunate
v. Modena
*1734 †1802

...S.
*u.†1736

(1.)
...T.
*u.†1745

(1.)
Marie Louise
*1750 †1822

(1.)
Louis Philippe II.
Hzg. v. Chartres
»Philippe Egalité«
*1747 hinger. 1793
⚭ (⚮ 1792) Adelaïde
v. Bourbon-Penthièvre
*1753 †1821

...T.
*u.†1771

Louis Philippe (III.) I.
*1773 †1850
1830–48 Kg. v. Frkr.
⚭ Marie Amalie v. Sizilien
*1782 †1866

Antoine Philippe
Hzg. v. Montpensier
*1775 †1807

Adelaïde
*1777 †1847
⚭ Baron Athelin

...T.
*1777
†1782

Louis Charles
Gf. v. Beaujolais
*1779 †1808

Ferdinand
*1810 †1842
1830 Hzg. v. Orléans
⚭ Helene v. Mecklenburg-Schwerin
*1814 †1858

Louise
*1812 †1850
⚭ Leopold I.
*1790 †1865
1831 Kg. v. Belgien

Könige v. Belgien

Antoine
Hzg. v. Montpensier
Ift. v. Spanien
*1824 †1890
⚭ Luise
*1832 †1897
(T. v. Ferdinand VII., Kg. v. Spanien

7 weitere K.

BIBLIOGRAPHIE*

1. *Werke und Briefe Ludwigs XIV.*

Les œuvres de Louis XIV. 6 Bde. Paris 1806.
Mémoires pour l'instruction du Dauphin. Hg. v. C. Dreyss. 2 Bde. Paris 1860.
Mémoires de Louis XIV. Hg. v. J. Lognon. Paris 1927, ^{2}1960.
Mémoirs et divers écrits. Hg. v. B. Champigneulles. (= Le Club français du livre. Mémoirs. 12). Paris 1960.
Memoiren. Übers. v. L. Steinfeld. Basel 1931.
Louis XIV. par lui-même. Hg. v. M. Déon. Paris 1964.
Lettres de Louis XIV. Hg. v. P. Gaxotte. Paris 1930.
Briefe. Übers. v. M. Spiro. Basel 1931.

2. *Memoiren, Erinnerungen und sonstige Quellen*

Fénelon, F. de, Lettre à Louis XIV. Avec une préface de H. Guillemin. (= Collection Le Sablier. 3). Neuchâtel 1961.
Saint-Simon, L. de, Mémoires. Hg. v. A. de Boislisle. 24 Bde. (= Grands écrivains de France). Paris 1879—1912.
—, Ludwig XIV., Niedergang und Ende. (Auswahl aus den Mémoires). Hg. v. A. Ritthaler. (= Die Fundgrube. 46). München 1969.
—, La cour de Louis XIV. Introd. par C. Sarolea. (= Collection Nelson). Paris 1930.

* Über die zahlreichen laufenden Neuerscheinungen (auch Zeitschriftenliteratur) informieren am ausführlichsten:

— Bibliographie annuelle de l'histoire de France du 5e siècle à 1945. Paris 1954 ff. (jährlich)

und vor allem die Zeitschrift
— XVIIe Siècle. Bulletin de la Société d'Etude du XVIIe siècle 1 (1949 ff.).

Die wichtigsten Titel verzeichnet auch:
— International Bibliography of Historical Sciences. Berlin/London/Paris/Roma 1926 ff. (jährlich).

Literaturberichte geben:
— Hatton, R. M., Louis XIV. Recent Gains in Historical Knowledge. In: The Journal of Modern History (Chicago) 45 (1973), Nr. 2, S. 277—291;
— Sieburg, H.-O., Literaturbericht über französische Geschichte der Neuzeit. Veröffentlichungen 1945—1963. (= Historische Zeitschrift. Sonderheft 2). München 1965, (über die Zeit Ludwigs XIV.) S. 303—315.

Eine gute Zusammenfassung der Literatur zum Zeitalter Ludwigs XIV. findet sich bei:
— Schieder, T. (Hg.), Handbuch der europäischen Geschichte. Bd. 4. Europa im Zeitalter des Absolutismus und der Aufklärung. Hg. v. F. Wagner. Stuttgart 1968.

Abschließend sei verwiesen auf die Literaturangaben in den Heyne Biographien Bd. 16 Marie Antoinette (S. 386 ff.), Bd. 29 Mazarin (S. 732 ff.) und Bd. 31 Ludwig XVI. (S. 485 ff.). Dort sind ergänzende Titel genannt für die Zeit vor dem Regierungsantritt Ludwigs XIV. und die Ära des niedergehenden Ancien Régime.

—, Der Hof Ludwigs XIV. Hg. u. eingel. v. W. Weigand. Leipzig 1913.
Voltaire, Le siècle de Louis XIV. (1751). Hg. v. E. Bourgeois. (1890). Neuausg. 2 Bde. Paris 1929/30.

Bourgeois, E. / André, L. (Hg.), Les sources de l'histoire de France au XVIIe siècle. 1610—1715. 8 Bde. Paris 1913—1935.
Depping, A. (Hg.), Correspondance administrative sous le règne de Louis XIV. 4 Bde. (= Collection de documents inédits sur l'histoire de France. I, 28). Paris 1850—1855.
Dufourcq, N. (Hg.), La musique à la Cour de Louis XIV et de Louis XV, d'après les »Mémoires de Sourches et Luynes«. (= La vie musicale en France sous les rois Bourbons. 17). Paris 1970.
Ebeling, J.-B. (Hg.), Louis XIV. Extraits des mémoires du temps recueillies. Préf. d. P. Gaxotte. 2 Bde. (= L'Histoire raconté par ses témoins. Edition d'histoire et d'art). Paris 1936/37.
Mongrédien, G. (Hg.), Louis XIV. Présentation. Textes de Saint-Simon u. a. (= Le Mémorial des siècles. Les hommes. 17e siècle). Paris 1963.
Montbas, J.-F. B., Baron de, Au service du Roi. Mémoires inédits d'un officier de Louis XIV. Paris 1926.
Södergård, Ö., Exercices de bel esprit. Recueil collectif de pièces fugitives du 17e siècle. (= Acta Univ. Ludensis. Sectio I. 20). Lund 1974.
Vast, H. (Hg.), Les grands traités du règne de Louis XIV. 3 Bde. (= Collection de textes pour servir à l'étude et à l'enseignement de l'histoire). Paris 1893—1899.

3. *Wissenschaftliche Literatur*

Albertini, R. V., Die französische Monarchie des Ancien Régime im Urteil der venetianischen Relationen. In: Archiv für Kulturgeschichte 33 (1951).
André, L., Louis XIV et l'Europe. Paris 1950.
Ashley, M. P., Louis XIV and the Greatness of France. (= Teach Yourself History Library). London 1946, ²1948.
Badalo-Dulong, C., Trente ans de diplomatie française en Allemagne. Louis XIV et l'Electeur de Mayence. 1648—1678. (= Edition d'histoire et d'art). Paris 1956.
Bailly, A., Le règne de Louis XIV. Paris 1946.
Bartz, K., Der Sonnenkönig. Das Leben Ludwigs XIV. Berlin 1935.
Bérenger, J., Le royaume de France et les »malcontents« de Hongrie. Contribution à l'études des relations entre Louis XIV et Imre Thököly (1678—1689). In: Revue d'histoire diplomatique 87 (1973), Nr. 3/4, S. 277—319.
Bernard, L., The Emerging City. Paris in the Age of Louis XIV. Durham 1970.
Bertrand, L., Louis XIV. (= Les grandes études historiques). Paris 1925. (= L'Intelligence. 11). Paris 1928.
—, Louis XIV. 2 Bde. (= Bibliothèque Historia. 9, 1. 2). Paris ²1928/29. Dt. Ausg. u. d. T. Ludwig der Vierzehnte. Dresden 1927.
Bingham, R. B., Louis XIV and the War for Peace. The Genesis of a Peace Offensive, 1686—1690. Diss. Ann Arbor, Mich. 1974.
Blennerhasset, C., Louis XIV and Madame de Maintenon. London 1910.

Blet, P., Les assemblées du clergé et Louis XIV de 1670 à 1693. (= Analecta Gregoriana. 189. Ser. fac. hist. eccl. A, 11). Roma 1972.
—, Louis XIV et le Saint Siège à la lumière de deux publications récentes. In: Archivum historiae pontificae (Roma) (1974), Nr. 12, S. 309—337.
Bluche, F., L'origine sociale des secrétaires d'Etat de Louis XIV. In: XVIIe Siècle. Bulletin de la Société d'Etude du XVIIe siècle 42/43 (1959), S. 8—22.
Bluche, F. / Corvisier, A. / Goubert, P. / Mousnier, R. / Tapié, V.-L., Serviteurs du roi. Quelques aspects de la fonction publique dans la société française du XVIIe siècle. In: XVIIe Siècle. Bulletin de la société d'Etude du XVIIe siècle 42/43 (1959).
Bordeaux, H., Le premier amour de Louis XIV. (= Les grandes favorites). Paris 1946.
Bourde, A. J., Louis XIV et l'Angleterre. In: XVIIe Siècle. Bulletin de la Société d'Etude du XVIIe siècle 46/47 (1960), S. 54—83.
Boyer-Mas, A., Exposition commémorative du troisième centenaire du mariage de Louis XIV avec Marie-Thérèse. 1660—1960. Saint-Jean-de-Luz 1960.
Bowers, A. T., Allusions to the Private Life of Louis XIV in the Dramatic Literature of the Seventeenth Century. Diss. High Wycombe, Miss. 1969.
Bradly, G. F., The Great Days of Versailles. Studies from Court Life in the Later Years of Louis XIV. London 1927.
Braubach, M., Versailles und Wien von Ludwig XIV. bis Kaunitz. Die Vorstadien der diplomatischen Revolution im 18. Jahrhundert. (= Bonner historische Forschungen. 2). Bonn 1952.
Brégail, G., Mazarin et Louis XIV à Vic-Fezenzac. In: Bulletin de la Société archéologique, histoire, littéraire et scientifique du Gers (Auch) 56 (1955), S. 205 f.
Buranelli, V., Louis XIV. (= Twayne's Rulers and Statesmen of the World Series. 1). New York 1966.
Burckhardt, C. J., Vier historische Betrachtungen. Zürich 1953.

Carré, H., L'enfance et la première jeunesse de Louis XIV. 1638—1661. Paris 1944.
Chaunu, P., La civilisation de l'Europe classique. (= Les grandes civilisations. 5). Paris 1966.
Chéruel, A., Histoire de France pendant la minorité de Louis XIV et sous le ministère de Mazarin. 7 Bde. Paris 1879—83.
—, Valeur historique des Mémoires de Louis XIV. (= Séances et travaux de l'Académie de Sciences morales et politiques. 126). Paris 1886.
Church, W. F., The Greatness of Louis XIV. Myth or Reality? (= Problems in European Civilization). Boston 1959.
—, The Impact of Absolutism in France. National Experience under Richelieu, Mazarin and Louis XIV. (= Major Issues in History). New York/London/Sidney/Toronto 1969.
Clémenceau Jacquemaire, M., La vie sensible de Louis XIV. 1660—1674. Paris 1946.
Cogny, P. / Dornic, F. / Pillorget, R. u. S., La France de Louis XIV, 1650 bis 1715. (= Histoire de la France). Paris 1970.
Corvisier, A., Les gardes du corps de Louis XIV. In: XVIIe Siècle. Bulletin de la Société d'Etude du XVIIe siècle 42/45 (1959), S. 265—291.

Cronin, V., Louis XIV. London ^{2}1964. Dt. Ausg. u. d. T. Der Sonnenkönig. Stuttgart 1965. Taschenbuchausg. (= Fischer Taschenbücher. 1536). Frankfurt a. M. 1974.

Darricau, R., Louis XIV et le Saint-Siège. Les indults de nomination aux bénéfices consistoriaux. 1643—1670. In: Bulletin de Littérature ecclésiastique (Toulouse) 46 (1965), S. 16—34 u. 107—131.

—, Lumières nouvelles sur l'histoire du clergé en France sous Louis XIV. In: Revue d'histoire ecclésiastique (Louvain) 69 (1974), Nr. 1, S. 93—102.

—, Le souvenir d'Henri IV dans l'éducation de Louis XIV. In: Bulletin des amis du chateau de Pau 14 (1972), Nr. 56, S. 1—4.

Déguéret, E., Histoire médicale du Grand Roi. Paris 1924.

Delpierre, M., La mode à la cour du Roi-Soleil. In: Versailles (Nyon) (1973), Nr. 51, S. 36—43.

Dent, C. A., The Council of State and the Clergy during the Reign of Louis XIV. An Aspect of the Growth of French Absolutism.
In: The Journal of Ecclesiastical History (London) 24 (1973), Nr. 3, S. 245—266.

Doolittle, J., Louis XIV and his Mother. A Quiet Calamity. In: The American Society Legion of Honor Magazine (New York) 44 (1973), Nr. 3, 150 bis 162.

Ducasse, A., La Guerre des Camisards. La résistance huguenote sous Louis XIV. Paris 1947. Neuaufl. 1962.

Durant, W. u. A., Das Zeitalter Ludwigs XIV. Bern/München 1966.

Ekberg, C. J., From Dutch to European War. Louis XIV and Louvois are Tested. In: French Historical Studies (Raleigh, N. C.) 8 (1974), Nr. 3, S. 393—408.

Erlanger, P., Louis XIV. (= Les grandes études historiques. 68). Paris 1965.

—, Louis XIV au jour le jour. (= Bibliothèque du Club de la femme). Paris 1968.

—, Monsieur, frère de Louis XIV. Paris 1970.

Ernstberger, A., Post und Politik. Zum Abwehrkampf Kaiser Leopolds I. gegen König Ludwig XIV. (= Sitzungsberichte der Bayerischen Akademie der Wissenschaften. Phil.-hist. Kl. 1960, 1). München 1960.

Esmonin, E., Etudes sur la France des XVIIe et XVIIIe siècles. Paris 1964.

Fleury, M. / Henry, L., Pour connaître la population de la France depuis Louis XIV. In: Population (1958), S. 663—686.

Funck-Brentano, F., La cour du Roi Soleil. (= Collection Lenôtre. 2). Paris 1937.

Gadda, C. E., I Luigi di Francia. Milano 1964. Dt. Ausg. u. d. T. Frankreichs Ludwige. (= Prosa viva. 30). München 1966.

Gaxotte, P., Apogé et chute de la royauté. Bd. 1. Le Roi-Soleil. 1661—1682. Bd. 2. Le Roi et la nation. 1682—1715. Paris 1973.

—, La France de Louis XIV. (= Les grandes époques de l'histoire). Paris 1946. (= Collection Historia. 2). Paris 1956, ^{2}1964. Ed. rev. et corr. Paris 1968, 1974. Dt. Ausg. u. d. T. Frankreichs Aufstieg in Europa. München 1951.

Gembruch, W., Reformforderungen in Frankreich um die Wende vom 17. zum 18. Jahrhundert. Ein Beitrag zur Geschichte der Opposition gegen System und Politik Ludwigs XIV. In: Historische Zeitschrift 209 (1969), S. 265—317.

Giraud, M., Crise de conscience et d'autorité à la fin du règne de Louis XIV. In: Annales, économies, sociétés, civilisations (1952), April—Sept., S. 172—190 u. 293—302.
—, Histoire de la Lousiane française. Bd. 1. La règne de Louis XIV. 1698 bis 1715. Paris 1953.
—, Tendances humanitaires à la fin du règne de Louis XIV. In: Revue historique 209 (1953), S. 217—237.
Godard, C., Les pouvoirs des intendants sous Louis XIV particulièrement dans les pays d'élection. 1661 à 1715. Diss. Paris 1901.
Goubert, P., L'Ancien Régime. 2 Bde. (= Collection U). Paris 1969.
—, L'Avènement du Roi-Soleil. (= Collection Archives. 29). Paris 1967.
—, Louis XIV et vingt millions de Français. (= L'Histoire sans frontières). Paris 1966. Dt. Ausg. u. d. T. Ludwig XIV. und zwanzig Millionen Franzosen. (= Propyläen Bibliothek der Geschichte). Berlin 1973.
Guerdan, J., Une conspiration sous le règne de Louis XIV. In: Versailles (Nyon) (1974), Nr. 56/57, S. 19—28.
Hartung, F., L'Etat c'est moi. In: Historische Zeitschrift 169 (1949), S. 1 ff.
Hastier, L., Louis XIV et Madame de Maintenon. Préface par le Duc de Lévis Mirepois. Paris ^{3}1957.
Hatton, R. M., Europe in the Age of Louis XIV. (= Library of European Civilization). London 1969.
—, Louis XIV and his World. London/New York 1972.
Hatton, R. M. / Bromley, J. S., William III and Louis XIV. Essays. 1680 bis 1720. By and for M. A. Thomson. With an introd. memoir by G. Clark. Liverpool 1968.
Hinrichs, C., Zur Selbstauffassung Ludwigs XIV. in seinen Memoiren. In: Reichenkron, G. / Haase, E. (Hg.), Formen der Selbstdarstellung. Festschrift f. F. Neubert. Berlin 1956.
Huddleston, S., Louis XIV in Love and in War. London 1929.
L'Infanterie française de Louis XIV. In: Figurine (Bruxelles) (1974), trim. 2.
Johnson, N. R., Louis XIV devant l'opinion française, de 1715 à la publication du »Siècle de Louis XIV« par Voltaire. Diss. Aix-Marseille 1971.
Judge, H. G., Louis XIV. (= Problems and Perspectives in History). London 1965.
King, J. E., Science and Rationalism in the Government of Louis XIV. Baltimore 1949.
Kirkinen, H., Les origines de la conception moderne de l'homme-machine. Le problème de l'âme en France à la fin du règne de Louis XIV. 1670 bis 1715. Helsinki 1960.
Klaits, J. A., Diplomacy and Public Opinion. Louis XIV, Colbert de Torcy and French War Propaganda. 1700—1713. Diss. Ann Arbor, Mich. 1970.
—, Men of Letters and Political Reform in France at the End of the Reign of Louis XIV. The Founding of the Académie politique. In: The Journal of Modern History (Chicago) 43 (1971), Nr. 4, S. 577—597.
Kleyser, F., Der Flugschriftenkampf gegen Ludwig XIV. zur Zeit des pfälzischen Krieges. Berlin 1935.
Kohler, M. E., L'Image de Louis XIV en France avant 1750. Diss. Ann Arbor, Mich. 1969.
Lacour-Gayet, G., L'Education politique de Louis XIV. Paris 1898. Neuaufl. (= Bibliothèque d'histoire). Paris 1923.

La Force, A.-A.-G.-M.-J.-N. de, Louis XIV et sa cour. (= Les temps et les destins). Paris 1957.
Langlois, M., Louis XIV et la cour d'après trois témoins nouveaux! Bélise, Beauvillier, Chamillart. Paris 1926.
Lavisse, E., Louis XIV. La Fronde, le Roi, Colbert. 1643—1685. (= Histoire de France des origines à la Révolution. VII, 1). Paris 1906.
—, Louis XIV. La religion, les lettres et les arts, la guerre. 1643—1685. (= Histoire de France des origines à la Révolution. VII, 2). Paris 1906.
—, Louis XIV. De 1643 à 1685. 2 Bde. Paris 1911.
Le Bailly, P., Louis XIV et la Flandre. Problèmes économiques, prétextes juridiques. Diss. Paris 1970.
Léon, P., La crise de l'économie française à la fin du règne de Louis XIV. 1685—1715. In: L'Information historique (1956), S. 125—137.
Levron, J., La vie quotidienne à la cour de Versailles aux XVIIe et XVIIIe siècles. (= La vie quotidienne. 43). Paris 1965.
Livet, G., L'Intendance d'Alsace sous Louis XIV. 1648—1715. Paris 1956.
—, Louis XIV et l'Allemagne. In: XVIIe Siècle. Bulletin de la Société d'Etude du XVIIe siècle 46/47 (1960), S. 29—53.
—, Louis XIV et les provinces conquises. Etat des questions et remarques de méthode. In: XVIIe Siècle. Bulletin de la Société d'Etude du XVIIe siècle 16 (1952), S. 481—507.
Lossky, A., Louis XIV, William III, and the Baltic Crisis of 1683. (= University of California Publications in History. 49). Berkeley 1954.
—, The Nature of Political Power according to Louis XIV. In: Krieger, L. / Stern, F. (Hg.), The Responsibility of Power.
Historical Essays in Honor of H. Holborn. Garden City, N. Y. 1967, S. 107—122.

Mallet-Joris, F., Marie Mancini, le premier amour de Louis XIV. Paris 1964.
Malssen, P. J. W. van, Louis XIV d'après les pamphlets répandues en Hollande. Diss. Amsterdam 1936.
Mandrou, R., La France aux XVIIe et XVIIIe siècles. (= Nouvelle Clio. 35). Paris 1967, ²1970.
—, Louis XIV et son temps. 1661—1715. (= Peuples et civilisations. 10). Paris 1973.
Maurois, A., Louis XIV à Versailles. Paris 1955.
Méthivier, H., L'Ancien Régime. (= Que sais-je? 925). Paris ⁵1971.
—, Le siècle de Louis XIV. (= Que sais-je? 1229). Paris ³1972.
Meuvret, J., Le commerce des grains et des farines à Paris et les marchands parisiens à l'époque de Louis XIV. In: Revue d'histoire moderne 3 (1956), S. 169—203.
—, Louis XIV et l'Italie. In: XVIIe Siècle. Bulletin du XVIIe siècle 46/47 (1960), S. 84 ff.
Meyer, R., Die Flugschriften der Epoche Ludwigs XIV. Eine Untersuchung der in schweizerischen Bibliotheken enthaltenen Broschüren. 1661—1679. (= Basler Beiträge zur Geschichtswissenschaft. 50). Basel/Stuttgart 1955.
Michaud, C., L'Europe de Louis XIV. 1660—1688. Paris 1973.
Mitford, N., The Sun King. London ²1966. Dt. Ausg. u. d. T. Der Sonnenkönig. Ludwig XIV. und sein Hof. München 1966.
Mongrédien, G., La vie quotidienne sous Louis XIV. (= Les vies privées. 4). Paris ²1948. Neuaufl. 1964.

Mossiker, F., The Affair of the Poisons. Louis XIV, Madame de Montespan, and one of History's Great Unsolved Misteries. New York 1969.
Mousnier, R., Le Conseil du Roi, de la mort de Henri IV au gouvernement personnel de Louis XIV. In: Estudios de historia moderna (Barcelona) 1 (1947).
—, Louis XIV et les protestants. In: XVIIe Siècle. Bulletin de la Société d'Etude du XVIIe siècle 16 (1952), S. 582—588.
—, Qui a été Louis XIV? In: Mélanges historiques et littéraires sur le XVIIe siècle offerts à G. Mongrédien par ses amis. Paris 1974, S. 37—61.
—, Les XVIe et XVIIe siècles. (= Histoire générale des civilisations. 4). Paris 1954.
Orcibal, J., Louis XIV contre Innocent XI. Les appels au future concil de 1688 et l'opinion française. (= Bibliothèque d'histoire de l'eglise de France 14). Paris 1949.
—, Louis XIV et les protestants. »La cabale des accomodateurs de religion«. La caisse des conversions. La révocation de l'Edit de Nantes. (= Bibliothèque de la Société d'histoire ecclésiastique de la France. 15). Paris 1951.
Packard, L. B., The Age of Louis XIV. (= The Berkshire Studies in European History. 13). New York 1929.
Pagès, G., La monarchie d'Ancien Régime en France. De Henri IV à Louis XIV. Paris 1928, ^4 1946.
Petrie, C., Louis XIV. London 1938.
Philippson, M., Das Zeitalter Ludwigs XIV. Berlin 1879, ^2 1890.
Picavet, C. G., La diplomatie française au temps de Louis XIV. Institutions, mœurs, coutumes. Paris 1930.
Préclin, E. / Tapié, V.-L., Le XVIIe siècle. Monarchies centralisées. 1610 bis 1715. (= Clio. 7, 1). Paris ^2 1949.
Puaux, F., Les défenseurs de la souveraineté du peuple sous le règne de Louis XIV. Paris 1917.
Ranke, L. v., Französische Geschichte vornehmlich im 16. und 17. Jahrhundert (1855). Neuausg. v. O. Voßler. Stuttgart 1952, (für die Zeit Ludwigs XIV.) Bd. II, 1, S. 299—783 u. Bd. II, 2, S. 1—100.
Ranum, O. A. u. P. (Hg.), The Century of Louis XIV. London 1972.
Richardson, J., Louis XIV. Introd. by E. Longford. (= Great Lives). London 1973.
Riley, P. F., Moral Rigorism in the Character of Louis XIV. A Study of the Sun King's Interest in the Moral Behavior of Frenchmen between 1683 and 1715. Diss. Ann Arbor, Mich. 1971.
Roosen, W. J., The Functioning of Ambassadors under Louis XIV. In: French Historical Studies (Raleigh, N. C.) 6 (1970), Nr. 3, S. 311—332.
Rothkrug, L., Opposition to Louis XIV. The Political and Social Origins of the French Enlightenment. Princeton, N. J. 1965.
Roujon, J., Louis XIV. 2 Bde. (= Collection d'histoire et de critique). Paris 1943.
—, Louvois et son maître. Paris 1934.
Roux, M. de, Louis XIV et les provinces conquises. Artois, Alsace, Flandres, Roussillon, Franche-Comté. Paris 1938.
Rubow, P. V., Solkongen. Ludwig XIV af Frankrig. København 1949.
Rule, J. C. (Hg.), Louis XIV and the Craft of Kingship. (Conference Held at the Ohio State University, Dec. 1964). Columbus 1969.

Sagnac, P., La formation de la société française moderne. Bd. 1. La société et la monarchie absolue. 1661—1715. Paris 1945.
Saint-Aulaire, A.-F.-C. de, Louis XIV. 1643—1715. (= Connaissance de l'histoire. 4). Paris 1950.
Saint-Germain, J., Les financiers sous Louis XIV. Paul Poisson de Bouvalais. Paris 1950.
—, Louis XIV secret. Paris 1970.
Saint-Léger, A. de / Rébelliau, A. / Sagnac, P. / Lavisse, E., Louis XIV. La fin du règne. 1685—1715. (= Histoire de France des origines à la Révolution. VIII, 1). Paris 1908.
Saint-Léger, A. de / Sagnac, P., La prépondérance française. Louis XIV. 1661—1715. (= Peuples et civilisations. 10). Paris 1935, ^{3}1949.
Sieburg, H.-O., Ludwig XIV. In: Fassmann, K. (Hg.), Die Großen der Weltgeschichte. Bd. 6. Zürich 1975, S. 96—115.
Sievers, K., Ludwig XIV. und sein Kampf um den Rhein. (= Geschichte in Erzählungen. 42). Berlin/Leipzig 1936.
Skalweit, S., Das Herrscherbild des 17. Jahrhunderts. In: Historische Zeitschrift 184 (1957), S. 65—80. Auch in: Hubatsch, W. (Hg.), Absolutismus. (= Wege der Forschung. 314). Darmstadt 1973, S. 248—267.
Solé, J., La diplomatie de Louis XIV et les protestants français aux Provinces-Unies, 1678—1688. In: Bulletin de la Société de l'histoire du protestantisme français 115 (1969), S. 625—660.
Sonnino, P., Louis XIV's »Mémoires pour l'histoire de la guerre de Hollande«. In: French Historical Studies (Raleigh, N. C.) 8 (1973), Nr. 1, S. 29 bis 50.
—, Louis XIV's View of the Papacy. 1661—1667. (= University of California Publications in History. 79). Berleley 1966.
Sprunck, A., La question du Luxembourg au temps de Louis XIV. In: Hémecht. Zeitschrift für Luxemburger Geschichte 21 (1969), S. 5—35.
Steen, C. R., The Fate of the Concept of Christendom in the Policy of Louis XIV. An Example from the King's Negociations with the Empire, 1680 bis 1684. In: European Studies Review (Lancaster) 3 (1973), Nr. 3, S. 283 bis 289.
Sutherland, M., Louis XIV and Marie Mancini. London 1956.
Symcox, G. W., Louis XIV and the War in Ireland, 1689—1691: A Study of his Strategic Thinking and Decision-Making. Diss. Ann Arbor, Mich. 1969.

Taillandier, S.-R., Le mariage de Louis XIV. (= Récits d'autrefois. 20). Paris 1928. Neuaufl. 1960.
—, Du Roi-Soleil au Roi Voltaire. 2 Bde. Paris 1953.
Tapié, V.-L., Quelques aspects généraux de la politique étrangère de Louis XIV. In: XVIIe Siècle. Bulletin de la Société d'Etude du XVIIe siècle 46/47 (1960), S. 1—28.
—, Das Zeitalter Ludwigs XIV. In: Mann, G. / Nitschke, A. (Hg.), Propyläen-Weltgeschichte. Bd. 7. Berlin 1964, S. 275—348. Taschenbuchausg. (= Ullstein Bücher). Berlin 1976.
Tapié, V.-L. / Pagès, G., La naissance du Grand Siècle. La France de Henri IV à Louis XIV. Paris 1948.
Theodore-Valensi, Louis XIV et Lully. Nice 1951.
Thireau, J.-L., Les idées politiques de Louis XIV. Paris 1973.

Weigand, W., Der Hof Ludwigs XIV. und die klassische Kultur der Franzosen. Ein Überblick. Leipzig [2]1922.

Weis, E., Frankreich von 1661 bis 1789. In: Schieder, T. (Hg.), Handbuch der Europäischen Geschichte. Bd. 4. Hg. v. F. Wagner. Stuttgart 1968, (für die Zeit Ludwigs XIV.) S. 164—225.

Wolf, J. B., Louis XIV. London [2]1968.

—, Louis XIV. A Profile. London 1972.

—, The Reign of Louis XIV. In: The Journal of Modern History (Chicago) 36 (1964), S. 127—144.

Wunder, B., Die bayerische »Diversion« Ludwigs XIV. in den Jahren 1700 bis 1704. Kurbayern, Schwaben und Franken zwischen Habsburg und Bourbon zu Beginn des spanischen Erbfolgekrieges. In: Zeitschrift für bayerische Landesgeschichte 37 (1974), Nr. 2, S. 416—478.

Zeller, G., Les temps modernes. Histoire des relations internationales. Bd. 3. II. De Louis XIV à 1789. Paris 1955.

Ziegler, G., Les coulisses de Versailles. Bd. 1. Le règne de Louis XIV. Paris 1963.

—, Der Hof Ludwigs XIV. in Augenzeugenberichten. Düsseldorf 1964.

ANMERKUNGEN DES AUTORS

3	deniers, Kupfer		etwa 2 Pfennig
12	deniers, Kupfer	=	1 sol etwa 8 Pfennig
20	sols, Kupfer	=	1 livre, Silber, etwa 1 Mark 67 Pfennig
3	livres, Silber	=	1 Krone, Silber, etwa 5 Mark
11	livres, Silber	=	1 louis d'or, Gold, etwa 18 Mark 50 Pfennig

HOFTITEL

Zeitgenössische Schriftsteller verwenden fast ausschließlich Hoftitel an Stelle der offiziellen. Zu den unten im einzelnen genannten Bezeichnungen ist noch zu bemerken:

Erzbischöfe und Bischöfe werden immer mit dem Namen ihres Bischofssitzes aufgeführt; zum Beispiel ist Fénelon ›M. de Cambrai‹ und Bossuet ›M. de Meaux‹.

Der Adel bei Hof gebrauchte niemals Titel; so war der Duc de Rohan ›M. de Rohan‹, die Duchesse de Chevreuse ›Mme de Chevreuse‹ usw.

Wenn eine unverheiratete Frau ›Madame‹ genannt wird, so bedeutet es, daß sie Stiftsdame war.

›Chevalier‹, ein häufiger Titel für jüngere Adlige, weist den Träger meistens (aber nicht immer) als Malteserritter aus.

Monseigneur, der Dauphin, der Thronerbe; aber nach dem Tode des Sohnes Ludwigs XIV. wurden die nächsten Anwärter einfach ›M. le Dauphin‹ genannt.

Monsieur, der Duc d'Orléans, der zweite Sohn des Königs. Bis 1660 trug Gaston, der Bruder Ludwigs XIII., diesen Titel und danach Philipp, der Bruder Ludwigs XIV. Zu Lebzeiten seines Onkels wird Philipp aber oft als ›der kleine Monsieur‹ bezeichnet.

Madame, die Duchesse d'Orléans, Philipps erste Gemahlin, Henrietta von England, war ›Madame‹ von 1660 bis 1670; seine zweite Gemahlin, Elisabeth-Charlotte von Bayern, von 1671 bis 1701.

Mademoiselle, die älteste Tochter von ›Monsieur‹. Anne, Duchesse de Montpensier, trug den Titel bis 1693; sie war die Tochter Gastons, des Duc d'Orléans. 1693 wurde Philipps älteste Tochter ›Mademoiselle‹.

M. le Prince, der Prince de Condé, Haupt einer Nebenlinie des Hauses Bourbon. Der Titel wurde seit dem Tode des fünften Prince im Jahre 1709 nicht mehr gebraucht.

Mme la Princesse, die Gemahlin von ›M. le Prince‹.

M. le Duc, der Duc de Bourbon, ältester Sohn von ›M. le Prince‹, aber Ludwig III., der 1709 seinem Vater als Prince de Condé folgte, blieb ›M. le Duc‹.

Mme la Duchesse, die Gemahlin von ›M. le Duc‹; von 1685 an führte den Titel eine Tochter Ludwigs XIV. von Mme de Montespan.

M. le Comte, der Comte de Soissons, Haupt der französischen Linie des Hauses Savoyen.

Mme la Comtesse, Gemahlin von ›M. le Comte‹; nach 1657 Mazarins Nichte, Olympe Mancini.

M. le Grand, der Groß-Stallmeister Frankreichs.

M. le Premier, der Erste Stallmeister Frankreichs.

REGISTER

(Ludwig XIV. wird im Register nicht erwähnt, da er auf jeder Seite vorkommt)